地域教育の構想

三上和夫・湯田拓史/編著

同時代社

地域教育の構想

目　次

はじめに………………………………………………………清原　正義　7

教育理論における「社会」……………………………三上　和夫　11

コミュニティ・スクールとチャータースクール……高野　良一　25
　　──オールタナティブな公立学校モデル

都市の地域特性と教育統治……………………………小松　茂久　51
　　──アメリカにおける市長直轄管理導入の要因を中心に

学校統廃合をめぐる政策研究課題の今日的再検討…山下　晃一　73

第三次小学校令の成立と実施に関する研究…………柏木　敦　93
　　──就学督促政策の解釈と展開

戦前期学校経営政策における「地方」の位置………平井貴美代　119

中国における「民工子弟学校」の設置の意義………黄　敏　139

教員養成における地域……………………………………高野　和子　173
　　──日本の地域教師教育機構（構想）と
　　　イギリスの地域教員養成機構 Area Training Organizations

在日外国人児童生徒に対する地域教育の将来像 …… 于　　　涛　193
　　──中国帰国児童の保護者への調査を通して

高等学校無償化政策の制度的課題と
若年層の教育機会 …………………………………… 末冨　　芳　221

長野県辰野高等学校における学校評価活動 ………… 笹田　茂樹　235

地域社会と大学との連携の現状 ……………………… 小早川倫美　261
　　──近年の地域連携の在り方をめぐって

環境問題における教育の役割 ………………………… 藤岡　裕美　273
　　──リスクという視点から

「生活環境整備補助金」による学校整備 ……………… 湯田　拓史　289
　　──北関東N市の事例

あとがき ………………………………………………… 湯田　拓史　303

はじめに

清原　正義

　三上和夫君の定年退職に当たり、知人、友人それに教えを受けた人たちが論文を寄稿して本書「地域教育の構想」ができた。このように多くの人が退職を記念して書物をつくってくれるのは、三上君の人徳とは言え、研究者として、また大学教員としてうらやましい限りである。三上君が多くの業績をあげ、無事退職を迎えられたことに、心からお祝いを申し上げたい。もっとも、今回の退職はあくまでも神戸大学の定めに従った、神戸大学教授の退職に過ぎず、大学教員としての退職とは異なるかもしれない。ましてや研究者としての退職とは言えないし、そうでないことを願っている。

　さて、本書の序文を書くように依頼されたのは、おそらく、私が三上君と因縁浅からぬ仲にあるからだと思う。ここでは三上君などと気安く呼ばせていただくが、これまでの関係を考えると三上先生と呼ぶのは距離がありすぎる。三上さんでもしっくりこない。だから、三上君で勘弁してもらいたい。今を去る三十数年前、私が持田栄一先生の門を叩いて、東大教育学部の大学院に入学したとき、三上君はすでに院生のリーダー然としてあたりを睥睨していた。今の彼からは想像しにくいが、コーンパイプをくわえた牢名主といった雰囲気があったのである。

　私は大学院のゼミや授業にほとんど出なかったので、当時はお互いに話を交わすこともなかった。よく言えば敬して遠ざかっていたと言えようか。そのうち、三上君は五十嵐ゼミと持田ゼミに関係して着々と研究成果をあげ、阪大の助手に就職していった。そして持田先生が早く亡くなり、私たち持田ゼミのメンバーは解散状態になったので、三上君に会うこともなくなった。

　ところが、1980年に私が姫路工業大学に就職したとき、実は私に決まる前、

8割方採用が決まった人がいたが、その人事は急に取りやめになった。阪大助手の三上という人だという話を上司から聞いて驚いた。どおりで、12月も末になってから急に採用の話があり、ロクに業績もなかった私が、ばたばたと採用された訳だ。昨今の就職状況からすると、嘘のような話だが事実である。だから、三上君は私にとって恩人と言えなくもない。今まで言わなかったが、この際この場を借りてお礼を申し上げておきたい。

　次に三上君に会ったのは、はっきりしないが20年くらい前、大阪で開かれた関西教育行政学会の例会だった。今と同じように、終わってから懇親会があり、今と同じように、私たちは飲んで勝手なことを言っていたに違いない。その夜、飲み過ぎて姫路に帰れなくなった私は、三上君の家に泊めてもらい、初めてと言っていいが、なんやかやと話し込んだ記憶がある。それ以来、主に学会の懇親会、要は飲み会だが、それがあるたびに同世代の連中も含めて、一緒に飲むようになって今日に至っている。同世代の連中とはご存知の堀内君、国祐君、上田君などである。

　次に、三上君の考えの特徴を指摘してみたい。まず、一昨年に神戸大学で行った日本教育行政学会のシンポジウムでも際立っていたが、三上君の考えの基調は、教育行政や制度を常に社会過程の中に置いて追究するという点にある。一般的な教育行政学は、私もそうだが、教育行政の機能や過程、あるいは教育行政制度（広くは教育制度）の構造や運用に関する学問である。しかし、三上君は宗像誠也に言及した五十嵐顕の言葉を引きながら「教育行政研究が教育改革に先立つ社会的問題構造を提示する課題をも担う」として、「この課題を達成するためには、教育制度・教育行政の機構的実体を遠く離れた教育の制度化と組織化の過程（教育制度の社会的生成過程）に着目することを求められる」（「学区制度と学校選択」p.301）と述べる。ここで「……を遠く離れた……」が三上理論の要点である。ただし、このような教育行政研究の方法的視点は、わが国の現在の教育行政学ではあまり見ることができない。

　あえて言えば、宗像から五十嵐へ、そして黒崎につながる方法意識を三上君なりに受け継いだものと言える。さらに三上君の場合は、上記の発想から歴史研究と制度研究が一体的に遂行される点も特徴的である。三上君の研究方法論の系譜や発展を詳論すると、それだけで戦後の教育行政研究の方法論的総括、

すなわち、わが国の教育行政研究の正統と異端の系がどのように交錯して現在に至るかを論じることになる。もし私に余力があればいつか論じてみたい。これから三上理論がどう受け継がれるか、受け継がれないか分からないが、湯田君はじめ三上君の弟子と自認する諸君は、上記のような三上君の方法の意義と限界を肝に銘じ、敢然として乗りこえる必要がある。

　もう一つ、三上君の特徴を指摘すると、その独特な文体ということになる。例えば三上君は次のように揚言する。「すなわち、構造に対して凝集・融解の過程把握を、空間の巨視に対して微視のまなざしを、さらにヒトと法人とを実体視する人間観を地域空間のなかで長期にわたって構成される経緯だらけの、容易には変更されない因縁だらけの対象世界として捉え、制度の社会的外面と身体化した内面とを行き来する相互反転過程として捉えること、これを制度理解の公準として宣言するときがきたと考えるのである。」(「教育の経済」p.289) 上記の文章は、よほど三上君の制度論に通じていなければ、読解は難しいのではなかろうか。おそらく、三上君のあふれんばかりの情念が、社会科学の通常の文体に収まらないのだろう。普通は分かりやすくなる「すなわち」以後が、かえって難しくなっている。

　以前、市川昭午先生が「三上君の文章はなんであんなに分かりにくいのか。五十嵐さんの影響だろうか。」と言うので、思わず笑ったことがある。やはり皆、同じように見ているのだ。ちなみに、市川先生の文章はその明晰さにおいて右に出るものがない。後生がもって範とすべき論理の運びがある。しかし、講演などでその話を聞くと、必ずしも分かりやすくない。文体と話体に市川先生のように懸隔があるのも珍しいのではないか。三上君の場合は、文体と話体にそれほど大きな差がある訳ではない。飲んでから話を聞けばたいていは理解できる。この点、付け加えれば、湯田君が三上君の不肖の弟子となることを心配するのは私だけであろうか。

　以上、勝手なことを書いてきた。本書「地域教育の構想」に寄稿された皆さんは、三上君と何らかの機縁を持たれた皆さんであると思う。しかし、お名前から推測するに、研究の内容・方法において三上君と共通する人は少ないように見える。だとすれば、私を含めて、三上君の人柄に機縁を感じた皆さんではないだろうか。私が関西に帰ってきて三上君と会う前、上田君が三上はいいや

はじめに　9

つだと言っていた。前述のように関西での三上君との交際が始まったが、三上君の人柄に関する限り上田君の言うとおりだった。ここ数年、今は早稲田大学に移った小松君と、三上、湯田、藤岡、末冨や清原で月一回の飲み会を明石、神戸で持ってきた。みんなそれぞれ環境は変わるが、こちらの例会も続けたいものだ。これから三上君がどのような人生を送るかは分からない。少しゆっくりした時間をとって、思うまま好きな研究に取りかかられることを祈っている。最後に、本書に寄稿された皆さん、編集に当たられた湯田君に、心から感謝の意を表し、厚くお礼を申し上げたい。

教育理論における「社会」

三上　和夫

はじめに

　私は、教育への社会次元からの支持について歴史的に考察してきた。この関心は、大学院入学後ほぼ40年続いた。これには、自己の進路選択による比較的早い時期からの学習の方向付けがあった。中学2年の前半に、担任のK先生は、大学では様々な支援体制が整備されているから、経済的に余裕が無くても、希望すれば大学卒業までを人生選択の選択肢に入れることができる、と話してくれた。50年ほど経っているが、一世代を25年と捉えれば、あの時から二世代相当の人生を過ごしたことになる。

　戦後生まれの私にとって、教育という社会機能は、社会への参入に先んじて自らの意欲と能力を向上させ社会生活への参入を可能にするという程度の意味をもっていたが、高校と大学での学習には、日本社会や国家の成員になるという以上に、ほどなく参入するであろう日本社会に関する知識と身構えに関することが沢山あった。とりわけ、専門教育として教育行政学を専攻しはじめる1960年代後半の時期は、大学当局への批判を含む対立的事態が長期にわたって続くことになった。戦後改革以降の25年は、一世代という長期間にわたったけれども、私には肯定と否定とがない混ざった、議論を開始すべき対象であった。とりわけ、1960年代を通じて進行した高度経済成長は、社会の自立的な経済活動に連動した教育制度規模の拡大を特徴とした新たな社会状況であり、国家主導の概括という事態とは異なる新たな局面のように思われた。

「退職」という人生の区切りに直面している現在の私には、戦後二世代を過ごした年長者として話題とすべきことがあり、そしてその切り出し方にも一定の価値判断と様式が必要になる。以下に、個体としての自分を取り囲んだ日本と世界とを含む社会の諸産業活動の交流が行われる事実過程を思い浮かべながら話題を提供したい。その社会結合の意識は、これまでの60年余の人生にはあまり意識しなかった構図を提示することになる。それは、国際関係の中での日本、そして家族という複数の人間の集合に囚われ、拘わる意識である。要するに、国際関係と世代間関係を織り込んだ状況把握が、相当リアルに日々の対人・対物関係の意識として定着してきたことを論じてみたいのである。

1　勝田守一「政治と文化と教育」（1968年）の読解史

（1）「文化と教育」を凝集的に捉える

1970年代において、勝田守一「政治と文化と教育」[1]は、国家 – 政治への批判的言説の文脈で読まれていた。それは、この時代の人々が、教育を制度的に規定し、教育を支える体制的機構的意味として、憲法 – 教育基本法システムの社会的意義を強く意識していたことを示すものである。以下、私の論文理解から、主題に入りたい。

当初、私はこの論文について、なぜ「と」が二つ入っているのか、違和感を持っていた。そして、三者を対比する場合には、教育と政治の関係も論じうるように・（ナカグロ）で結ぶのが正しいのではないか、とも思っていた。

そのうちに、勝田が「と」を重ねることには、三者の鼎立ではないカテゴリー論を持ち込む意図があったのかも知れないと推測することになった。これには、私自身の社会と教育との関係理解の変化が影響しているかもしれない。当時の私は、社会の中で政治と文化とが拮抗し合いながら、教育に影響を与えてゆく歴史過程の様相[2]に強い関心を持つようになっていたのである。

（2）世代間文化の様相──就学経歴の浮上──

　戦後日本社会には、容易には変わりそうにないように見えながら、60（二世代＋α）年余りにわたって変容してきた価値意識がある。それは、家族と学校という異なる社会場面を結び付けて評価する新たな価値尺度である。それは、概括性と流動性をもって、社会的な差異を識別する指標となりつづけたのである。強調したいのは、この評価尺度が社会次元における世代継承と文化的価値意識に深く根ざし、学校間接続を含む学校と家族との関係を、人々の人生の説明要因にまで浮上させてきたことである。身分でも家柄でもなく、学歴総体が、人々の社会的諸力の簡便な標識となったのである。

　戦後二世代の社会的尺度は、次世代の家族の学歴にさらに方向づけを与えることになる。以下に、これらの経緯と相互関連について、世代間文化の様相として論じてみたい。

　特記すべきは「出自」（身分・階級等の家に帰属する属性）よりも、学歴が諸個人のもっている社会的適応や対応性を表示する指標として流通していることである。学校間接続を重要な内包とする個体の教育制度所属歴（とりわけその学校間接続関係）が、諸個人の諸能力形成を概括（とりまとめ）し代理し誘導している。学校間接続関係は、共通評価の代替尺度となる属性を獲得したのである。

　こうして、学歴が社会内において殆どの人々に特定の能力形成の概括尺度となるにおよんで、新たに注視し、その意義と限界とを確認しておく概念が浮上してきた。それは「就学」という概念である。これは、特定の個性的個人史に即して記述される内容にとどまらず、むしろ社会との関係をとりむすぶ青少年の対社会関係の一般的な処遇を指示するキーワードとなったことを確認しておきたい。これ以前にこうした特定の社会関係を示す概念が、身分や職業以外になかったことを合わせて考えれば、「就学」は、子ども青年が属する学校との関係を枠組みする新たな概括カテゴリーになったのである。

(3) 学校に託する人間評価をこえて

けれども、融通性に満ちているように見える上記の尺度は、せいぜい20年程度の教育経験による人間の将来能力の推定に他ならない。だから、知的社会的能力を他の諸指標に接続する代理標識以上のものではない。また、この指標が当該年限の学歴を確保しえない社会層との比較尺度を内包していないことも、指摘しておく必要がある。諸個人の内的システムについて、学歴によって相互了解の代理（ないし仮用、疑似……）指標とする事態は、限定的であるとしても、その了解システムの社会的意義の確認と変更に向けた課題設定を不可避にすると思われる。すなわち、私たちは、流通する社会意識としての学歴を制御する課題を自らの尺度として設定してゆくことが求められているのである。

必要なのは、学校という社会機関に託する人間評価の意義と限界とを、その学校における精神的・肉体的活動の特性にもとづいて概括しておくことであろう。これには、教育と社会との関連を、学校などの教育施設と社会そのものの支えによって維持されているという相互関係として原理的に確認する捉え方（教育施設と社会からの教育支持との文化価値的な連動）を、文化内容・構成・転換の原理として丁寧に確認してゆくことが求められるであろう。

[「経路」概念の吟味――「依存」から「交換」へ]

様々な人間活動における先行する社会制度との関係及び変動を追跡してゆく「経路」概念を、凝集的に吟味することが必要である。この概念の変化の形態を吟味し、その意義を諸機能の相互関係と共変の理論へと拡張してゆくことが求められる。この出発点として、経済学における「経路依存」概念に着目し、理論構成の可能性を探究したい。「経路依存性」において、「依存」は「歴史的偶然や過去の経緯やたまたまの政策によって決まり、いったん決まると、それに必要性があるかのように続くこと」[3] をさす。この事象を他の社会機能への「伝搬」や「波及」という展開的局面に論及してゆくことで、過去の歴史的経緯からの「依存」関係を確認し、諸社会機能間の相互関係と共変関係を相対化することが可能になる。そしてこの共変関係は、さらに複数の社会機能相互の

影響関係として機能の「融合」「交換」ないし「連動共変（複数の社会機能が関連しながら、社会全体の変動として進行し、社会諸機能各々の変動を確定しえない事態）」として拡張する展望も、構想可能になる。

　社会諸機能は、こうして必要に応じて相互規定や共変関係を組み込んでゆくのである。重要なことは、複数の社会機能の相互関係と社会システム総体としての総括的な把握が、首尾一貫性をもって診断整理されること、そして系統的に整序されることである。

[地域教育の構想―その課題と展望―]
　教育学においても、宮原誠一や中内敏夫によって、社会次元の活動としての「形成」カテゴリーの設定があった。宮原誠一の「形成と教育」論文は、わが国において、教育理論に社会的な性格をもたらしたものとして知られている。この理論的観点は、近年の中内敏夫の問題提起書『学力の社会科学』（大月書店、2009年）において、改めて基礎カテゴリーとしての意義付けが付与されることになった。「形成」について中内は、「教育や教化・訓練など人格をつくることを目的とする行為ではなく、営利活動や労働、娯楽など他の動機による行為によって人格の側に主体の意図をこえて生じる結果、すなわちそういう意味で客観的に進行する副産物としての人格の変容を意味する用語である（同書14頁）」と定式化している。ここでは、その定義から、多くの社会的主体によって担われる人格形成への貢献は、人格をつくることを目的とはしないが、その合成過程において、社会次元からのより根源的な作用であるということになる。こうした理論構成によって、社会次元での様々な機能間関係を吟味してゆくことが可能となった。すなわち、一般的作用因に止まることなく、多元的要因群の仮説と相互の構造機能関係の解明が進行することになるのである。教育制度研究においては、学校をはじめとする教育機能遂行の社会施設に制度価値を凝集するに止まらず、むしろ社会そのものの属性として、複合的構造性と多機能性を捉えきり、機能相互の共変関係などを仮設されてゆくことが求められるのである。

　注目されるのは、この形成への着眼によって、教育を実現する専用施設としての学校と、社会そのものとの往還関係が、多元的に解明されてゆくとい

うことである。そして、社会‐教育システム、個体のシステムとしても多様に構造生成と変容が進行し、システムを維持しつつ様々な媒介作用が進行してゆくのである。これらの重層的な過程は、多元的であるだけでなく、諸種の変動を含んで複合的に進行する。何が起こるかわからない面を含んで、事態は多元的なのである。それらの過程と教育機能との「親和性」ないし「共変性」については、塑性度の高い概括と総合が求められることになるであろう。

2　社会の定位

（1）方法への共通関心と理論

　教育学が、学校機能とその効果についての研究に関心を限定するならば、形成の理論は、教育学にとって学校機能の検証のための準拠枠としての社会及び社会理論という役割を期待されるに止まるであろう。けれども、このような限定的な課題設定に止まらず、むしろ社会というより概括的なカテゴリーへの関心を維持しつづけ、そのうえでなお社会そのものに肉薄する立論が盛山和夫によって表明されている。

　「数理社会学は、研究の対象への共通関心で研究者が集まっている学会組織が多いなか、研究の方法への共通関心で集まっているユニークな学会であるとされる。諸々の社会科学は、［社会］そのものを直接対象とするというよりは、「国家」「市場」「企業」「家族」「共同体」など［社会］のある部分、ある側面についての整序された知の集合と捉えることができる。学問によっては、制約なく対象としている［社会］の外側に自らを置くことができる、という場合もある。ただ、社会学にはそのような幸運は約束されていない。社会学は、［社会］そのものについての知であろうとするかぎりは、［社会］とはなにか、という問いに真正面から向きあわなければならない。それは、自らの対象としている［社会］の外側に自らを置くということができないという事実を直視するとともに、それを表明しなければならないということである」[4]

（2）教育学における「形成」概念の提示

　こうした社会そのものへの関心表明は、社会学関係者に止まらない。学校という社会施設に帰属させてその教育機能に限定する教育学の構想に対して、批判的な位置を取り、そこに系統的な視野設定を行う動向がある。中内敏夫『学力の社会学』がその体系的な論述書である。ここでは、教育を学校教育に限定せずに、人間「形成」概念の構想と視野から捉えようとする。そして、国家・国際関係等の諸視野が関連し合いながら、学力という人間活動の中核にある概念の社会諸次元におけるカテゴリー間の変換の諸契機を提供している。これらの理論構成は、いわば学力の社会学を可能にする、社会の諸次元の相互関係の解明の仮説を提起している。[5]

（3）経済社会

　社会という大きな規模の人間関係を総括するには、複数世代を抱擁する持続的社会存在と諸学の持続との関連を追跡する必要がある。変動と段階とがどう内省されるのか。あるいは内省不能なのか。私たちが「社会」という存在を実体化するもっとも経験的な対象は、「経済社会」という歴史存在であろう。

　鶴見俊輔は1984年刊行の『戦後日本の大衆文化史――1945〜1980年』（岩波書店）において、出生率について、次のように低下傾向と将来予測を述べ、これに対応する総理府統計局の人口推計を掲載している。

　「降伏以後の三五年間に日本人がしてきたことのなかには、これからの日本人の生き方の土台になることがいくつかあります。敗戦直後の時期をとると、一九四七年には出生率は一〇〇〇人につき三四.三でした。一九四八年には三三.五、一九四九年には三三.〇でした。高度成長期に入りますと、一九六二年には出生率は一七.二に下がりました。一九六六年にはさらに一三.八八まで下がりました。人口問題研究所が一九七九年に発表した予測によりますと、日本の人口は均衡状態に達しており、あと五〇年たつと一億三九〇〇万人に達し、そこからはもはや増えなくなるであろうということです」[6]

これに続いて、切迫感をもって語られていたのは、我が国の人口の推計と経済との関係についての、「虞れ」に満ちた予感的課題の設定であった。

「六〇年代以後の反映の時代に問われた主な問題の一つは、私たちがいまはほとんど無際限に伸びつつあるように見える経済成長に、どのような吟味を加えどのような抑制をくわえるのかという問題です。普通人の理想の一部としてある俳諧歳時記は、近い未来にわれわれにくるであろう高度経済成長時代以後の新しい時代において、私たちが見出すべき単純な生活の理想を私たちの前におきます。現在のところ、私たちはまだ高度成長の時代の続きのなかにいるので、ここではいまわれわれの暮しのなかにある欲望と自己配慮の様々な形を通して、日本の外の超大国家から要請される日本の軍事力増強に対して自分たちの暮らしを守る道を探す動きに、意味を認めています。いまの日本のなかには、漫画雑誌や流行歌やテレビ劇などのように、欲望と自己配慮のさまざまな記号が行きかっています。これらの記号がどのように大衆一人ひとりのあいだでやりとりされているかについて、わたしたちは十分に信頼できる図像学をつくる必要があります」[7]

　ほぼ30年たって、今この課題について、私たちはどのような新しい構想を述べうるであろうか。とりわけ、末尾の二つの文章にいうところの、「欲望と自己配慮の」記号の行きかう「大衆文化の図像学」は今なら描けるといえるであろうか。この課題設定は困難を極めるであろう。ここでは、私たちの「単純な生活の理想」という凝集点に言及することを迂回しておいては、経済成長時代以降の価値と記号の交錯を論ずることは不可能である、とする鶴見の課題設定を確認しておきたい。

3 教育制度の構想

（1）日本社会の現状

　相当長期にわたる人口減少（グローバルな傾向ではなく、ローカルな、そして長期にわたり持続する様々な傾向）を想定しながら、中内の「人間形成に関連するすべての学」としてどのように論理（体系）化しうるか？すでにここは、ナショナルに区切られた社会ではなく「再社会＝グローバル化」が進行しつつある社会である。一つの指標を「多言語」世界ということで捉えてみよう。「多民族」が日本という島国において、居住する事態は進行している。もう一つは、支配的とはいえないにしても、様々な日本発の生産物と日本語を介して「日本らしい」実体と意味とが、「国内外」で交流しはじめているのである。私たちは、このような社会の動向をどのような構えでひきとればよいのだろうか。これについて小森陽一と成田龍一の対談を参照しながら考えてみたい。

　二人は、加藤周一『日本文学史序説』について、「土着的なるもの」「外来的なるもの」「日本化されたもの」との、三つの関係を論じている。加藤の「日本化」「土着」「外来」の三者についての小森陽一と成田龍一の討議において、次のように加藤周一の『日本文学史序説』のカテゴリー設定についての動的理解が提示されている。小森が「外来的なるものが入ってくるまでのそれまで存在していた文化が土着的なものだと考えていたのですが、間違いでしょうか」と問い、これに成田は「加藤さんの構想はダイナミックで、土着的なものをAとし、外来的なものをBとし、日本的なものをCとするとAがBとぶつかり合うことによってCを生み出すわけです。そうすると、そのCを含めたABCがもう一つのAになる」として、「土着」も「日本化」も実体化されないのですね」と述べている。時代ごとに生成される三者を安易に実体化することなく確認してゆく視座こそ求められるものであろう。[8]

　ここでは、1945年1968年2009年の三つの歴史時点をとりながら「歴史の

層」(同書90頁)の確認を行っている。小森は「土着性を本質主義的に規定するのではなくて、外来なるものが入ってくるときに表れてくる、そのとき吹き出てくる大衆の自発的エネルギー、それは言葉の古層かも知れないし、今創られたばかりの言葉かも知れない」と指摘する。すなわち、三概念の相互規定がもたらす「葛藤」の局面への言及が変動的に語られているのである。私たちは、この様な意味での論点整理を参照しながら、いずれの問題局面も、一つの世代で話題が完結するのではなく、複数世代間の価値意識とカテゴリーについての動的な間尺を抽出してゆく課題に気づくのである。

　私たちが関心を集中している現代的課題は、論理的な要請に応えるだけでなく、むしろ相互規定的なカテゴリー変動の確認であるがゆえに、固定的な論点、実体化された価値付けに回収されることなく、相関的な概念セットとして柔軟な変動過程把握を試み、精錬してゆくことが必要なのである。

　なかでも、学力の社会性については、教育制度の「公－私」設置主体の差異と社会次元の費用関係が論じられないことによって、学力を含めて青年の諸能力のまとまりの実情についての多面的な診断と本人の意欲による方向付けが探究される必要がある。現在は、「偏差値時代の終焉」という軽はずみの時代診断に同調すべき時ではないであろう。この時代を分析してゆく視点として、今日の社会性がリスクという事態を伴っていることについて、一言しておきたい。

　社会次元における当事者としては、自然人と国家性とが後景化してゆく事態が進行してきた。そして、政策次元での構図としては、法人の主導性というフレームが確保される事態になった。石原孝二は「科学的・客観的なリスク分析と、分析結果の社会的・政治的な意味という二分法はそもそも維持されうるのだろうか？」と疑問を提示し、「むしろリスク分析そのものが政治プロセスであることを認めるべきではないだろうか？」と問題設定している。[9] そして、リスク分析は「「社会」とのかかわりを視野に入れるのでなければならず」……「リスク分析には、リスク行政における意思決定に関する法学的・政治的分析や、リスク分析の前提に関する哲学的・倫理学的分析も含まれるべきであることになろう」[10] と展望している。社会次元におけるリスクの意識から、新たな社会的・政治的概念の再編が求められることになるであろう。

（2） 社会空間の理論に向かって

　教育の制度とその変動を追跡把握し、改変してゆく見通しとして、三つの着眼点を指摘しておきたい。第一に、教育の「機能論」的把握が発言としても学校や行政関係者への要請や交渉においても、社会に生きる人々の経験と意識のまとまりと変容への影響力として対象化してみることが、必要であろう。学校に要する費用の負担を真正面から論じてゆくことが、一つの正攻法になるであろう。というのは、さまざまな家計状態のなかで、教育に要する費用を確保する課題は、費用負担の困難さを克服してゆく、社会次元からの運動的展開が必要になるからである。

　第二に、教育機能の費用および学校世界を支える地域諸関係の総括的方向づけを展望する課題がある。必要な費用の確保自体が、強制徴収の契機をもたない以上、社会成員への訴えの感性・理性に依存している。とすれば、そこは、複数主体による教育セクターの費用関係の改善ということになる。費用関係の改善には、ともに社会的必要の確認とその費用についての納得が必要である。プルーラリズムやダイバーシティが求められるのは、費用の公共的・地域社会的・協同的確保の方策を系統的に遂行する過程においてである。

　第三に、さらに、社会次元でのあらゆる形成作用に立脚した学習－教育を立ち上げ（ここは中内敏夫、宮原誠一の系譜）、これを、社会空間論として理論構成してゆくことが、長期的な課題となるであろう。この段階での社会理解は、特定の構造を経済あるいは政治として表象するだけでは不十分である。そうするかぎり、最初にイメージされた社会機能は、変更や再構成されることなく固定的に放置されてしまう。

　教育機能の条件整備規範的規定（これは、法的規範とそれについての財政措置など高度な法的財政的規範に支えられている）は、これらの規範的規定と個人人格との相互関係やルールの設定と変更の過程として持続的な識見が必要である。こうして条件整備の活動は、議会制や社会次元での費用関係の改善としての戦略的位置を与えられるのである。

[「文化と教育」からの再出発]

　勝田守一からの再出発を要約して、本論文をまとめたい。それは、教育は、それ自体が文化であるという観点である。

　勝田論文後40年余り経って、私はこの点について、少しだけだが、新たな読み取りをしている。すなわち、論文が展望していたカテゴリー設定の核心は、前半の政治と末尾の教育ではなく、「文化と教育」という教育制度についての構想提示だったのではないかということである。政治と存立様式を異にする文化と教育との共通相の確認とそこからの教育学を構想することに勝田の力点があった、と捉えなおしているのである。

　あらためてこの課題を話題にしなければならないと私が考えるのは、教育自体がその本質において文化としての属性を持っていることを、私が強く感じており、その確認と選択とを、研究構想として明示的に語ることが求められている、との思いからである。

　本論文は、勝田原稿が主題の三つのカテゴリーの後ろの二つに強くこだわるモチーフから提示されたと捉え、教育の社会的位相への論究をおこなう試みであった。この立論では、私たちがなにげなく執り行う所作（立ち振る舞い、身のこなしなど）について、ゆっくりとではあるが後戻りすることなく変化していった事態を確認してゆくことが求められていると考える。手短に言えば、第一に、私たちの生活の中で、就学の期間が延長したこと、第二に、就学が単一の学校への入学や卒業ではなく、学校間接続を含む制度経歴として、捉えられるようになったこと、第三に、卒業してから後の、個人への一定の評価尺度が、学歴の総集約（おおむね最終学歴で概括される）として、就業組織と近隣社会において参照されることになったこと、である。私は、これらの事態を確認し、私たちの生活への引き取り方を語り始める時が到来したと考えている。とりわけ、戦後改革以降の二世代余りの期間において、教育制度と家族との対応関係が、教育の新たな社会属性として定着してきたことを確認しておきたいのである。

　家族という絆には、物流を伴う近隣関係、日々の生業（なりわい）としての就労があり、私的生活のまとまりと動態、がある。この実態を凝視する意識なくしては、教育という事象への接近は重荷に感じられるかもしれない。戦後と

いう意識を、「政治」に凝集して語る文脈を包括しうる、より広い「文化」への出会いと切り替えの装置こそ、今後私たちが論ずる主題であろう。

〔註〕
1 『教育』1968年4月〜6月掲載　1973年9月国土社　勝田守一著作集第6巻『人間の科学としての教育学』に収録。
2 この概念は、原広司『空間　機能から様相へ』岩波書店の副題である。本論文は、原の概念構成に多くの示唆を得ている。様々な社会活動について、相互に機能関係ととらえるのか、より複雑性の高い「様相」概念で対比するのかでは、論旨の構成が相当異なってくるのである。大学院在籍時の問題意識は、社会の内的構成に関心集中するというよりは学区という団体の成立と存続に向かっていた。いわば、様相を論理的にではなく発生史的に捉えたがっていたのである。（拙著『学区制度と学校選択』2002年　大月書店　第Ⅰ部を参照いただきたい）
3 経路依存性　「経済の仕組みや制度が、歴史的な偶然や過去の経緯や、たまたまの政策によって決まり、いったん決まると、それに必要性があるかのように続くのを経路依存性といい、複雑系という考え方が登場して一般化されだした。……社会の多くは経路に依存している」（伊藤光晴編『岩波現代経済事典』2004年）
　　「法律や制度、慣習や文化、さらには科学的知識や技術に至るまで、人間社会では、一度形成されてしまうと、その後外部から様々なショックによって形成時に存在した環境や諸条件が変更されたにもかかわらず、従来からの内容や形態がそのまま存続する傾向が見受けられる。このように、過去の1つの選択が、慣性（inertia）のため、変化しにくい現象を経路依存性とよぶ」（猪口孝他編『政治学事典』弘文堂、2000年）
4 盛山和夫『社会へ知／現代社会学の理論と方法』(上)勁草書房　2005年　第1章より。同書ではこうした社会学関連学会の中で、数理社会学会は教育社会学会、家族社会学会、都市社会学会など研究の対象への共通関心で研究者が集まっている学会組織が多い中、研究の方法への共通関心で集まっているユニークな学会であるとしている。（ⅱ頁）また、第1章では、「形骸化する社会学共同体」において、「共通に束ねる社会学という『知的共同体』の存在理由は着実に浸食されていく」との危機意識を表明している。（12頁）

5　以下の文は、中内氏からの私信であるが、同書の研究構想を示唆するものであるので、摘記する。「教育と教育学（Pedagogy）は人間形成をあつかうすべての学のなかでどういうポジションを占めなければならないか……『人間形成論の視野』でも考えたことですが……今後も考えていきたいと念じています」ここでは、教育と教育学の自意識として、人間形成を扱う学のなかで教育と教育学の役割と方法意識立論の課題と社会的定位の課題が提示されている。すなわち、教育をもっぱらの課題とする社会施設としての学校に止まらず、人間形成に関連する「全ての学」の中での営為と思惟を定位してゆく課題が示されている。私は、ここから「学校設立と存続の支持力」「教育の社会的様相」を提示する理論課題も示唆されていると考える。

　原則的には、「人間形成を扱う全ての学」を自立独存の存在として実体化するのではなく、生命としての人間の存在を可能にする自然的な諸関係と、人間関係の存続と変動を可能にする社会との関係において、人間形成を定位してゆくことが課題とされるのである。

6　鶴見俊輔『戦後日本の大衆文化史―1945 〜 1980 年』岩波書店　1984 年　209 頁

7　鶴見　前掲書　227 〜 228 頁

8　「加藤周一を読むために」　小森陽一　成田龍一　「加藤周一『日本文学史序説』をめぐる対談」『現代思想』第 37 巻第 9 号「総特集　加藤周一」、87 頁

9　石原孝二「リスク分析と社会」『思想』2004 年 7 月 963 号 82 頁

10　同 97 頁

コミュニティ・スクールとチャータースクール

――オールタナティブな公立学校モデル――

高野　良一

1　問題としてのオールタナティブな公立学校

1-1：教育改革の構図

　教育の分野でも、「55年体制」や「戦後日本型モデル」と呼ばれるシステムに賞味期限がきた。日本政治史研究者である德久恭子の概念を借用すると、「教権を制度理念とする日本型教育システム」[1]が終焉を迎えた。戦後日本の教育システムは、保守政党－文部科学省－教育委員会－学校とつながるフォーマルで垂直的な系列と、革新政党－教員組合や校長会などの職能的利益団体が合従連衡するインフォーマルなネットワークで成り立つ。両者は、後者のネットワークが前者の系列に、時に対立しながら妥協や協調を繰り返して、教育界の権益確保では歩調をあわせる閉鎖的なシステムを形成してきた。ライン（系列）とこれを補完するスタッフ（ネットワーク）からなるシステムと言い換えれば、日本型教育システムも教育官僚制（educational bureaucracy）である。
　教育の「55年体制」とは、「日教組・革新政党」vs「文部省・保守政党」とか、「国民の教育権」vs「国家の教育権」とかという2項（2極）対立を指す用語である。これは、教育官僚制の内部対立を単純化した対立図式だ。広田照幸は、「教育と政治」ないしは教育政治の対立軸を重視する教育社会学者である。広田は最近、「戦後長らく続いた保守－革新の二極対立から、一九八〇年代半ば以降は、三つの極の間の対立に変化した。そして、今回の世界金融危機は、その三極の対立の新たな段階を作りだすのではないか」[2]、と対立構図の

移行を整理している。3極とは、旧来の保守、新自由主義的保守、左翼の社民（社会民主主義）やリベラルという三つのアクターである。

加えて広田は、「55年体制」の2極対立から3極対立への移行を主導したアクターを、新自由主義的保守とみなす。「新自由主義的な改革論が、かつての保守－革新の対決と妥協のもとで作られてきた教育システムを改編しようとし、二つの旧勢力がそれに抵抗する、というのが主たる対立軸の一つとなって展開してきた」[3] というのである。ただし、こう対立軸を設定する広田にしても、3極内部にまで眼を凝らしてみると、「誰と誰が、何をめぐって闘っているのか、非常にわかりにくい時代になった」[4] と、その胸中を告白している。

このわかりにくさの一因は、社民・リベラルの内部で、新自由主義的改革論を心配（危惧）する者が「旧来のシステムの擁護に回」り、これに対して「中央集権体制を揺るがせ、現場の裁量を拡大させる好機と見た」者は、「ある部分では新自由主義的な改革に期待を寄せた」[5] からである。加えて、1990年代には保守内部でも、「新自由主義的な改革論者と旧来の保守勢力」が対立するだけでなく、旧来の保守に属する「文部省が主導で規制緩和を進め」た事態も見られたからである。そしてなにより、「社民や政治的リベラルの立場に近い」「市民」派[6] を自認する広田にとって、「やっかいなのは、新自由主義と市民的な自由論とが、けっこうシンクロしながら展開してきたこと」[7] にほかならない。

本稿で取り上げる対象とは、90年代以降という「わかりにくい時代」における、新自由主義ともシンクロした「やっかいな」市民的な自由論をベースにする新しいタイプの公立学校である。コミュニティ・スクールとチャータースクールは、既存の公立学校に飽き足らない市民に、自らの声やニーズに応答する代替案（オールタナティブ）と映った。この二種類のオールタナティブな公立学校の構想は、日本では微妙に交差しながら、別々の運命を辿る。前者のコミュニティ・スクール構想は時の新自由主義的政策や文部科学省施策と波長をあわせながら、法制化にこぎつけた。後者も市民や超党派の国会議員たちが日本型チャータースクール法案として構想したが、今のところ未発の制度に終わっている。

1－2：オールタナティブな公立学校の出自と制度思想

　コミュニティ・スクールとチャータースクールは、教育官僚制への代替案である点は共通する。しかし、その出自や制度モデルは異なっている。まず、アメリカの社会史研究者であるマイケル・カッツが析出した公教育組織化の史的モデルを参照して、それぞれ出自を整理したい。カッツはアメリカ公教育システムの大きな史的展開を、ボランタリズムから教育官僚制への転換とおさえた。その上で、教育官僚制は現在なお増殖し作動を続ける主流のシステムなのだが、多くの機能不全やシステム劣化も引き起こしてきたと批判した。そこで、教育官僚制に代わりうる公立学校システムのモデルを、その他の過去に実在したモデルに求めたのである。

　カッツは特に、民主的地域主義（democratic localism）に期待をよせた。1970年代前後にニューヨークなどの都市教育改革運動で生起したコミュニティ・コントロール（民衆統制）をその現代的復活と見なし、1980年代末に始まったシカゴ学校改革もその末裔に位置づけられた。カッツだけでなく当事者としてコミットしたシカゴの研究者も、シカゴ改革について同じ認識をもっていた。それを示す証拠として、彼らが出版した中間総括レポートの副題には、「変化のテコとしての民主的地域主義（Democratic Localism as a Lever for Change）」が採用されたことを挙げておく[8]。日本における主流派のコミュニティ・スクール構想も、2で考察するが、民主的地域主義（民衆統制）を理念にしている。

　では、チャータースクールは、カッツの史的モデルでいえばどれに該当するのか。筆者は、法人ボランタリズム（corporate voluntarism）の現代的再生であると捉えてきた。法人ボランタリズムとは、使命や志を同じくするボランティアが学校設置のために結社（incorporation）し、政府や教育行政機関が学校法人として認可（charting）するモデルである[9]。19世紀に中等教育学校として普及したアカデミーは、法人ボランタリズムの先駆だった。アカデミーは20世紀に入り公立ハイスクールにその地位を奪われ、私立学校として生き残った学校もアメリカでは公教育の枠外に去った。なお、日本では私立学校は認可を要する学校法人なので、これを法人ボランタリズムの伝統に連なると見して

よい。そうした中で、チャータースクールこそは、公教育の枠内に蘇った法人ボランタリズムの現代的な姿なのだ。

次に、コミュニティ・スクールとチャータースクールを、イギリスで議論されている「教育を供給する制度モデル」にも関連づけておきたい。ここでは、教育社会学者の卯月由佳が紹介するジュリアン・ルグランの4モデルに注目しよう。卯月によれば、ルグランは信頼モデル、管理統制モデル、発言モデル、準市場モデルの四つを設定し、それらの優劣を比較している。信頼モデルとは、日本の法制度論に対応させると「国民の教育権」に相当しよう。それは「専門家である教師に任せる仕組み」であり、子どもや社会の利益を優先する「利他主義者」の教師が、予算の効率的な使用や質のよい教育を提供するはずだと信頼するモデルである[10]。他方、管理統制モデルは「国家の教育権」の最新版である。「政府がどのような質、量の教育を学校で提供するか決定し、（数値化された目標に即して）成果も管理する」[11]システムだからである。

こう考えると、両者は、上で触れた教育官僚制内部で対立する二つのモデルと一緒だ。それらの「共通する欠点は、学校教育が親の意見と子どものニーズに必ずしも応答できないことにある」[12]。この評価は、広田照幸のいう社民・リベラル内部の「市民的な自由論」が教育官僚制を批判するポイントと同じである。そこで、発言モデルと準市場モデルが教育官僚制を乗り越えうる制度モデルとして肯定される。発言モデルとは、「親が学校と教師に向けて意見を表明することにより、学校教育に影響を及ぼすことができる」モデルである。これは、日本で法制化に至ったコミュニティ・スクール構想の主流派が抱くモデル思想と同質である。

ただし、ルグランは発言モデルの欠点にも自覚的である。「すべての子どものニーズを平等に把握するのは難しい」という欠点である。「親の発言力の強弱が学校運営を左右し」、「発言力の強い親は学歴や社会経済的地位が高い傾向にある」。だから、発言力の強い「親をもつ子どもへのニーズへの対応が進む一方で、その他の子どものニーズが顧みられなければ、義務教育の機会はかえって不平等化する」（卯月36）のである。そこで、ルグランは準市場モデルをより高く支持する。その根拠の一つが、「すべての親子が学校を選択できれば、より幅広いニーズに応じた学校教育の運営が可能になる」という、準市場

が教育機会の不平等や教育ニーズへの不対応を是正させるという想定である。加えて、より重要視される根拠が、「教育サービスを向上させる競争インセンティブを組み込んでいるのか」というポイントである。加えてその際には、「教育サービス向上を目的とした適正な学校間競争を成立させる」「条件を整備することが不可欠」とされる。この「条件整備として特に重要なのは、学校の自律性と情報公開」とされる[13]。

　チャータースクールの制度デザインが、ルグランの準市場モデルと共通することは、公立学校選択をその要素とすることからもわかる。だから、このオールタナティブな公立学校をめぐって、学校間競争の是非をはじめ、教育機会のみならず教育結果の不平等を拡大させるのか否かが、アメリカでは激しく論争されてきた。さらに、教育官僚制からの自律と引き替えに、教育結果のアカウンタビリティー情報を開示することを不可欠な要素とすることにも批判が及ぶ。こう批判の論点を列挙してみると、ルグランの準市場モデルがチャータースクールのデザイン思想ときれいに重なることがわかる。

1-3：ガバナンスと教育費という視角

　ここまで、2で検討すべき問題や論点を抽出するために、二つのオールタナティブな公立学校に内在した史的および現代的な制度思想を紹介してきた。筆者は「市民的な自由論」に共感しながら、これらの公立学校の実現可能性を探るために、思想と現実態の両面から分析のメスを入れてきた。近年は主として、母国のアメリカでは着実に実績をあげてきたチャータースクールに分析の焦点を当てている。そうした中で、異なる制度思想を接合したハイブリッドなチャータースクールにも出会うことになった。3で紹介するカミノ・ヌエボ・チャーター・アカデミー（以下、カミノ校）は、そうした学校である。カミノ校については、全体像を紹介した拙稿（『法政大学キャリアデザイン学部紀要』第6号所収論文）がすでにある。この稿では、公立学校法人のガバナンスと「教育費の水路」の視角に焦点を絞って、これを要約しておきたい。

　こう事例分析の視角を絞ることと関わり、その意義づけを少ししておきたい。それは、日本には、学校設置主体や公立学校法人に関する研究蓄積がほと

んどないことである。そんな中で、三上和夫はこれの解明に執念を燃してきた数少ない研究者である。忘れ去られているが、日本でも明治初期から1941（昭和16）年まで、都市学区という例外的な法制度が運用された貴重な遺産を持つ。筆者もこの史的遺産に注目したことがあったが、三上こそ、今日風にいえばコミュニティ・スクールの設置主体であり、公立学校法人の先駆となる都市学区を分析してきた研究者である。

その分析の内部に分け入ると、学区会とは学校理事会に似たガバナンス機関に相当することが見えてくる。三上は学区会を、ユルゲン・ハーバーマスのいう「市民広場における議論（公論）」[14]がなされた機関であると評する。このことが示唆するのは、学校理事会も、ルグランのいう発言モデルを超えた「討論や熟議の場」[15]となる可能性である。それはまた、日本のコミュニティ・スクールの学校運営協議会や3で考察するチャータースクールの理事会（board）の内実を吟味するポイントにもなる。当然ながら、政権交代で誕生した民主党政権のマニフェストに挙げられた学校理事会を設計する際の試金石にもなるはずだ。

もう一つの視角である「教育費の水路」について触れておく。教育費が学校を支える財政的な基盤として重要なことは自明である。しかし、公立学校を支える教育費は租税だけだ、と自明視するだけでいいのか。三上は「水路」の比喩を用いながら、これを批判した。まず、「教育公費」は「社会の富のすべて」を源泉とするとして、社会的に組織された教育費も「教育公費」に加えたことである。教育費の社会的組織形態とは具体的には寄付金を指す。それ故、「教育公費」になるための「水路」が必要となる。寄付金が義務的集金に陥らず自発的意志に基づく公費となるために、学区会での「学区住民の共同的議決」[16]、つまり「討論と熟議の場」のガバナンスを必要としたことである。

「教育費の水路」へのもう一つの着眼点は、教育費を「集約と消費」、「徴収と配分」[17]とセットで把握しようとされたことと関わる。教育費の源泉と集約の「水路」だけでなく、消費＝配分の「水路」にも着眼する必要である。使命やビジョンに沿って戦略的に予算を立て、教育の質の向上やニーズへの対応に効果的に使用されたかを冷静に決算する、会計の「水路」と言い換えてもよい。教育費の確保ばかりのために教育官僚制をフル稼働させただけとか、「コ

ンクリートから人へ」のスローガンのもとに租税の分捕り合戦に終始しがちな今こそ、中央レベルだけでなく、「地域主権」の実質化として学校当事者の「事業仕分け」と会計責任こそ不可欠なはずだ。

2 日本における「新しいタイプの公立学校」の法制化

2−1：初発における二つの構想の交差

　さて、個別の学校を事例分析するに先だって、オールタナティブな公立学校そのものが、1990年代以降の「わかりにくい時代」に、どのように姿を現らわし、進化していったかを考察しよう。まず、それらが「新しいタイプの公立学校」と呼ばれて、その構想や法制化が複雑に変転していった日本の姿を、できる限りわかりやすく整理したい。幸運にも私たちは、当事者としてアクション・リサーチ（参与観察）した二人の研究者をもつ。以下の整理では、彼らの優れた研究成果を活用したい。

　その一人は、日本のコミュニティ・スクールの生みの親といえる金子郁容である。金子は今まで、コミュニティ・スクールについて啓発的なレポートを刊行してきた。『コミュニティ・スクール構想』（2000年）は、日本型教育システムの問題指摘を起点に、制度理念の比較制度論的な考察や、自らの構想の要点を記した書である。最近刊行された『日本で「一番いい」学校』（2008年）は、自らの構想が辿った変転も振り返り、日本の現況を過去の遺産に言及しながらまとめたレポートである。もう一人の研究者には、黒崎勲をあげたい。彼は日本型チャータースクールの法案化に関与しながら、コミュニティ・スクールの立法過程を丹念に掘り起こした。『新しいタイプの公立学校』（2004年）は、立法過程を精力的なインタビューによって追跡した実況レポートである。

　では、これら3冊を導き糸としながら、「新しいタイプの公立学校」の複雑な変転を整理していこう。筆者はその変転を、三つのフェーズ（局面）で把握できると考える。第1の局面は、1999（平成11）年から2001（平成13）年までの時期である。二つの公立学校の構想がそれぞれ産声をあげ、両者が交差しな

がら異質なデザインを混在させたまま、法制化の方針が閣議決定された局面である。時系列に沿って、その担い手（アクター）、彼らが活動した場とその活動の成果を示すと、次の通りである。

① 1999（平成11）年8月：自由民主党チャータースクール構想等研究グループ報告「学校教育の個性化・活性化に向けた方策について」
② 2000（平成12）年7月：教育改革国民会議（主査・金子郁容）中間報告「教育を変える一七の提案」
　→ 2000年（平成12）年12月：教育改革国民会議「最終報告」
③ 2001（平成13）年12月：総合規制改革会議「第1次答申」

　日本における「新しいタイプの公立学校」の産声は、チャータースクールの方が若干早かったと判断できる。チャータースクールがアメリカの州レベルで法制化されていったのが、1990年代初頭である。その動きを「市民的な自由論」者がいち早く注目したが、その代表格が大沼安史であった。彼はチャータースクールに関する啓蒙書（ジョー・ネイサン『チャータースクール』）を翻訳するだけでなく、法制化を模索して国会議員にも接近した。その結果、広田照幸が「やっかいな」と評したように、「市民的な自由論」者と保守政治家が合流（シンクロ）するなかで、①が産み出された。

　①で提案された構想で注目すべき点は、黒崎の実況（黒崎第1章第2節）も参照すると3点ある。一つ目は、学校法人として認可（チャーター）されるのと引き替えに、チャータースクールが教育成果に責任を負う、一種の契約関係を創った点である。また、特例を設け、これを既存の公立学校と並んで選択しうると、公立学校選択も導入したことが2点目である。三つ目は、この新しい試みのために、文部科学省が先導的試行の道具に使っていた研究開発学校を、ボトムアップ型に転換して利用する点である。

　日本型チャータースクールとも呼ばれたこの構想は、認可契約、公立学校選択、ボトムアップ型実験学校という斬新な制度デザインを教育政策に持ち込んだ。一言で表現すれば、これはルグランの準市場モデルと同じである。この準市場モデルのデザインが、その後の推移のなかで、コミュニティ・スクール構想と一旦は交差させ、後には分岐させるポイントとなった。また、社民・リベラルと「市民的な自由論」が合流するのではなく、両者をむしろ離反させる効

果を生じさせた要因にもなる。さらに、実験学校は、形式上はボトムアップに偽装されて、文部科学省のトップダウン型施策のツールに転用されていった。

　②と③は、日本型チャータースクールとコミュニティ・スクール構想が交差した瞬間での「部分集合」の成果である。「部分集合」とは、「規制緩和の理念とコミュニティ・ソリューションの理念の曖昧な連携・確執のなかで、その具体的内容」（黒崎 51）が合作された事態を指す。②と③をはさむ 2001（平成 13）年 4 月に小泉政権が誕生し、新自由主義的政策が本格化する中で、金子によって「曖昧な連携」が戦略的に選択されたようだ。黒崎は「コミュニティ・ソリューション」を「独特の教育の民衆統制の論理」[18]と評する。カッツがこれを知れば、民主的地域主義と断じたはずだ。金子本人は、チャータースクールの理念が「個人契約」であると自らの構想と区別したうえで、「自分でやってやろう」というボランタリズムは共通する精神だと語っていた。だから当時は、コミュニティ・スクール構想を、「チャータースクールの基本精神とイギリスの LMS（地域による学校経営）の制度論を合わせて日本的にアレンジした」と解説していた[19]。

　確かに金子がいうように、法人ボランタリズムのチャータースクールとコミュニティ・ソリューション（民衆統制）を具体化したコミュニティ・スクールは、ボランタリズムの理念を共有する。しかし、一方は準市場モデルであり、他方は民主的地域主義ないしは発言（参加）モデルであり、アイデアの基本が異なる。当時、社民・リベラルの研究者は、コミュニティ・スクールがチャータースクールの隠れ蓑である主張していた。この主張には僅かな真実もあるが、筆者は黒崎と同じく、根本のところで見当違いをしていると今も判断している。これが見当違いなことは、その後の法案化と法制化のなかで、二つの「新しいタイプの公立学校」の運命が分岐していく事実からも明らかとなる。

2-2：民主党内部での法案化の分岐

　さて、分岐が明確になっていく局面は、③の総合規制改革会議「第 1 次答申」の前後、民主党の内部でそれぞれが二つの法案として具体的な形をとった過程である。市民や研究者、国会議員を巻き込みながら、「曖昧な連携」から

「確執」が表面化していった過程といいかえてもよい。なお、この過程を考察すれば、1－3でも触れたが、2009（平成21）年夏の選挙で民主党が公表したマニフェストに掲げた学校理事会について、具体的なイメージや問題点を掴む手がかりが得られる。

④ 2002（平成14）年3月：民主党コミュニティ・スクールWT（鈴木寛）「なぜ、今、コミュニティ・スクールなのか？」
　← 2001（平成13）年3月「コミュニティ・スクール法試案　version1.1」
⑤ 2002年5月頃（推定）：民主党（金田誠一）「日本型チャータースクール法（仮称）試案 [2.0]」

二つの法案とは、上の二つをさす。ところで、民主党の法案にはこれらに先行して、加藤公一衆議院議員を責任者にして、2000年後半（推定）にまとめられた「コミュニティ・スクール構想」案があった。加藤案はコミュニティ・スクールと銘打たれたが、その内実は「チャータースクールの系譜に属するもの」[20]であった。「公正健全なルールの下、市場原理は大いに容認すべし」[21]と加藤自身が基本理念を語っていた。法律で定めて設置された「コミュニティ・スクール法人」が既存の公立学校と併存することで、公立学校選択を教育システムに導入するのである。

準市場モデルとしてコミュニティ・スクールを捉える加藤には、「私立学校と公立学校の教育の質の格差の拡大が日本社会の再生産プロセスを階層化させつつある」[22]という近年の格差社会論に通じる現実認識があった。準市場が質が高く親子のニーズにも対応する公立学校を創りうるという理解は、1－2で触れたように、ルグランが準市場は教育機会の不平等や教育ニーズへの非応答を是正すると想定したことに通じている。

民主党の中では、加藤のチャータースクールを実質とするコミュニティ・スクール案が出るなかで、それに抗する形で鈴木寛が作成した法試案も出される。④は、加藤案に「ゼロベースでの再検討」[23]を行った成果である。周知のように、鈴木は金子郁容の政策パートナーであり、現民主党政権の副大臣として政策の形成と広報に活躍する参議院議員である。鈴木案は、「現場主権主義にも基づく学校運営を可能にする法的枠組み」の宣言文であった。「政府主導による解決、民間市場主導による解決」では不十分なので、これらにコミュニ

ティ・ソリューションを組み合わせる提案である[24]。つまり鈴木法試案は、民主党の立法理念を民衆統制の方向へ誘導する意図をもっていた。それをはっきりさせる制度デザインが、地域学校協議会の位置づけである。この協議会は、加藤案ではコミュニティ法人が意見聴取するためのガバナンス機関とされた。他方、鈴木はこれを、イギリスのLSM（学校理事会）をモデルに、教育委員会に代わり利害関係者が参加し監視・評価する民衆統制（ガバナンス）機関に変更した[25]。

ただし留意すべきは、鈴木法試案には、準市場モデルと同様な「自律的な学校運営と内外全方位評価」も制度設計に加えられていた。また、「現場主権主義的教育再生の先行事例を創っていくべき」と、①の自由民主党のチャータースクール構想と同じく、ボトムアップ型実験学校も提案された[26]。けれども、同じボトムアップ型実験学校といっても、片方は学校選択のツールであり、鈴木案では民衆統制で学校運営を健全化（改善）する道具であって、根本に性格が異なる。また、2-3で考察することだが、鈴木の性格づけは、文部科学省が教育官僚制を学校運営面で「改善」（微調整）する道具に、実験学校（研究開発学校）を利用することを黙認してしまうという問題もはらんでいた。

さて、民主党内部の流れが④に傾くなかで、⑤が加藤案を引き継ぐ形になる。黒崎の参与観察[27]によると、2001（平成13）年9月から2002（平成14）年5月頃まで、教育の市民運動を交えて、金田誠一衆議院議員が⑤を練り上げた。NPO法人も「公設学校管理法人」としてチャータースクールを設立できるとされた事実が、市民運動との協同作業を雄弁に物語る。金田は2003（平成15）年に、自らの法案を示して、文部科学大臣に実験学校の実施を迫ったこともある。大臣答弁は、チャータースクールの「評価が定まっていない」としつつ、文部科学省が主導する研究開発学校の施策にすり替えた内容だった[28]。さらに、金田は2003（平成15）年6月に、①を策定した自民党議員と超党派の研究会も発足させた[29]が、チャータースクール法案は今に至るまで未発に終わっている。

2-3：教育官僚制の微調整としての法制化

二つのオールタナティブな公立学校構想は、分岐を経ながら2004（平成16）

年に「地方教育行政の組織及び運営に関する法律」（以下、地教行法）の改正として、法制化の決着の局面を迎えた。この決着のしかたを理解することは、この法律改正に基づき設置されていったコミュニティ・スクールの現況を判断する有力な手がかりとなる。いうまでもなく、ここでの主要なアクターは文部科学省である。かれらは法制化の実務者として、政府や議員、審議会委員などの利害関係者と調整し、これまでの立法や施策との整合性も図って、自らが描く制度デザインを法の文言に結晶させようと努める。

　文部科学省のデザイン思想は、筆者なりの仮説をいえば、自らの存続も含めた教育官僚制の維持を旨としたその枠内での微調整である。これから考察すべきテーマは、この仮説の検証である。検証の材料には、コミュニティ・スクール構想の生みの親で、法制化でもキー・アクターとして活躍した金子郁容が、いかにこれを総括しているかを使う。いきなりこの検証にはいる前に、仮説を補強する意味もこめて、文部科学省が整合化を図ってきた経緯をまとめておく。

　⑥1989（平成元）年：地教行法改正（教育の分権化と学校の自律性・自己責任という方向付け）
　⑦1998（平成10）年：中教審答申「今後の地方教育行政の在り方について」（学校評議員制度提案）
　　　→2000（平成12）年4月：学校教育法施行規則改正（学校評議員制度の法制化）
　⑧2002（平成14）年度：「新しいタイプの学校運営の在り方に関する実践研究指定校」（地域学校協議会設置）
　⑨2003（平成15）年12月：中教審中間報告「今後の学校運営の在り方について」（学校運営協議会提案）
　　　→2004（平成16）年6月：地教行法改正（学校運営協議会の法制化）

　民衆統制（民主的地域主義）を理念とするコミュニティ・スクールは、⑥で法的枠組みができた教育システムの分権化と学校の自律性・自己責任というデザイン思想と共振する。文部科学省サイドの一貫した設計意思は、いかに教育官僚制の枠内に、分権化や民衆統制、学校の自律性を止めるかにつき。コミュニティ・スクールや学校運営協議会の法制化にとって、その起点となる⑦

の学校評議員制度も例外ではない。

　学校評議員は確かに、学外の有識者、団体代表、地域住民や親が「学校運営に関し意見を述べることができる」ので、民衆統制（発言モデル）の制度かもしれない。しかし、民衆統制で重視されたボランタリズムは、教育委員会や校長の系列（ライン）によって制限される。委員は校長の推薦で教委が委嘱するので、住民や親が自ら手をあげてなれるわけではなく、意見（発言）も「校長の求めに応じて」と限定が課された。

　次いで、2001（平成13）年の総合規制改革会議「第1次答申」が閣議決定されて、コミュニティ・スクール施策が文部科学省に義務づけられる。そこで、⑧の「実践研究指定校」では、校長の公募制や学校裁量経費の創設と並んで、学校運営協議会のモデルとされた「地域学校協議会」の設置も実験される。いずれもこれらは、1－1で触れた広田照幸のいう規制緩和施策である。また、この規制緩和は、「公立学校運営」とテーマが設定されたように、学校内部に限定された。金子や鈴木が意図するように、民衆統制を切り口にして、教委制度もふくむ教育システム全体を見直す類のものではない。

　では、⑨について、金子の総括を材料にして、これが教育官僚制の微調整であったという筆者の仮説を検証しよう。金子によると、⑨のポイントは「コミュニティ・スクールの設置の仕方」と「学校運営協議会に付与される権限」の二つである[30]。前者について、「学校を作るのは自治体であるという従来の枠組みは変えず」、「より穏健な枠組みとなっている」と金子は総括する。「穏健」とは、「アメリカのチャータースクールともイギリスの公立学校とも異なる、日本型の『穏やかな』もの」を意味する[31]。⑨が、金子や鈴木が目指すイギリスの民衆統制（発言）モデルと異なり、既存の教育官僚制の僅かな変更（微調整）であることを、金子自身も認める。それは、この法制の下では、コミュニティ・スクールにしろチャータースクールにしろ、ボランタリズムを発揮して公立学校を設置することを断念せざるを得ないことを意味する。

　そこで学校設置にではなく「学校運営協議会に付与される権限」に、金子は教育官僚制に対する民衆統制の「風穴」を見いだす。⑨の「最大の特徴」と賛辞されるのは、学校運営協議会が教員人事に「任命権者（都道府県教委）に意見を述べる」権限であり、「任命権者が意見を尊重する」規定である。これ

は学校評議員制度の意見具申・尊重とどこが違うのか。金子は、文部科学省の局長答弁や参議院の付帯決議を引き、任命権者が意見と異なる判断をした場合に、「合理的な理由について学校運営協議会に対して説明責任を有する」ことが異なると、高く評価する。もっとも「『合理的理由』が何かについては運用に任されているというあいまいさ」も限界として自覚していた[32]。

金子は加えて、新しいこの人事制度がそれまでの内申制度と異なることを強調する。内申制度が「教育行政ヒエラルキ組織」の「上意下達」を前提として、地方教育委員会が校長から要望を聞き、地方教育委員会が都道府県教委にそれを伝える制度で、「完全に都道府県の裁量の範囲内のもの」でしかないからである。確かに、「住民参加」機関が発言権を持ち、人事当局者が説明責任を負うことは、内申制度を一歩前進させる[33]。しかし、学校運営協議会の人事権は、金子自身が批判するヒエラルヒー組織（教育官僚制）を前提としており、内申にもう一つのバイパスを加えただけではないか。

ところで、金子がコミュニティ・スクールとして紹介する事例では、学校運営協議会の人事権が正面からあまり話題になっていない。杉並区の校長人事の経緯[34]や京都市の「合否を決めるより確認作業という位置づけ」でしかない例[35]が触れられる程度である。むしろ目立つのは、規制緩和で拡大された裁量権を前提に、校長が教員を「リクルーティング」[36]したり、「教員FA制度」「教員公募制度」[37]を利用して校長がリーダーシップを発揮したりした事例である。あるいは、地方教育委員会が企業家精神を発揮した教員採用戦略（「教師力養成講座」）[38]である。

つまり、金子が注目するコミュニティ・スクールが「いい学校」である制度的な要素とは、文部科学省の規制緩和を利用したり、教育官僚制の枠内で校長や教育委員会がリーダーシップや企業家精神を発揮したりすることでしかない。教員公募やFA、それに教師力養成講座は、見方を変えれば、教育官僚制の規制のもとでいい教員の獲得をめぐる学校間競争（「いい学校」になる競い合い）を組織する仕組みでもある。

学校間競争といえば、チャータースクールが前提とする学校選択制を、金子はどう評価するのだろうか。彼は、学校選択制には、「外から」の改革アプローチと「内から」の改革のものがあるという。前者は、「市場競争原理を直

接的に体現した」「競争」と「自己責任」をセットにした改革である。これに対して、品川区を例に挙げて、これが象徴的な「内からの」改革であると評する[39]。「内から」の改革とされる、「わが区の学校教育をどうするかは、私たちが責任をもって決める」というレトリックが、学校選択制の制度理念であるといわれても、筆者には腑に落ちない。それなら、2のもう一人の主役であった黒崎勲が、同じく品川区の事例を引きながら、学校選択制は「チェック・アンド・バランス」を制度理念にすると論じたことの方が明快である。

ただし、民衆統制（コミュニティ・ソリューション）を信奉する金子が、ボランタリズムよる学校設置や、公的規制のもとでの学校間競争（競い合い）を積極的に評価していることに、筆者は共感する。金子が、民衆統制（民主的地域主義）をコアにしながら、これに法人ボランタリズムや準市場（学校間競争や公立学校選択）を接合させる教育システムを模索しているからである。筆者もまた、法人ボランタリズムと民主的地域主義を接合する制度デザインを模索している。そこで3では、法人ボランタリズムに民主的地域主義を接合したハイブリッドなチャータースクールを紹介したい。

3　チャータースクールの現状とハイブリッド・タイプ

3-1：アメリカのチャータースクールの現況

事例紹介の前に、まず、チャータースクールの全体状況を簡単に確認しておきたい。このオルタナティブな公立学校は1991年にミネソタ州で法制化され、翌年に最初の学校が産声をあげた。2009（平成21）年現在、全米の40州とコロンビア特別区にチャータースクール法が制定され、総計4,578校が初等および中等教育に携わり、140万余りの生徒が通うまでに成長している[40]。チャータースクールは、公立学校の全体から見れば未だ小粒だが、確かな存在感をもっているのである。

存在感の背後には、オバマ大統領や2大政党の支持もさることながら、世論の支持がある。2009年の教育月刊誌とギャラップの共同世論調査では、64%

のアメリカ国民がこれを支持し、反対は33％であった。2005（平成17）年に比べると、支持者が15％増加した。ただし、国民のチャータースクール認識には危うさもある。「これが公立学校だ」と正解する人は45％で、違うと誤る人の51％より低い。これでも05年に比べると、正解率が6％上昇していた。「授業料を取るか」には、これを間違いと理解する国民は39％で、05年に比べ10％も正解率が上がったが、なお57％は授業料を取ると間違った認識をもつ[41]。未だかなりのアメリカ国民に、チャータースクールが正しく理解されていないのである。

　その一因ともなろうが、合衆国憲法は州に公教育の権限を付託しているので、州によってチャータースクール法の内容が異なり、学校の開設率も異なる。学校数がかなり多く、人々にチャータースクールが身近な州や地域もあれば、そうでない州や地域もある。なぜそうかとえば、一方で、学校開設が容易で学校の自律性も大きな「強い法 strong law」を持つ州があり、他方で設置数の上限（cap）が定められ、開設に意欲をもつ者に各種の制約や負担を課す「弱い法」をもつ州があるからだ。コロラド州などは「強い法」の代表格である。3－3で分析する事例が立地するカリフォルニア州は、「強い法」をもつ州に分類される。ただし、学校開設や教育成果に対する公的規制も適度にある州である。

　筆者にいわせれば、学校選択制も同じだが、開設が容易で弱肉強食的に自由競争を促し、「自己責任」（結果責任）を強調しがちな「強い法」は、必ずしも好ましいルールではない。2－2で紹介した加藤議員の言葉でいえば、「公正健全なルール」があって、「いい学校」になる公正な競い合い（競争）もできる。また、公的なルール規制だけでなく、公的サポートも不可欠である。学校を開設したいボランタリーな市民や教師に必要な支援には、認可書類のチェック、学校マネジメントのスキルアップ、資金調達や会計処理のノウハウの伝授など多くある。というのも、現在までに650校ほどが閉校の憂き目にあったが、その原因の41％が財政問題で、27％がマネジメントの不備だからである[42]。

3-2：チャータースクールの類型

　州法などのルールが多様であるだけでなく、チャータースクールと一口にいっても、個々の学校は多彩である。筆者はアメリカの研究も参照しながら、学校設置の主体と設置目的を指標として三つに分類している[43]。一つは個人商店（mom and pop）と愛称で呼ばれるチャータースクールで、普段着の市民や教員たちが自分たちの教育への思い（使命やビジョン）を形にしようと小さな学校法人を設立するタイプである。これは、かつてのアカデミーという原型に一番似ており、法人ボランタリズムの純粋型といえる。もう一つが、民間企業が業務委託されて、営利目的でチャータースクールを運営するタイプで、筆者は市場ビジネス型と名付けている。チャータースクールは公立学校なので、営利企業自体は開設できない。そこで、業務委託の形で実質的に学校を開設するわけである。三つ目が設置形態転換型と呼ばれるチャータースクールで、公立学校からの転換や、宗派立の私学からの転換がある。

　チャータースクールがオルタナティブな公立学校である、とこれまで無前提に筆者は言ってきた。だが、教育官僚制との距離感は三つのタイプで異なる。個人商店型や設置形態転換型は、そもそも教育官僚制から離脱を目指して開設されるので、オルタナティブ性（対抗性）は強い。しかし、市場ビジネス型は、教育行政当局から業務委託を受ける場合もあり、教育官僚制への対抗性どころか依存性さえある。よく知られた例だが、エジソン社という全国的なフランチャイズ型のチャータースクール運営会社は、行政当局から「失敗した学校」（低学力校）を「立て直す」受け皿によく利用された。

　ところで、本稿で紹介したいチャータースクールは、ハイブリッドな事例であるとすでに予告した。カミノ・ヌエボ・チャーター・アカデミーは、アカデミーという校名からして、個人商店型を推測できるチャータースクールである。さきほど個人商店型は法人ボランタリズムの純粋型だと言ったばかりだが、カミノ校がどんな意味でハイブリッドなのか。実は、個人商店型のなかにも、いかなる属性をもつ市民や教師が設置主体なのかでみると、いくつかのタイプにわけられるのである。

　たとえば、宗教右派の人たちが設立した個人商店型のチャータースクール

もある。先に紹介した共同世論調査には、「宗教を教える自由があるか」という項目もあった。その自由が「ある」と答えた人は46%で、「ない」の47%と拮抗していた[44]。「ある」と答えた世論からは、世俗性を原理とすべきはずのチャータースクールで、特定の宗派教育がなされている実態をうかがい知れるといえまいか。言い換えれば、この種の個人商店型チャータースクールは、私立学校と同じような伝統的な法人ボランタリズムの要素を色濃くもち、そういう意味でハイブリッドな存在である。

　新旧の法人ボランタリズムをハイブリッドしたタイプもあるが、個人商店型には複数の公教育組織化の史的モデル（カッツ・モデル）をハイブリッドさせたタイプも存在する。筆者は、カリフォルニア州のサンフランシスコに設立されたライフ・ラーニング・アカデミーを紹介したことがある。同校は、不利な状況に置かれた生徒を一旦は地域社会から切り離して教育するために、全米規模で更正施設を運営するNPOが設立したチャータースクールである[45]。カッツ・モデルでいう家父権的ボランタリズム（paternalistic voluntarism）に、法人ボランタリズムが接合された事例であった。これに対してカミノ校は、法人ボランタリズムに民主的地域主義が接合されたケースとなる。

　そもそも、チャータースクールとは公立学校のイノベーションである。筆者は別稿で、その参与観察者であるチェスター・フィンを参照しつつ、こう総括したことがある。「フィンも指摘したように、一つ一つの構成要素は現在の公立校や私立校にも存在する。しかし、これらの要素を選んで『新結合』させたところに、チャータースクールの独自性がある。この意味でチャータースクールのシステム革新性は、シュンペーター的『企業家（起業家）』活動の発露なのである」[46]。それゆえ、純粋型より異質なモデルの諸要素を「新結合」させたハイブリッド型のほうが、チャータースクールらしい姿かもしれない。2−3の末尾で示唆したように、金子郁容がめざすコミュニティ・スクールの姿も、フィンや筆者が考えるイノベーションのとらえ方と軌を一にするにちがいない。

3−3：カミノ校のガバナンスと「教育費の水路」

いささか準備運動が長かったようだ。ここからは、ハイブリッドなチャータースクールの事例分析を始めたい。分析の視角は、あらかじめ 1−3 で論じたように、ガバナンスと「教育費の水路」に絞る。最初に、カミノ・ヌエボ・チャーター・アカデミー（Camino Nuevo Charter Academy）がどんな地域に立地するかを紹介する。同校は、カリフォルニア州ロサンジェルス市の西部に位置する。中南米などから流入したヒスパニックの姿が目立つ街である。満足に英語で読み書きや会話もできない、多くの貧しい家族が暮らしている。

地元に昔からある公立学校（traditional public schools）は、急増したマイノリティーの子どもに、満足に就学機会や教育サービスを提供できない状況にある。この状況を克服すべく、地域開発を使命（mission）とする社会企業家が、その一環としてチャータースクールの設立も思い立った。1999 年 11 月にロサンジェルス学区の認可がおり、次の年に生徒数 250 人の小さな小学校が生まれた。2001 年にはミドルスクール、2004 年にはハイスクールが設立され、今では将来の地域開発の担い手を育てる"小中高一貫校"に成長している。

では、学校設立時のガバナンスの実際をみてみよう。学校設立に必要なガバナンスの課題は、設立形態の選択、学校の使命や目標の決定、教育活動のリーダーとなる教育専門家のリクルート、そして、「教育費の水路」の開拓も兼ねた必要な設立資金の調達だ。このガバナンスの中心にいた人物が、現理事長（president）のフィリップ・ランスである。牧師だった彼は、貧しい地域の地域開発を志す社会起業家で、カミノ校の設置主体でもある NPO（プエブロ・ヌエボ・ディベロップメント、PND）を立ち上げた。PND をガバナンスしてきたノウハウが、カミノ校の設立や運営に生かされていく。

さて、なぜ設置形態にチャータースクールが選ばれたのか。既にある公立学校と連携し、これを革新するより容易かもしれない選択肢もありえたはずだ。ランスは理由を明確にこう語る。「政府資金によってサービスを供給する組織は、準政府的な官僚制に陥りがちになり、組織のリーダーや顧客は外部の政治的日程、制限や規制に弱い立場に置かれ、過重な報告書の山に押しつぶされます」[47]。教育官僚制を自覚的に忌避し、NPO と同様な法人ボランタリズムの

設立形態を選んだわけである。

　学校を実際に設立するためには、学区から認可を受けるだけでなく、いや認可のためにも学校施設などを賄う120万ドルもの資金が必要であった。貧しい地域から資金は調達できないとみたランスは、外部資金の水路を巧み開拓した。教会やNPOで培った人脈やネットワークを活用して、私立学校の創設者やチャータースクールを支援する銀行家をパートナーに引き入れ、この3人で資金調達や学校施設に関わる意思決定をおこなっていく。この水路の開拓という困難な課題を、それも自分と異質な他者とパートナーシップを築いて遂行していく過程には、互いの意見をぶつけ合意を模索する、熱い「議論」や「討論と熟議」があったはずだ。

　次に、設立後のガバナンスはどうだったのか。ガバナンスを通常業務として担うのが、理事会である。では、理事たちは、どんな出自や属性をもった面々なのか。認可申請書には理事の定員が15名以下とある。実際には、2008／09年度は13名が理事に指名されていた。内訳は、創立メンバーで理事長の白人・ランス、理事会の共同議長である白人の企業経営者と財団理事長、秘書役には日系人の地域活動家、それに元PND役員、チャータースクール支援組織の理事長、また学区の元教育委員会関係者の弁護士と財団関係者の3人、それに企業経営者も3人がメンバーであった。まことに多彩な理事の構成である。

　こうした多彩な理事構成からも、設立時と同じように、熱い「討論と熟議」が繰り広げられることは容易に推測できる。言い方をかえれば、肌の色や見解も異にする理事たちが、意思決定の場で対立と協調のゲームを繰り広げるわけである。このゲームが対立（紛争）で終われば、マネジメントのミスで閉校の憂き目に至る。カミノ校は年ごとに成長、発展してきているので、少なくとも今までは協調ゲームが優位であったに違いない。

　学校の成長・発展を支えた理事会のガバナンスを、「教育費の水路」と関わらせて見てみる。理事構成から気づくが、財団関係者と企業経営者が過半数を占めている。ランスが設立時に、パートナーシップを巧みに形成しながら資金調達したことは、すでに述べた。小・中・高校と施設増設をするには、公費だけでなく寄付や銀行ローンによる資金調達がカギとなる。理事会内に、恒常的な教育費の源泉や"集金の水路"を開拓するパートナーが必要となる。それ

も、誰かやどこかにパートナーや源泉を集中し限定するのは、源泉や水路を貧弱にし、理事会内の複数性や対等性に基づく民主的な議論や熟議も損なう。

　今度は教育費の"消費や配分の水路"を調べると、ここにも巧妙な仕掛けがある。設置主体のNPO（PND）とカミノ校は別組織である。だが、両者の間にも緊密なパートナーシップが存在する。それは人的な提携ばかりでなく、資金の流れにも生かされる。学校施設の増築はPNDが請け負い、PNDを通じて地域に雇用と開発資金が生まれる。学校施設は建築的にも優れており、PNDはこれで賞金まで獲得した。より重要なのは、親を含む近隣住民にとって、カミノ校はまさしく自分たちが建てた学校であり、自分のものという意識（ownership）を生んだことである。教育の民衆統制が、学校の所有意識を基盤とすることは日本の教育史を見てもわかるはずだ。

　カミノ校とPNDの提携は、施設建設だけではなく、施設管理・運営面に及んでいる。PND配下の労働者所有の清掃会社が、学校メンテナンスを請け負うだけではない。ランスの発言を記しておこう。「学校はPNDに賃貸料を月2.6万ドル支払うテナントです。この賃貸収入のなかからPNDのローン費用も支払われ、また、この収入がPNDの実施する放課後プログラムや保健センター活動を支えています。全賃貸収入が、PNDの信用力（bankability）を強めることに寄与しており、新しい近隣地区開発プロジェクトを立ち上げる財政力を私たちに与えています」[48]。

　PNDが施設建設や維持管理でカミノ校を支え、カミノ校が賃貸料という形でPNDを支えるという、資金の循環が巧妙に設計されている。チャータースクールは、旧校舎や空きスペースなどをリースで借り受けることがよくある。それは、学校が自前で建設・維持する資金力に乏しいことが大きな理由である。カミノ校はこれを逆手にとって、学校の発展と地域開発が持続可能な資金循環のなかで見事に接合されている。日本でも多くの地域で、教育関係者は教育財政の不足を嘆き、地域の人は雇用機会や資金がないと不満をいう。確かに、国や自治体からの公費は不可欠である。だが、学校と地域が、公費だけでなく外部資金の調達も図り、つまり「社会の富のすべて」（三上和夫）を有効活用して、「教育費の水路」を開拓する時代に日本も入っているのではないか。

まとめにかえて

　与えられた紙幅を超え、また読者に自由に読み取ってもらいたいので、いちいちまとめはしない。その代わり、筆者の教育改革への立場や戦略を率直に話そう。冒頭で、教育官僚制の賞味期限が切れたと断じた。だが、中央の教育行政機関や教育職能団体のネットワークが無用だと考えているわけではない。筆者は、教育システムにおけるそれらの配置や組み合わせ、組織や機能（ロール）を変える立場にたつ。これを、教育システムのイノベーション戦略といってもよい。その核心は、今ある組織や機能を精査しながら、「新結合」させて有効利用することである。当然だが、法制度というルールの「新結合」も視野に入る。

　筆者が金子郁容から学んだことは、このしたたかなイノベーション戦略である。金子は教育における自律分散システムの形成をめざして、教育官僚制に民衆統制（コミュニティ・ソリューション）やボランタリズムを「新結合」させ、場合によれば準市場的要素もこれに加える。筆者は、教育官僚制から距離をおき、ボランタリズムや準市場を基本に、民衆統制（民主的地域主義）と「新結合」させる戦略を、チャータースクールから学んだ。金子の「新結合」戦略のほうが、日本では現実的で有望で支持も得やすいはずだ。だが、1－2で紹介した発言（民衆統制）モデルでは「義務教育の機会はかえって不平等化する」との批判に、金子は回答できるのか。

　赤井英夫もそれを疑っている一人である。「(『地域による解決』)のような手法により、教育における格差が縮まる保証はない」、「地域やコミュニティによる解決は、地域の教育資源の差を直接反映する」[49]と論じる。筆者も、コミュニティ・ソリューション（民衆統制）だけを戦略にするのでは、教育格差に対応できないと考える。カミノ校の成功は、ボランタリズムや準市場に、コミュニティ・ソリューションを「新結合」させたからである。もっとも金子は、準市場的要素も加味する余地を残していた。地域教育を構想する教育学者は、いかに赤井などの経済学者に応答するのであろうか。

　なお、一言つけ加えれば、日本にも法人ボランタリズムと民主的地域主義

（民衆統制）を接合した「公的教育」の遺産がある。近代に向かう江戸後期に実在した郷学（特に「第三種郷学」）である。公教育論が話題になった1970年代に注目されたことがあり、筆者も大阪の含翠堂について調べたことがある[50]。それゆえ日本でも、カミノ校のような学校が創れるかもしれない、と筆者は考えている。

〔註〕

1　徳久恭子『日本型教育システムの誕生』木鐸社、2008年、302頁。
2　広田照幸『格差・秩序不安と教育』世織書房、2009年、16頁。
3　同上書、18頁。
4　同上書、19頁。
5　同上書、18頁。
6　同上書、30頁。
7　広田照幸編『自由への問い5・教育』岩波書店、2009年、5頁。
8　高野良一「アメリカにおけるボランタリズムと学校改革」『法政大学文学部紀要』第47号、2002年、199頁。
9　同上書、194、195頁。
10　卯月由佳「教育の公共性と準市場」広田照幸編『自由への問い5・教育』岩波書店、2009年、35頁。
11　同上書、36頁。
12　同上書、37頁。
13　同上書、37頁。
14　三上和夫『学区制度と学校選択』大月書店、2002年、163頁。
15　広田照幸、前掲書、25頁。
16　三上和夫、前掲書、47、48、73、74頁。
17　同上書、23頁、84頁。
18　黒崎勲『新しいタイプの公立学校』同時代社、2004年、43頁。
19　金子郁容『コミュニティ・スクール構想』岩波書店、2000年、181、182頁。
20　黒崎勲、前掲書、68頁。

21　同上書、66頁。
22　同上書、63頁。
23　同上書、70頁。
24　同上書、37、210、211頁。
25　同上書、62、76、205、207頁。
26　同上書、12、213頁。
27　同上書、81、82頁。
28　同上書、87頁。
29　同上書、156頁
30　金子郁容、前掲書、271頁。
31　同上書、273頁。
32　同上書、275、276頁。
33　同上書、275頁。
34　同上書、73頁。
35　同上書、189頁。
36　同上書、42頁。
37　同上書、151、172頁。
38　同上書、94頁。
39　同上書、148、150頁。
40　(The)Center for Education Reform(CER), *The Accountability Report :Charter Schools*, 2009, p.8.
41　PDK, 'Phi Delta Kappa/Gallup Poll of the Public's Attitudes Toward the Public Schools', *Phi Delta Kappan*, vol.91, no.1, 2009, p.13.
42　CER, *op. cit.*, p.5.
43　高野良一「コミュニティスクールとしてのチャータースクール」『法政大学キャリアデザイン学部紀要』第6号、2009年94～96頁。
44　PDK, *op. cit.*, p.13.
45　高野良一「ライフ・ラーニングの実験学校」法政大学キャリアデザイン学部『生涯学習とキャリアデザイン』4号、2007年。
46　高野良一「チャータースクールの可能性の中心」田原宏人ほか編『教育のた

めに：理論的応答』世織書房、2007 年、35 頁。
47 Deal, Terrence E. and G. C. Hentschke, eds. , *Adventures of Charter School Creators*, Scarecrow Education、2004, p.56..
48 *ibid.*, p.160.
49 赤井英夫「競争は教育に有害か？」『労働経済学の新展開』慶應義塾大学出版会、2009 年、249 頁。
50 高野良一「『第三種郷学』（含翠堂）における公共化とその制約条件」『京都大学教育学部紀要』1979 年。

都市の地域特性と教育統治

――アメリカにおける市長直轄管理導入の要因を中心に――

小松　茂久

はじめに

　学区有権者による教育委員選挙によって選出された素人委員が教育長を始めとした教育委員会事務局の専門職者とともに、公立学校を統制し責任を負うという地方教育統治のモデルが1990年代以降になって大きく揺らいできている。それまでも、教育委員会制度に対して、教育専門職者を中心として特に都市部では強固な教育官僚制が形成され、その結果、コミュニティの教育ニーズに応答しない学校運営が行われてきているとの批判は繰り返されてきていた。学区民に応答的な教育委員会に作り直すための議論が幅広く展開されてきた。その中から、教育委員会の有していた権限や機能を市長に委ねる、すなわち市長が直接的に教育統治を担う市長直轄管理が主張され、1990年代以降に実施されてきている。それまで市長は教育に対してきわめて限定的な役割しか果たしていなかったが、大都市の何人かの市長が公立学校を直接的に統制・支配し始めた。1991年のボストン、1995年のシカゴ、1998年のクリーブランド、2000年のペンシルバニア州ハリスバーグ、2002年のニューヨーク市、2007年のワシントンDCなどが市長直轄管理の代表例である。ボストンやシカゴやニューヨーク市などアメリカを代表する都市が含まれていることから、この動向は多くの研究者から注目され研究が進められている[1]。

　それでは、なぜ今日において、教育統治の主体を教育委員会ではなく市長に置こうとする動向が見られるのであろうか[2]。本章では、教育の地方第一主義（localism）を理念としても信念としても維持してきたアメリカにおいて、市

長が教育統治を担うようになるという大きな構造変動が起きていることの背景や原因について検討する。特に、都市の地域特性が教育統治の態様に与える影響を中心として考察を進めたい。

1 教育委員会制度の成立

「公教育の地方教育委員会と素人による統治は、疑いなくアメリカが考案したものであった。」[3] このような評価が下される教育委員会の根源は植民期のニューイングランド地方にある。公教育の設置と運営を義務づける重要な法令が1640年代にマサチューセッツ湾植民地で制定され、その後にニューイングランド地方全体に拡大していった。移民の中でキリスト教国家を樹立する固い決意でやってきた清教徒は、教育を通した人間形成も重視し、定住したタウンで牧師を中心に学校設置の努力を積み重ねた。その他にも多くのコミュニティで独自に多様な方法を用いながら植民者、定住者たちは教育ニーズを満たすべく、学校の開設と運営を試みていった。

ニューイングランド地方で一定の人口規模に達したタウンに学校の設置と維持を義務づけることが常態化し、各タウンではタウン・ミーティングによって学校問題を審議し決定した。その後、学校運営は地方政府の中でも臨時の委員会に委任され、それが常設の委員会に取って代わり、今日の教育委員会に連なっている。ここに、地方政府機関から学校を専ら担う「学校理事会」「教育委員会」「学校委員会」などの名称の機関が分離・創設され、地方政府とは切り離された教育統治機関が成立した。マサチューセッツ州では1789年に独立教育委員会の創設が法認され、1826年には教育委員会の設置が義務化され、一般行政から独立して法人格が与えられた。教育委員会は法的権限を獲得しただけでなく、委員会自身が教員人事やカリキュラムや教育財政などの個別具体的な学校運営上の問題に取り組む過程で、機能的な自律性を獲得・維持し、アメリカ教育統治の基本的様式として中西部や南部に拡散し定着していった。すなわち、地方自治体の政府の一部局から、独立した委員会となって拡大するのが1820年代であり、1850年代までには、地方政府とは別に教育委員を選出す

ることが支配的なモデルとなった[4]。

　このように、アメリカが独立する以前にすでに初等教育レベルで教育統治システムが成立していた。建国時の合衆国憲法には連邦政府の責任として教育が含まれなかったために、公教育は州政府に委ねられ、19世紀全体を通して州議会は公教育を提供するために地方自治体に準じた法人格を有する地方政府単位を設置あるいは認定した。これが学区である。つまり、すでに一般行政とは独立した機関である教育委員会によって教育統治が担われていたために、州は既存の教育統治機関を追認したり、合理的な範囲で学区を新たに作り出したりした。19世紀全体を通してコミュニティに教育サービスを提供するという単一目的に焦点を合わせた教育委員会は「当時の世界中で最も急速な教育機会の拡大を駆動したエンジン」となり、「アメリカの学校の中心的な教育統治制度」[5]となった。

2　市長と教育委員会の関係の歴史的変化

　1990年代初期以降にいくつかの主要都市で教育委員や教育長の任命権を要求し確保することによって、市長が公教育に関するリーダーシップや責任を引き受けるようになったのは決して新しいことではない。実際には1850年代の公立学校の発展期から1930年代に至るまで、ほとんどあらゆる市長は教育に対して直接的な権限を持って行使していた[6]。同時に、1910年代から1980年代までのおよそ70年間は、独立した教育委員会を目の前にして教育への市長関与の欠如が支配的な様式となっていた。[7]この数十年における市長の教育統治に対する関与の転回は何を物語っているのであろうか。19世紀に教育は市政の一部であり当然のことながら市長の管轄下であったが、19世紀末から20世紀初期にかけての社会的・政治的な運動であった革新主義運動（progressivism）にもとづく改革によって、市長の学校教育への関与が否定されたのであった。

　20世紀にかけての世紀転換期に南・東欧ヨーロッパから大量の移民がアメリカに流入し、南部から北部への移住者が急増し、これらの人々が産業化の進

展していた都市に居住することで都市化が進み全米規模で大都市が叢生した。都市は様々な階層の人々が生活する場となり産業社会の矛盾が集積し、都市問題も顕著になっていった。都市に住む人々を大規模に組織化して政治党派の組織に組み込み、これらの人々を政治的に利用していたのが政治ボスと呼ばれた人々であった。彼らは教育をも含めた市政の様々な分野で投票と引き替えに贈収賄や情実任用などの便宜を供与し、政治的腐敗の元凶になっており、多方面から指弾されていた。政党や政治ボスによる都市政治の蹂躙から都市を守り、都市政治の抜本的改革を行って都市が社会的にも政治的にも再生することを目指したのが革新主義運動であった。

　革新主義改革が教育統治に及ぼした影響として最も顕著であるのは、教育の能率化の促進として科学的管理法が学校の管理運営に導入され、学校とビジネスの価値とが同一視され、効率化の名の下に学級や学校の規模が拡大し、教員の負担が増し、「学校を非人間的なものに変えていった」[8] ことであると言われている。すなわち革新主義改革は政治的腐敗の一掃のために教育と政治を分離させただけでなく、ビジネスの価値を教育統治に浸透させ「科学」「専門性」を教育統治に導く契機をも提供したことになる。

　これらの革新主義評価の他に、革新主義改革はその後の教育の官僚化、能率化、専門化に沿いながら「至高の制度（one best system）」[9] を目指した行政官僚的革新主義者による教育支配権の確立であったとも評価されている。かくして、「アメリカの初等中等教育の統治は 20 世紀初期の政治的革新主義によって、専門教育者に権限を付与し、政治的な悪用から教育者を守る目的で考案された。」[10] その結果、市長やその他の公選職者や素人も教育への重要な権限と影響力を失うことになった。

　革新主義期の教育委員会改革には以下の内容が含まれる。市議会と同様に教育委員会も市内の区（ward）ごとに選出されていたのであるが、それを全市一区制に変えることで市内の特定の政治家の影響力を遮断しようとした。他に、教育委員選挙を一般選挙とは異なる日程で党派名を出さない非党派選挙に変更し、さらに教育行政の機能分野ごとに設置されて意志決定を行っていた常設委員会を廃止した。教育委員数を削減して小規模化し委員会は大綱的政策決定のみを行って細目は教育専門官僚である教育長に委ねることで、効率性や公

正性やアカウンタビリティの確保を改革派の人々は目指した[11]。

20世紀初期以来の都市学校改革運動のエートスは広く行き渡り、このエートスは大都市政治マシンの露骨な干渉から教育を守ることを目的としていた[12]。近年までこの分離のパターンがほとんどの都市で維持され、市政府とは別に教育は独自の教育統治システムを作り上げて、州議会の制定する法令の範囲内で財政や人事の政策運営が可能になっている。革新主義改革によって成立した教育と政治の分離、本稿の目的に即して換言すれば、教育統治と市政との分離は地方でのエートスとして普遍的なものになっていった。

革新主義改革による教育統治の専門化の促進によって、州や地方の教育委員会、教育長、校長や教員集団などが教育の意志決定を担い、一般政治から公立学校が切り離された状態が数十年も継続した。そのために、たとえ市長が直接的に教育に利害を有するときでも、教育に介入することは市長にとってあまりに大きな政治的リスクを抱えることになった。たとえば、第二次世界大戦後から近年まで全米の市長が公立学校システムから距離を置こうとしてきたのは、革新主義改革によって市長の行使できる範囲が厳しく制限され、教育専門職層が市長の政治的影響力から学校を守ろうとしたことに付け加えて、1950年代以降に学校の政治的・財政的問題が過度に蓄積され、市長の政治的資本を学校問題に投資することはあまりにもリスクが高いと見なされたからである[13]。

また、M. W. カースト（Michael W. Kirst）へのインタビューによれば、1970年代にデトロイトやニューヨークの市長が学校改革を試みたが「学力テスト得点を引き上げて学校改善できなかったことを非難され始めた。そのために市長は教育への介入という勝ち目のない状況（no-win ball game）から手を引いた。」[14] カースト自身が執筆した論文によれば、1960年代末と70年代初期に両市の市長が良い学校と中流階級家庭出身の児童生徒なしに都市経済は活性化しないと考えたものの、きわめて困難を伴う学校改善が実現したとしてもそれが自身の市長再選につながるかどうか見通しが立たなかったために、両市長は学校教育問題への関与を躊躇したと論じている[15]。

既述のように、いくつかの主要都市で市長が積極的に教育責任を引き受けようとする動向の分析が本稿の主題であるが、全米的な視点で見れば革新主義改革による教育と政治の分離を市長自身が確実に認識している。つまり、「不必

要な政治的リスクを避けるために、市長はたいていは潜在的には困難な、学校財政、教員組合との交渉、カリキュラム改革、『一人の子どもも置き去りにしない法律（No Child Left Behind Act）』の実施関連問題などの、公教育問題を避けている。」[16]

3　都市教育問題の深刻化と市長

　全米的には一部の市長とはいえ、市長自身がなぜ教育統治との距離を縮めるようになったのであろうか。都市教育問題の深刻化を市長が座視できなくなってきたからに他ならない。この点について以下で検討しよう。

　都市の抱える教育問題については多様な角度から明らかにされてきている[17]。郊外やさらには農村部に比較して都市が、特に大都市が負わされてきた宿命とでも言えるような状況が過去数十年の間に続いてきた。教育を提供する側の教員の質や資格のみでなく子どもへの期待が低いことや、校舎や教室を始めとした物的側面での劣悪な教育条件しか教育当局は提供してこなかった。教育を受ける子どもたち自身は、生活不安、貧困、基本的生活習慣の欠如、健康問題など困難な家庭環境に起因した課題を抱えている。さらに子どもたちはドラッグやギャングや犯罪が日常茶飯事となっている近隣に居住していて地域環境にも恵まれないままである。こうした社会的にも経済的にも、そして心理的にも抑圧的な環境に置かれた子どもたちが、確かな学力を身につけて現代の脱産業社会を生き抜いていくことの困難性は容易に理解されよう。

　都市は学校教育を通して貧困の文化が再生産される場になってしまっていると言っても過言ではない[18]。貧困の文化を再生産し深刻化しているのは、都市居住者のデモグラフィーの変化である。都心部の製造業が衰退したり郊外脱出することで白人中産階級や労働者階級の郊外脱出が相乗して、特に北東部や中西部の都心部には貧困で人種的・民族的マイノリティの人口比率が高まるとともに、1940年代から70年代の間には南部から北部に約5百万人ものアフリカ系アメリカ人が移住して都市人口での比率をいっそう高めた。大規模製造業の閉鎖や統合や外国への脱出によって特に中西部や北東部に所在する都市の基

幹産業が衰退し、多くの都市労働者が職を失っていった。ポスト産業社会の到来によって、都心部の雇用で増加したのは金融業関係者や専門職者などに限定されていた。都市には学歴や専門性や専門資格を持たない圧倒的多数の貧困層が集中し、これらの人々は「アンダークラス」とも呼ばれ、公的扶助に依存するか非合法活動に従事するしか生きるすべを持たないようになった。こうした社会経済的背景が都市教育改革を困難化させたのである。

貧困階層の人々が集中し、人種的・民族的マイノリティが孤立し、高率の若年失業者や犯罪率の高さを示す都心部ゲットーを再生するためには、こうした状況を作り出した要因の除去を目指すのは必然であった。都市が経済的に活発で雇用が確保され生活の安定が図れる場所であるならば、そして特に若い家族が住みやすく満足して次世代の育成を計れる場所であるためには、何よりも学校改革による良い学校の存在が必要であることに、多くの納税者や雇用者や市民が従来にも増して期待するようになった。特に雇用者は基本的な識字能力はむろんのこと、知識社会、情報化社会に適応できる能力を持った人材の養成を強く期待した。多くの市民は法と秩序を守ることのできる社会統制の行き届いた都市社会を求めた。このような市民や社会を形成するためには都市学校が十全に任務を果たしていなければならないと考えた。これらの目的のために、教育統治を担う人々や組織やリーダーシップの変革こそ喫緊の課題であると理解するようになった。

1983年の『危機に立つ国家』から約20年後の大統領選挙の公約において教育問題は突出した問題となり、2000年に行われたギャラップの世論調査では初等中等教育に満足しているアメリカ人はたったの36％でしかなかった。多くのメディアが学校改革を叫べば叫ぶほど、都市学校は「失敗してほぼ絶望的というイメージ」[19]が増幅された。

「失敗してほぼ絶望的」であるからといって問題を放置しておくことは、すべての市民が許していないし許されなかった。連邦政府や州政府が都市学校の改革に努力を傾けたのは言うまでもないが、基本的に都市の教育問題は都市政府が解決すべきであるとの地方第一主義的な観念に揺らぎはなかった。

連邦政府レベルでの1983年の『危機に立つ国家』や2002年のNCLB法の制定によるアカウンタビリティ政策の強化などの連邦レベルからの圧力もあ

り、州はカリキュラム基準の引き上げ、州標準学力テストの実施、教員免許取得条件の厳格化などを始めとして、限られた財源の中から可能な限り地方学区への教育費支出の拡大を図ろうと努力してきたこと自体については、方法や成果についての議論は措くとして、多くの人が認めるところであろう。しかしながら、連邦政府も州政府もたとえ多くの困難な課題を地方学区が、特に都市学区が抱えていたとしても、その根本的な解決を都市学区自体に委ねようとする態度は一貫していたと言って良い。むろん、州が積極的に都市学区の教育統治に介入する例、すなわち州による都市学区の直轄管理も一部の州ならびに都市で見いだされるが、それが一般的な様式となる可能性は限りなく低く、基本的に都市学区のことは都市政府自身による解決に委ねるべきであり、これこそアメリカが建国以前から築き上げてきた教育統治システムの性格である地方第一主義の根強さでもあった。

　圧倒的多数の都市学区で教育責任を担っていた教育委員会が多様な改革努力を積み重ねてきたものの、先に見たような都市教育の病理は進行したままであった。都市住民は教育委員会ではなく、教育委員会以外の機関に学校改革を期待せざるを得なかった。そこで市民にとって身近でなおかつ投票を通した民意の代表者としての市長に関心が向けられるようになった。市長自身は、既に述べたように、歴史的にも伝統的にも教育に対しては一定の距離を保つ姿勢を維持しながら、たとえ教育問題の解決に具体的に介入しなくとも、問題の存在や深刻性については市民と共有していた。たとえば、教育の直轄管理の必要性を認識していた市長は都市教育問題として以下の事柄を特に懸念している[20]。

・不満足な児童生徒の成績
・政治的対立
・経験の浅い教職員
・低い期待と厳格なカリキュラムの不足
・教授の一貫性の欠如
・高い児童生徒の転校率
・十分に管理されておらず、浪費的で腐敗している学区の業務運営
・教師と担当する児童生徒の間のバックグラウンドの著しい相違

4 市長と都市教育改革

　市長が市民と教育問題を共有するだけでなく、教育委員会の管轄範囲であると観念されてきた教育統治の分野に実際に介入するようになった背景や根拠は何であろうか。

　過去10年にわたり都市教育統治改革としての直轄管理を多様な視点から明らかにしてきている代表的な教育政治学者のK. K. ウォン（Kenneth K. Wong）は直轄管理のことを「統合統治（integrated governance）」と呼んでいる[21]。彼によると、統合統治は権力と権限を学区や州レベルに統合することによって、都市学区の分権化に向けた努力を転回させようとするものである。そして統合統治によって以下の3つの改革が進められている。一つは州議会が学校アカウンタビリティの決定的な測定手段として児童生徒の学力達成に焦点化していること。二つには、学区や州の教育当局者による低学力校への介入のために、州議会が新たな権限を付与すること。第三には学区や州がこの権限を失敗している学校を改善するために積極的に活用すること。そうであるならば、直轄管理は都市教育統治の分権化から集権化に向かうとともに、教育委員会から市長に権限を移す動向かと言えば、事態はそれほど単純ではない。ウォンによれば、統合統治は責任を抜本的に再構成し、学区全体のリーダーシップの力量を強化する改革であると見なされている。

　2009年時点での全州教育委員会（Education Commission of the States）の報告によると[22]、州政府や市長が学区を直轄管理することのできる法制度を整えている州は29にものぼり、学区ではなく学校を直轄管理することのできる州法を制定しているのは23州になっている。1990年代初めから続いた直轄管理法の制定州は着実に増えている。1980年代の分権化改革に依拠するだけでは、教員組合やその他の利益団体など組織化されたアクターによる学校の実質的支配を覆すことができず、結局は政治的アカウンタビリティと学業成績の改善に結びつかなかった。この反省を踏まえて、市長に教育改善、学校改善のリーダーシップを期待しようとする文脈で直轄管理が現れてきた。市長こそ都市学校システム全体にわたる学力基準に依拠した、アカウンタビリティを確保

できる改革を推進可能なアクターであると見なされた。このように、学校単位に権限を分散させて中央教育当局の有していた権限を分権化する改革から、新たな角度で市長の役割を見直して市長の下に権限を統合する改革として直轄管理を捉えることができる。その他にもいくつかの要因が輻輳して、市長直轄管理は推進されてきた。

まず、教育委員会とは異なって、市長職に特有の利点を直轄管理が活用できる点について検討しておこう。市長は地元自治体の選挙過程を通した政治的な正統性とリーダーシップを有していることは言うまでもない。そのリーダーシップを活用して都市政策のプライオリティに教育改革を据えることを可能にする。権限を活用した教育革新の導入、教育ビジョンの展開、アカウンタビリティの保証、学力改善に向けたコミュニティの組織化や一体化など、直轄管理は市長が有すると想定される力能に期待する。過酷な都市教育環境によって社会移動を妨げられ社会的に抑圧されていると感じる人々が、市長のリーダーシップによって、既存の教育委員会による官僚的統治を打破し学校改善を果たす光明を見いだそうとしても何ら不思議ではない。

また、市長直轄管理は1980年代以降の新自由主義に即した改革とは異質な性格を持っていることにも留意が必要であろう。というのは、アメリカの教育統治は、既述のように、地方分権的なシステムを採用し続けてきたのであるが、その理由の一つに、意志決定権を可能な限り身近なところで維持してきた。なぜならば選挙を通して統制主体を交替できるシステムであれば民意を直接に反映させることができ、これこそ民主的理念にかなう方法であると多くの人々が観念してきたからである。対照的に新自由主義にもとづく教育改革論は、選択と市場の原理に基づいて教育改革を触発することを意図している。なぜならば、伝統的な選挙過程を通した民主的統制にもとづく教育統治では、結果的に巨大で硬直的で非効率的な教育官僚制や教員組合に代表される教育利益団体によって教育システムが支配されるようになるからである、と代表的な論者のJ. E. チャブ (John E. Chubb) らは鋭く批判している[23]。

市長直轄管理は有権者の投票によって選出された代表的な公選職者である市長に教育統治を委ねるものであり民主的統制そのものである。したがって、J. R. ヘニグ (Jeffrey R. Henig) らが述べるように、「政府の手中から離して市場

の力や消費者の選択に委ねることで改革を刺激しようとする改革モデルとは異なり、市長直轄管理は教育についての責任を直接的に公選リーダーと地方民主主義の伝統的な制度に依拠する改革である。」[24]

　1980年と2006年の教育統治に関わる世論調査結果の変化について見ると、連邦と州と地方の三つの政府のうち、地元の公立学校で何を教えるのかについての決定でいずれが最大の影響力を持っているのかの設問に対して、連邦、州、地方の1980年から2006年の変化はそれぞれ、9％→14％、15％→26％、68％→58％となっている。州が法的な教育責任主体であり初等中等の公教育費のおよそ半分を負担しているにもかかわらず、6割近くの人々が地方のプレゼンスを重視している。ただし、二十数年の間に連邦と州に比べて地方政府に対する信頼感の低下が目立っている。この世論調査では市長直轄管理についても尋ねている。すなわち、低学力の多数の児童生徒が在籍している公立学校を擁するコミュニティで、市長がこうした状況を正す試みとして公立システム全体を統制しようとしている。もしあなたのコミュニティの公立学校で低学力者が多ければ、市長の学校統制にあなたは賛成ですか、反対ですか、との設問に対して、賛成が29％、反対が67％を示した[25]。この数値をどのように評価するのかについて見解が分かれようが、アメリカの政治的信念にもなっている「教育と政治の分離」が根強いにもかかわらず、およそ3人に1人が市長直轄管理を支持していることは、学校改善の切実な要求を背景とした驚くべき高い支持率であると筆者は考える。

　都心部学校の荒廃に直面する中で、教育委員会を始めとした統治機関の努力の限界を多くの人が認識するようになるにつれて、改善の任務を放棄するのではなく、改善主体の変更を求めることによって、なおも地方が自力で問題解決を図ろうと多くの都市は苦闘した。その際に、幅広く明確に「どうにかしなければならない（do something）」[26]との緊急性を都市の人々は感じた。

　同様に、都市の教育と学校の実情に欲求不満を募らせた人々はアカウンタビリティとリーダーシップの要求を強めた。そして、誰かが支配しなければならない、誰かが責任を負わなければならない、誰かが扱いにくい官僚制の角を押さえつけて都市学校システムが制御可能なことを示さなければならない、と考えた結果、地方レベルのオピニオン・リーダーが市民から幅広い支持を得て

選出された市長に対してこの問いかけに答えるように要求しても不思議ではない[27]。

いずれにせよ「どうにかしなければならない」と都市住民が考えたときに、真っ先に目にとまったのは、低投票率が日常的となっている教育委員ではなく、また市議会議員でもなく市長であった。都市住民にとって市長は最も可視性が高かったからに他ならない。

5　地域の特性と直轄管理

市長直轄管理の要因について検討してきたが、この直轄管理を推し進めようとする力が都市としての地域特性と深く関連することについて言及したい[28]。キーワードとして政治レジームと管理レジームを取り上げたい。政治とは個人や利益団体による権力や影響力を獲得するための競争と見なすことができよう。それに対して、R. パットナム（Robert Putnum）のソーシャル・キャピタル論においてキャピタルの多寡の基準となっている市民（civics）は、コミュニティの生活改善をめざして参加する自発的活動に深く関わる。政治（政治レジーム）と市民（管理レジーム）はそれぞれが異なる地域環境で成功する。というのは、政治は多様で競争的で分裂的なまさに21世紀の都市環境で成功する。対照的に、富裕な郊外学区では学区民は市民としての公徳心にあふれ市民の義務として多様な公共的活動に参加しているため、政治の出番は少なく管理レジームで事足りる。学区民の社会経済的な地位は均質で教育資源は豊かであり、教職員には高い給与が支給され教育組合との交渉で学区と対立することはほとんどない。そのために児童生徒が高学力を維持していれば、いかなる個人や集団も教育統治に対する政治的活動をする理由はない。

都市の特性に戻ろう。現代の都市は人種的対立は表面化しておらず、市民の政治参加は低調であり、意志決定は改革を指向しない統治機関によって統制されている。このパターンはほとんどの住民が教育的にも社会的にも経済的にも不利益を被っているにもかかわらず、低い投票率や政治参加のために悪循環を招来している。

以上の貧困都市学区と富裕郊外学区との対比を踏まえると、マイノリティで低所得の都市学区にある学校の教育力を全体的に高める際に必要なのは、市民的活動よりも政治的活動である。教育問題の最も深刻なのは都市であり、この状況を正すために州が特別の制度メカニズムを行使するようになっており、それが直轄管理である。直轄管理の目的は日常的な学校運営の権限を公選制教育委員会や教育長から取り上げることである。つまり、直轄管理は地方政治の影響力から隔離されてきた管理レジームを政治レジームと入れ替えることである。これは資源を有効に配分し児童生徒の成果を改善する階層的でトップダウンの管理構造を通してアカウンタビリティを強制することを目的としている。

　今までの論述では、市長が公立学校の低学力に業を煮やした市民からの厳しい要求に応えざるを得ない中で、不本意ながら直轄管理を担う立場に至っているかのように捉えられがちである。しかしながら、市長自身が意欲的に直轄管理を推進しようとする場合もある。そして自らの意図を伝え広めるために公的地位を利用し、すなわち公職の権威（bully pulpit）を利用して、直轄管理を再選戦略の一部に組み込もうとする政治的な判断もあり得る[29]。

　都市政府の統制・責任の分野である健康、福祉、住宅やその他の公共政策と並んで、教育が重要であることを市長自身が認識し、教育委員会に教育統治の権限を委ねるよりも自らが最前線に立って教育問題と格闘して成果を上げることのほうが、市長としての地位の安定を確保するためには確実な戦略であると考える市長が登場してきた。教育・学校の改善戦略を練り上げる中で、市長は他の公共政策と教育政策の一体化を図る重要なプレーヤーとして自らを位置づけるようになった。教育改革の要求に受動的に関わることから能動的に関わるようになった代表例は、ここで詳しく触れることはできないが、シカゴのデーリー市長であろう[30]。

　シカゴが全米で先進的な改革を実施しており注目されているが、それはデーリー市長のリーダーシップに負うところが多い。市政の政策的な統合を図り選挙を通して市民に直接的に責任を負う民主的統制に依拠しながらアカウンタビリティ政策を推進している。しかしながら、シカゴという大都市地域で市長によるトップダウンの改革を進めることは、市内の地域別の利益を表出しにくくしたり、市民による直接的な教育当局の選出という回路を閉ざすことで非民主

的であるといった批判もついて回っている[31]。

6　市長直轄管理の政治的、経済的、社会的要因

市長直轄管理に関しては都市内部の教育荒廃を主因として、何かがなされなければならない喫緊の課題として市長に取り組みが期待されたとともに、自ら意欲的に対応しようとする市長が登場してきた。それ以外に、市長を取り囲む政治的、経済的、社会的な要請も見逃すことはできない。

まず連邦や州からの要請について言及したい。初等中等の公立学校教育費を政府別にみると、支出割合において州の割合が急増し今日では約半分を占めている。それに加えていくつもの州で教育改革を公約として知事に選出され、自らを「教育知事」と呼ぶ例も増えている[32]。州が改革の成果を求めようとすればするほど、学区への圧力が強まる。また、特に1990年代以降のアカウンタビリティ運動の強化や連邦議会によるNCLB法の制定に端的に示されているように、教育基準を設定する州政府を経由して、基準を中心としたアカウンタビリティの確保が目指されている。まさに連邦や州から地方学区ならびに個別学校に対して学力改善に向けた教育活動を展開するよう監視や管理が強化されてきている。

市長直轄管理を導入する場合、住民投票で市憲章の改正を可決する場合もあるが、たいていは州直轄管理法の根拠を必要とする。州知事や州議会が管轄内の都市学区の惨状を前にして州教育委員会や州教育長などの州教育当局を介して直轄管理に介入する場合もあるが、州の判断で学区教育委員会から市長に権限を移す場合が多い。なぜならば、州知事や州議会が学区や学校への直接的な介入によって財政的および政治的なコストを高めることになると認識し始めたからである。州が直接に学区を直轄管理した場合、学区システムを立て直すという課題は追加資金の投入を余儀なくされるだけでなく、投入に見合った成果の観点からは、予想したものよりも非常に骨の折れる任務であることを理解するようになった。したがって、投下資源や州の努力に見合った成果が得られないのであるならば、改革の実施を誰か他に転嫁するという選択肢は考慮に値す

る。その際に、私企業に学校運営を外部委託したりチャータースクールに転換したりすることと並んで、権限委譲と追加資源の初期投入を行った後に、市役所に責任を移すことは魅力的な戦略に見えてきた[33]。

　時には、市長自らが州議会に働きかけて立法化を促す場合もある。既に触れたように、たいていの市長は学校と距離を置いてきたのであるが、現代においては市長選挙の際に学校問題に関するキャンペーンを行って、良い学校こそ都市にとって必須であることをアピールしている[34]。都市の生き残りに必須の存在である良い学校についての考え方は、都市の再開発ならびに経済発展と密接に結びついている。すなわち、グローバル化の進展によって多国間での経済競争が激化したのと同様に、一国内でも、たとえば企業誘致に関わって州間や都市間での競争は熾烈を極めている。州や都市の経済の浮沈が州知事や市長の政治生命を左右するようになっている。こうした中で、都市経済の活性化のためには、優良企業の誘致が欠かせなくなっている。企業を都市に呼び寄せるためには中流階級家庭が自発的に市内の公立学校に通学するようになる魅力的な学校環境を整える必要がある。さらに、市内の学校卒業生の能力が高く有能な労働力であれば企業が有能な人材を求めて市内に進出し好循環が生まれる。都市の経済的な成功と良い学校の存在とが不即不離の関係にあり、この関係を円滑なものとするためには市役所と企業との密接な連携が欠かせない。この背景の下に、都市経済の発展をも目的として市長自身が直轄管理にもとづく学校改革に乗り出したのである。

　教育改善、学校改善は都市に中流階級を誘引するだけでなく、健全な都市経済を維持するのに必須の有能な労働力の排出のために不可欠であるとの理解に基づいて、直轄管理が推進されてきた側面は重要である。

　他に市長にとっての直轄管理の誘因として指摘できるのは、都市の多様な公共政策との一体化や連携や調整による市政の合理化とともに、教育財政の統制権の掌握による財政効率化である。市長が学校教育以外の多様なサービス、たとえば、健康、住宅、警察、芸術、レクリエーション・プログラムなどと学校教育とを統合することのできる地位にいるために、個々の子どものニーズに沿った政策の実施が可能となろう。それだけでなく、カーストが主張するように、都市財政の逼迫によって市長には税率を引き上げることなく財政削減する

よう圧力がかけられている。学校教育費支出が都市財政の中で大きな割合を占めているにもかかわらず、特定の都市では教育当局者に財政権限が委ねられており、市長が教育費支出を統制できない税財政システムを採用している場合もある。こうしたことから、市長が名実共に教育を統制するためには、財政面での統制も不可欠であり、そうであってこそ市長のリーダーシップも十全に発揮できるとの思いが市長にあった[35]。

連邦政府や州政府からのいわば中央集権的な教育統制の強化によって、教育委員会や市長に対する圧力が高められ、それへの対応を地方学区は余儀なくされてきた。州が法的に教育責任を負っているが、州が主に財政的観点から直轄管理の導入を抑制し市長に教育統治の権限を委譲した結果、市長直轄管理が開始される。また、市長自身が都市の経済発展を目指して積極的に多くの人々並びに企業を引きつけるに足る魅力ある学校を作り出そうと意図して直轄管理に乗り出す場合も多い。むろん、市長の置かれている立場からして他の公共政策と教育政策との調整を図りながら合理的一体的に政策遂行できる可能性が高いことも市長は見越している。かくして、政治的、経済的、社会的な要因を背景として主要都市での直轄管理が推進されてきている。

まとめにかえて

本章は、伝統的に教育委員会が担ってきた学区および公立学校の管理運営の権限をあえて市長に委譲する市長直轄管理は、いかなる背景や原因によるのかを明らかにすることを目的として、論述してきた。アメリカ人の社会的通念とでも呼ぶことのできる教育統治の地方第一主義を体現してきた教育委員会制度を通した改革では、とうてい学区民が受忍できないほどの教育荒廃が進行していたこと、つまり、都市の教育問題解決の喫緊性、深刻性が市長への権限委譲を後押しした。都市の貧困でマイノリティの人々は社会移動の手段として教育を重視し従来の教育委員会ではなく市長に学校改善を切実に求めていた。また市長自身が積極的に困難な任務を引き受けながら再選戦略として直轄管理を活用していることも背景として重要である。

さらに、富裕な郊外学区では現状維持を志向する教育官僚あるいは教育専門職者に依存した統治形態である管理レジームが有効であったとしても、都市学区で抜本的な改革を進めるにはトップダウンの強制的なアカウンタビリティ政策の導入は必須であり、政治レジームである直轄管理が要請された。政府間関係に目を転ずれば、州政府が教育責任主体であっても、州が独自に地方に介入して政治的財政的なリスクを負うよりも、州主導で市長に学区運営の権限を委譲する方を州は選択した。他に市長自身が都市開発の手段として、そして公共政策と学区政策との連携や調整を図るためにイニシャティブやリーダーシップを発揮して教育改革・学校改革を推進しようとしたことも重要である。

　こうした動向が今後とも継続するのか、拡大するのか、縮小するのかは、直轄管理の及ぼす影響や効果次第である。本章では直轄管理の内容、方法、さらには効果や結果について分析し評価することができなかった。また、現実に導入された直轄管理は都市ごとに経緯や方法は異なっている。これらの諸点は重要な研究課題であり、事例研究も含めて今後とも考察を深めて行きたい。

（付記）　本稿は平成20年－21年度科学研究費補助金基盤研究（c）「米国の州政府主導による公立学区と学校の直轄管理に関する調査実証研究」（代表：小松茂久）（課題番号：20530756）による研究成果の一部である。

〔註〕
1　Henig, Jeffrey R.（2003）, with Wilbur C. Rich（Eds.）*Mayors in the Middle: Politics, Race, and Mayoral Control of Urban Schools*, Princeton, New Jersey: Princeton University Press、Wong, Kenneth K.（2007）, with Francis X. Shen, Dorothea Anagnostopoulos, and Stacey Rutledge（Eds.）, *The Education Mayor: Improving America's Schools*, Washington, D.C.：Georgetown University Press、Viteritti, Joseph P.（Ed.）（2009）, *When Mayors Take Charge: School Governance in the City*, Washington, D.C.：Brookings Institution Press。

2　わが国において直轄管理の先行研究は散見されるようになり、実態を理解す

る上では貴重である。ただし、本稿の主眼とする導入の要因分析とは視点がずれている。坪井由実「教育委員会制度の起源と特徴―アメリカの歴史に学ぶ―」平原春好編『概説教育行政学』東京大学出版会、2009年。高橋哲「米国ニューヨーク市における新自由主義教育改革の展開―新自由主義教育改革の導入手法としてのメイヨラル・コントロール―」佐貫浩・世取山洋介編『新自由主義教育改革―その理論・実態と対抗軸―』大月書店、2008年。

3　Cistone, Peter J. (2005), "Boards of Edication." in Fenwick E. English (Ed.) *Encyclopedia of Educational Leadership and Administration, Vol.1*, Thousand Oaks, California: Sage Publication, p.80。

4　Feurstein, Abe (2002), Elections, Voting, and Democracy in Local School District Governance, *Educational Policy*, Vol. 16, No.1, p. 17。

5　Howell, William G. (2005), "Introduction." in William G. Howell (Ed.) *Besieged: School Boards and the Future of Education Politics*, Washington, D. C,: Brookings Institution Press: p.1。

6　Edelstein, Fritz (2006), *Mayoral Leadership and Involvement in Education:An Action Guide for Education*, The United States Conference of Mayors。(http://www.usmayors.org/74thWinterMeteing/edguide2006.pdf。最終閲覧日 2009年8月31日)

7　Kirst, Michael W. (2006), and Fritz Edelstein, "The Maturing Mayoral Role in Education." *Harvard Educational Review*, Vol.76, No.2, pp.152-153。

8　Callahan, Raymond E. (1962), *Education and the Cult of Efficiecy: A Study of the Social Forces that Have Shaped the Administration of the Public Schools*, Chicago: The University of Chicago Press, p.232。

9　Tyack, David (1974), *The One Best System: A History of American Urban Education*. Cambridge, Massachusetts: Harvard University Press。

10　Cibulka, James G., (2003), "Educational Bankruptcy, Takeovers, and Reconstitution of Failing Schools." in William Lowe Boyd and Debra Miretzky (Eds.) *American Educational Governance on Trial: Change and Challenges, 102nd Yearbook of the National Society for the Study of Education, Part I*, Chicago: The University of Chicago Press, p.251。

11 シカゴを事例としたものであるが、革新主義期の都市教育統治改革について拙著第Ⅰ部第3章を参照されたい。『アメリカ都市教育政治の研究―20世紀におけるシカゴの教育統治改革―』人文書院、2006年。
12 Cronin, Joseph M. (2003), and Michael D. Usdan, "Rethinking the Urban School Superintendency: Nontraditional Leaders and New Models of Leadership." in William Lowe Boyd and Debra Miretzky (Eds.), *op. cit.*, pp.185-186。
13 Cibulka, James G., *op. cit.*, p. 258。
14 Stanfield, Rochell L. (1997), "Bossing City Schools." *National Journal*, February 8。
15 Kirst, Michael W. (2003), "Mayoral Influence, New Regimes, and Public School Governance." in William Lowe Boyd and Debra Miretzky (Eds.), *op. cit.*, pp. 197-198。
16 Wong, Kenneth K. (2006), "The Political Dynamics of Mayoral Engagement in Public Education." *Harvard Educational Review*, Vol.76, No.2, pp.164-165。
17 以下のコゾルの著作は都市教育の問題を最も的確に摘出している。Kozol, Jonathan (1985), *Illiterate America*, New York: Anchor Press/Doubleday & Company,Inc.、Kozol, Jonathan (1991), *Savage Inequalities*, New York: Crown Publishers。
18 Portz, John (1999), with Lana Stein, and Robin R. Jones, *City Schools and City Politics: Institutions and Leadership in Pittsburgh, Boston, and St.Louis*, Lawrence, Kansas: University Press of Kansas, pp. 2-4。
19 Henig, Jeffrey R. (2004), with Wilbur C. Rich "Mayor-centrism in Context." in Jeffrey R. Henig and Wilbur C. Rich (Eds.) *op. cit.*, p.2。
20 Edestein, Fritz (2006). *op. cit.*, p.8
21 Wong, Kenneth K. (2000), "Big Change Questions Chicago School Reform: From Decentralization to Integrated Governance." *Journal of Educational Change*, Vol.1,No.1, p.97。
22 全州教育委員会ホームページに記載されている。(http://www.ecs.org/html/issue.asp?issueid=222&subIssueID=158. 最終閲覧日2009年9月13日)

23 Chubb, John E. (1990), and Terry M. Moe, *Politics, Markets, and America's Schools*, Washington,D.C.: The Brookings Institution。

24 Henig, Jeffrey R. (2004), with Wilbur C. Rich "Mayor-centrism in Context." in Jeffrey R. Henig and Wilbur C. Rich (Eds.) *op. cit.*, p.4。

25 Rose, Lowell C. (2006), and Alec M. Gallap, *Phi Delta Kappa/Gallup Poll of the Public's Attitudes toward the Public Schools*, p.45 (http://www.pdkmembers.org/members_online/publications/e-GALLUP/kpoll_pdfs/pdkpoll38_2006.pdf。最終閲覧日 2009 年 8 月 31 日)

26 Henig, Jeffrey R. (2004), with Wilbur C. Rich "Concluding Observations: Governance Structure as a Tool, Not a Solution." in Jeffrey R. Henig, with Wilbur C. Rich (Eds.) *op. cit.*, p. 249。

27 Viteritti, Joseph P. (2009), "Why Governance Matters." in Joseph P. Viteritti (Ed.), *op, cit.*, p.3。

28 本文の以下の議論は、Viteritti, Joseph P. (2005), "The End of Local Politics." in William G. Howell (Ed.) *op, cit.*, pp.319-320 の論述から示唆を得た。

29 Usdan, Michael D. (2006), "Mayoral Leadership in Education: Current Trends and Future Directions." *Harvard Educational Review*, Vol.76, No.2, p.149。

30 デーリー市長の他に教育に積極的に介入する「新しい (new)」市長として、フィラデルフィアのレンデル市長、クリーブランドのホワイト市長、インディアナポリスのゴールドスミス市長、ロスアンジェルスのリオルダン市長、ニューヨークのジュリアーニ市長、ミルウォーキーのノーキスト市長らの名を挙げることができる。Kirst, Michael W. and Katrina E. Bulkley, "Mayoral Takeover: The Different Directions Taken in Different Cities." James G. Cibulka and William Lowe Boyd (Eds.), *A Race against Time: The Crisis in Urban Schooling*, Westport, Connecticut: Praeger, 2003, pp.71-72。

31 Kirst, Michael W. (2003), "Mayoral Influence, New Regimes, and Public School Governance." in William Lowe Boyd and Debra Miretzky (Eds.) *op. cit.* p.200。

32 Gittell, Marilyn (1999), and Laura McKenna, "Redefining Education Regimes

and Reform: The Political Role of Governors." *Urban Education*, Vol.34, No.3, pp.268-291。

33　Henig, Jeffrey R. (2004), with Wilbur C. Rich "Mayor-centrism in Context." in Jeffrey R. Henig and Wilbur C. Rich (Eds.), *op. cit.*, p.13。

34　Land,Deborah (2005), with Sam Stringfield, "Educational Governance Reforms: The Uncertain Role of Local School Boards in the United States." in Nina Bascia, Alister Cumming, Amanda Datnow, Kenneth Leithwood, and David Livingstone (Eds.) *International Handbook of Educational Policy*, Netherlands, Springer, p. 273。

35　Michael W. Kirst (2004), "A History of American School Governance." in Noel Epstein (Ed.) *Who's in Charge Here?: The Tangled Web of School Governance and Policy*, Washington, D.C. :Brookings Institution Press, p.35。

学校統廃合をめぐる
政策研究課題の今日的再検討

山下　晃一

1　地方部における教育の窮状と学校統廃合

(1) 本稿の課題

　本稿は、近年、各地で展開されつつある公立小中学校の再編・統廃合を対象とした上で、「逆都市化（人口減少）の時代」と「学校・教師批判の時代」とをいわば楕円の二焦点とするように構成される複合的な現代教育行政課題に直面する"地方部"において、学校への社会的支持基盤をいかに復権・発展できるかという基本的関心から、政策研究上の課題について能動的検討を試みるものである[1]。

　周知のように、今日の恒常的・不可逆的な少子化を背景として、学校統廃合が全国各地で進められている。学校を失う地域のなかには当然ながら強い反発を示すところもあり、地域における住民間の対立・葛藤の原因にもなってきた。

　状況さえ許せば、多様な人間関係に根ざす発達保障を可能とする学級数等の前提条件確保の下で、少人数学級編制の実現と共に、わが国の学校規模・通学区域（規模）の通念自体をヒューマンスケール[2]に即して小規模化あるいは少なくとも現状維持することが一つの理想とされるべきである。実際、そのような発想から学校統廃合政策に対して批判を加える論考も少なくない[3]。本稿も基本的にはこうした立場を尊重するものである。その上で、しかしながらそこに包摂され得ない今の学校統廃合に関する政策研究を展開するために必要と考

えられる三つの基本的視座について、まずは概括・整理しておく。

（２）地方教育の窮状

　全国に多く存在する地方部、とりわけ高齢化、過疎化、経済停滞、中山間地域固有の問題等が深刻化するところでは、上記のような理想を掲げるだけでは済まないほど切迫した事態に直面している[4]。

　第一に管理過程・行財政面からは、地方財政の極限的窮状が挙げられる[5]。これが一般的には学校統廃合をめぐって直ちに想起される問題であろう。国レベルで「事業仕分け」が話題となる以前に、地方でも既に極限までの財政縮小が試みられてきた。他の政策領域が悉く縮小する時代に、教育領域のみがその費用を恒常的に捻出維持されることは、本来論はともかく、現実的には極めて厳しい。

　ただし、そもそも学校数自体が少ない地方部において、校舎新築を伴う場合は言うに及ばず、統廃合に伴う経費削減は外部から指摘・予期されるほどではないとの見解も当事者の市町村教委には見られる[6]。もとより教育経費の多くを占める人件費はほぼ市町村負担ではない[7]。大都市部とは異なり跡地利用の外部経済性も乏しく、売却や他の公共施設運営の目処も立たない。だが、他政策領域との歩調あわせや建前的な意味も含みつつ、可視的努力としての統廃合を進めざるを得ないという側面があるという[8]。この限りでは、財務担当部局の思惑は措くとしても[9]、市町村教委に限ってみれば、財政効率のみを主たる統廃合意図・要因とみなす批判的議論は、的確または必要十分なものとは言い難い。

　第二に教授-学習過程面からは、児童生徒数減少の限界化が挙げられる。少子化著しく一学級・一学年が数名から数十名程度となった地方部において、子ども集団の「適正規模」化を求める意見は、しばしば指摘される誤解や偏見を併せ持ちつつも[10]、教師・保護者の間に根強い。ただ、それらを過度の競争社会の是認につながる等の懸念からのみ捉えて、誤解や偏見とするのは一面的に過ぎよう。今のままでは、児童・生徒が子ども・大人を含んだ人間関係を選択的（ときに受忍的）に構築し、人格形成の基盤とするための機会を奪っている

のではないか、あるいは、そうした能力の獲得をはじめ、激変する流動的な現代社会・未来社会に参入する準備を、彼らに保障できないのではないかといった真摯な教育的不安・反省が、それらの意見の根底にあることを見逃してはならない。

また、現況の児童生徒数では、教職員さらには保護者・住民が有する種々の教育技術、教育通念、教育文化、教育習俗等が十分に対応・効果発揮することは難しく、もはやそれらの改善・向上を待つ猶予もない[11]。ヒューマンスケールに基づく学校が成立可能な絶対数の下限を大きく下回っているのではないか、という危機意識が、少なくとも教育関係者間では非常に強い。「限界集落」ならぬ"限界学校"についての切迫感が広く共有されていると言える。

（3）学校統廃合に関する認識転換

前述のような事態に直面していることを踏まえた場合、地方部で展開される学校統廃合は、次のように捉え直されうる性質を帯びつつある。

そもそも従来の地方部の教育では、通念上想定される教育活動、集団活動は過小規模ゆえに成立が困難な側面もあった。こうした状況下で、先の切迫した事態に正対するためにこそ、現在の学校統廃合が意味づけられている。

すなわち、悲壮感や覚悟が入り混ざりながらも、今後の地域を担う子どもたちの発達を保障する教育を実現するために、児童生徒と教職員の集約を通じた教授－学習集団の一定規模の確保によって、また、可能であれば学校新設・校舎新築等を伴い、せめて新しい学校のかたちだけは整えて"地域教育の人心一新"を目指す試みとして意味づけられる、──このように学校統廃合を捉える兆候が見受けられるのである。そこには、今、着手しなければ、この先の数十年を見通したとき、現在と同等の行財政的・学校施設的諸条件が整う機会は決して訪れないという判断も付与されていよう。

こうして、現在の動向は、いわば教育の水準維持・質的向上や学校組織開発の重要契機として、学校再編・統廃合を喫緊の課題に位置づけようとする動態として捉えられる。その意味では、きわめて深く教育的価値の創造にかかわるものである。

当然、これに該当しない地域や、厳しく批判すべき弥縫策・「ごまかし」と呼ぶべき施策に終始している地域もあろう。だが、少なくとも一部の地域では、現状維持が許されるのであればそうしたいところを、また、敢えて無為を選択せずに、一種の「投企」として統廃合を選択せざるを得ない局面を、部分的にではあれ見出しうる。

従来の研究では、こうした差し迫った事態に対して、必ずしも能動的・展望的な理解や対応に成功しているとは言えないように思われる。これに対して、本稿は以上のように、教育的価値の創造と関連づけつつ、地方教育の窮状という状況認識を中核に据えることを第一の視座とする。

2　教育の社会的支持基盤と学校統廃合

（1）「学校批判の時代」における学校統廃合

冒頭に述べた現代的課題構造からすれば、さらに重要な論点として、学校を残してほしい等の存置要求の前提となる教育意識・教育通念について、ほぼ無条件に是としてきた見方を再検討する余地も残っている。

わが国では、1980年代以来、「学校の価値下落」や「学校や教師への批判」についての言説が、およそ一世代に渡って展開されてきた。こうした状況の下で、かつて歴史的事実から析出され、現代に参照されるべき一部の例外を除いて、具体的な地域住民による学校建営・積極的支援行為の具体的実績は、必ずしも全国的に普及しているとは言い難い[12]。

その萌芽が現れたとしても、学校批判の風潮にさらされて十分に開花しない場合や、そもそも学校への子育て・教育の「丸投げ」・白紙委任が続き、その根底では学校や教師への無関心、さらには有形無形の反感・反発を抱えるという状況も続いてきた。今日では、そうした要求の変質・形骸化等の課題にも目を向けなければならない。

かかる状況からすれば、学校統廃合をめぐる従来の研究・見解についても、慎重かつ真摯な再検討が必要なのではないか。論争的な例を挙げるならば、従

来、学校統廃合をめぐる多くの研究等で注目されてきたのは、先に挙げた学校を残してほしい、学校を守りたい等といった地域の切実な願い・要求である。もとより本稿でもこうした要求を最大限に尊重・傾聴するものであり、そこを重要な出発点の一つとしている。

　しかし、教育学・教育行政学・教育制度研究の学問的深化を図るのであれば、そこに留まらず、これら要求・願いの適用範囲や一般化可能性について自覚的な限界確定を試みると同時に、教育的価値にまで深く立ち入った本質的意味・意義を考究していく必要があると思われる。

　端的に述べれば、学校存置要求が出されたとしても、統廃合が浮上するまでは「公立学校不信・バッシング」等の社会全体の雰囲気も相まって、学校・教師に対して冷ややかな眼差しが投げかけられたことも多かったのではないか。

　あるいは、かつて学校は「地域社会とそこに生きる人々をつなぐ"心の糸"になるシンボル的機能」を持つとも言われたが[13]、特に体罰・管理教育等が社会問題化した1980年代に学校体験を持つ今の保護者世代にしてみれば[14]、学校統廃合は一体どのように受けとめられているのであろうか。住民・保護者の側に学校に対する所有意識は存続していたとしても、主体的な所有行為ないし前向きな関係構築行為は空洞化してきてはいないのだろうか。人口減少・逆都市化が進むなかで、その担い手をどこに見出すべきか。学校統廃合が地域と学校との乖離を生み出すのか、それとも、そもそも乖離していたところに別の建設的・積極的な作用を生み出しうるのか。これらが問われなければならない。

　また、例えば、住民の統廃合への反発エネルギーに対する保護者らの遠慮や無言化等の意識上の齟齬・対立に注目すれば、保護者・児童生徒が別の学校条件下で充足されたであろう発達保障等の「機会費用」との兼ね合いから、上記要求の妥当性・意義の限界確定について、真に現在の教育と未来の地域社会を万全に託しうるものかといったことも、改めて教育学の見地から総合的に吟味しなくてはならないであろう。

　以上のように、学校批判の時代における学校統廃合の本質的意味を探る姿勢が、本稿の設定する第二の視座である。

(2) 学校統廃合把握の二つの契機

　次に、本稿が第三の視座を整理する糸口として注目するのは、現在の学校の再編・統廃合が、地域づくりの礎となる子どもたちに希望を託して行われうると同時に、学校に対する新たな支持基盤の提供元として機能するような地域再編をも企図して行われうる点である。いわば、人口減少・逆都市化時代において、地理的な広がりと人間の諸関係を併せた教育上の「まとまり」を、形成・再生させることにつながるような潜在的萌芽を持つと考えられる。

　ここでの着想は、戦後教育改革期に論題化されていた教育行政単位論の今日的復権を探る問題関心に基づくものである。この論題や教育上の「まとまり」について一貫して深く言及し続けてきた代表的論者が、三上和夫である。特に公立小中学校統廃合との関連で言えば、児童生徒急増期に当たる80年代を中心に、数本の論文を著している[15]。本稿の認識方法は、これらに多くを負い、未だ不十分ながらも現代的発展継承を目指すものである。

　三上は、まず1950年代の戦後教育改革期における諸研究、特に教育・教育行政制度の基本的な存立構造の創出を目指した研究の解析を手がけ、一般市町村とは異なる独自の教育行政単位について検討を行った[16]。

　そこでは、吉本二郎による「積極的に教育的価値に満ちた区域」や、持田栄一の「拡大・再編された学区の体制が果たして地域教育計画を展開するのに願わしいものか」等といったフレーズが、重要な手かがりとして再評価・提示されている[17]。そして、戦後教育改革期における教育委員会制度に焦点を当てて、行政制度の社会への一致（行政を社会に根づかせる）、行政による社会団体の性格変更（行政による人々の意識変容、主体形成論）という二つの契機を伴ったものとして教育行政単位問題を捉え、そうしたモチーフの研究史上の喪失を指摘した。

　その後、1970年代以降の児童生徒急増期における学校統廃合紛争の教育学的意味に着目した上で、統廃合分析の基本的認識枠組を洗練化・定式化しつつ[18]、「教育的価値に満ちた区域設定」や住民による自治的学校建営の肯定的先行例、歴史的連続性・正統性提示を行う歴史研究の総括に進んでいく[19]。

　本稿の立場からすれば、彼の一連の研究では、学校統廃合を次の二つの契機の交錯において捉える点に重要な基軸的特徴が見出せる。つまり、学校統廃合

問題は、児童生徒の通学問題や学校規模に関する問題であると同時に、保護者・住民等の教育要求実現、あるいは、学校を社会次元から成立させる立脚点としての人々の教育意識を結節させる「まとまり」に関する問題としても捉えられるべきである[20]。

(3) 学校統廃合への今日的接近

こうした認識を土台としつつ、本稿では、少子化・逆都市化等、かつてとは異なる特徴を持つ学校統廃合の今日的展開について、教育学・教育行政学の立場からの能動的な接近を可能とするために、次の二つの方法論的観点を加えて視座を形づくる。

第一に、公務労働および公共政策についての再定位という観点である。

三上は、前述の1970年代以降の学校統廃合紛争を扱う際に、戦後の地域教育史において、教育の組織化に関して「住民自治的契機の重視」と「市町村団体性の重視」との二つの見解が並存したことに言及している[21]。そして前者に焦点化した史的事実の析出に向かう。

これに対して本稿では、国家権力の位置や「細分化された権力」等に対する丁寧な評価の必要性を留保しつつ[22]、中内敏夫の指摘に従いながら「教育を通して人格の内部に入ってくる善なる政治や国家権力はこの地上にはいかなる意味においても存在しない」とする国家観を「とり払う」ことを志向する[23]。

つまり、ひとまず住民自治的契機と対置された市町村団体性、あるいは都道府県・国家をも含んだ意味で表記すれば公権力的団体性について一面的に否定するのではなく、地方部において教育行政職員＝公務労働者を中核としながら生み出されうる新たな公共性の有無と内実の検討に向かうものである。特に、様々な課題を抱え、物的財的人的資源が限られる今の地方部に焦点を当てる場合には、希少資源としての公務労働・地方教育行政によって公共性が担われる必然性／可能性に着目することが重要になるという、現代の歴史的段階を意識した方法的観点を自覚的に選択している[24]。

第二に、既にここまで繰り返し提示してきた研究上の「能動性」について、可能な限り固執するという観点である。

教育行政学・教育行政研究の現代的な方法と課題を論じた黒崎勲によれば、「教育行政学は適切に関係者を能動的に動員するという責務」を持ち、「教育改革が進行している最中に……求められるものは、……関係者の活動の余地を拡大するための戦略を示す能動的な理論」であるという。そして今日的な理論活動の「適切性」とは「教育の営為の可能性を拡大するために関係者を動員させ、その実践的関与に意義を与えるような理論を提供すること」だとされる[25]。
　こうした指摘を先の認識と統合することにより、単なる容認・反対を越えて、教育的価値の実現を目指す能動的な理論的活動として学校再編・統廃合問題を扱うというのが、ここで加えたい観点である。
　前項までの検討に即して例示的に述べれば、「拡大・再編された学区が…地域教育計画を正しく展開するのに願わしい…かどうか」と受動的問いを設定するのみならず、それを「願わしいもの」にするための要件と、それを具備するための行為を解明する能動的な理論を志向することになる。さらに、慎重な配慮や自重が不可欠ではあるが、教育学・教育行政学がこうした傍観者・批評者を越えた関与の道を模索しなければ、学校再編・統廃合は放っておいても望ましくない形で否応なく進んでしまう。いわゆる「学識経験者」の立場による関与機会の拡大等、現実の学校統廃合政策の展開状況を考慮すれば、アクションリサーチ的な手法の援用も可能もしくは必要な時代とも言える[26]。
　とりわけ、先に触れた「逆都市化時代」と「学校・教師批判の時代」において、「生活に即した学校の捉え直し」や「社会的な教育への関心を表明し…学校を支える」という人々の「まとまり」すなわち学校の立脚点としての人々の意識[27]は、その実質化・現実化を期待できないおそれもある。そうであるならば、時代に即した形態においてその「まとまり」を形成する過程が解明されなければならない。
　その際、戦後教育改革期の議論の成果を継承し、教育行政制度を通して教育を支える人々が学び・変わるという主体形成論を組み込んで地域社会から学校への支持を捉えると同時に、当の学校教育自体が地域社会の未来を担うという相互関係を明確に定位する必要がある。換言すれば、三上の指摘のごとく、既に喪失されて久しい教育行政単位論を今日的に復権させることと重ねながら、現代の学校統廃合問題を考えなければならない根拠が、ここにある。

以上本稿では、地方自治体の政策として打ち出される学校再編・統廃合が、改めて学校を支える「まとまり」の再構築につながりうるか否か、それを可能にする今日的条件の解明、さらには教育行政単位論の現代的復権のあり方を能動的に解明する点に、第三の視座を見出すものである。

3　学校再編・統廃合をめぐる政策研究課題

(1) 学校統廃合に関する市町村—府県—国関係の捉え直し

　次に、上述の基本的視座を踏まえて、学校統廃合をめぐる教育政策研究のあり方、特にその課題に関する若干の試論的検討を記載しておく。

　筆者は、2006年から2008年にかけて、X県教育委員会を中心として、同県A町およびB市の各教委の協力を得て、またC町およびD市における調査や協議会への参画を踏まえ、今後の学校統廃合をめぐる政策のあり方について協動的に考察する機会を与えられた。それは万全なアクションリサーチと呼びうるものではなかったであろうが、前節に言及した地方の窮状を目の当たりにし、また、保護者・住民・教職員との対話を重ねるなかで、学校統廃合をめぐる賛否両論の多様な意見・見解を投げかけられ、ときに激しい論議を交わしてきた。そして、あくまで教育・教育行政の固有性・独自性を重視する立場から学校統廃合の課題と展望について、手探りながらも文字通り能動的な考察を重ねることになった。以下はその際に得た情報と成果に基づいている[28]。

　第一に挙げられる政策研究上の課題は、学校統廃合に関する市町村—都道府県—国といった中央—地方および広域—基礎の行政機構とその関係について、能動的な捉え直しを行うことである。

　本来、公立小中学校の設置主体は市町村であることから、例えば今回の試みのように、都道府県が小中学校の再編・統廃合に作用を及ぼすことは一見奇異でもあり、また翻って、人件費削減のため、統合ありきの誘導に過ぎないとの厳しい批判もある[29]。

　しかしながら、既に述べたように、急速な少子化の進展、市町村合併、財政

難等に直面する市町村が強烈な危機意識を持ち、学校統廃合を余儀なくされる側面がある。それが市町村内の地域間対立を激化させる材料になる等、大きな混乱も生じている。窮地に追い込まれた市町村のなかには、自分たちの問題処理能力の限界を超えたとして、学校再編・統廃合をめぐって、何らかの形で地域にしこりを残さずに「責任転嫁」できる仕組みへの要望も強い。

また、一部の市町村教育委員会からは、首長部局の影響力が強すぎる場合には特に教育的イニシアティブが軽視され、どうしても学習環境・学習権保障の意識が弱くなるという問題報告がなされるとともに、それに対する教育的支援・指針提示について切実に求められることもある。このような困惑を理解しないばかりか、本稿冒頭に示したような地方部の窮状にも目を背けるということは、教育行政の立場からは許されるものではない。このような意識から、単なる「誘導策」とは片付けられない性質を含んで県教育委員会が施策を展開している側面もある。

やや具体的に述べれば、このような県の関与は、児童・生徒数および教員数の一定確保を通じた集団維持によって教育の質的向上を図るという教育理念の提示に加えて、市町村からの要望の高さや、一定の削減実現という「実績」づくりになると同時に、反面で際限なき予算削減に対する「歯止め」として機能するための現実的材料となることもねらいとされているのである。

こうした様相を十分に視野に入れず、県は県費負担教職員数削減＝人件費削減をねらって学校統廃合を推進する立場にあるという批判的見解も多くみられるが、首長部局・財務当局はともかく、県教育委員会を対象に、少なくともその職員の意識面まで含めてそうした断定を行うことは、不正確な仮説・推論となる可能性があり、また協働の契機を失うおそれもあろう[30]。

さらに中央レベルでの動向について言及すれば、近年、直接には学校設置をめぐる主体的役割を有しない財務省（財政制度等審議会・財政制度分科会）等から、「学校規模の最適化」「学校統合の加速」等について次第に影響力が行使されてきた[31]。これに対して、文部科学省から対応・応戦する様相も見受けられる[32]。しかしながら、こうした応酬を一枚岩的に捉えることなく、事実過程に即したダイナミズムにおいて捉え、その教育的価値論としての意味を検討する作業はほとんど行われていない。

かつての教育行政単位をめぐる議論では、立場や見解の相違は含みつつも、また、社会設計・設計主義等に伴う人間の知的限界等を含みつつも、教育行政の直接的主体たる公務労働者・官僚と、例えば持田ら建設的批判者たる教育行政研究者との両者は、いかなる教育行政制度を構想するべきかという問題意識を中心に、狭義の教育実践とは質的成分の違いゆえに区別される「教育の実践」[33]としての教育行政実践という前提的方向性を、部分的・暗黙的にではあれ、共有していたようにも思われる。「学校・教師批判の時代」にあって、教育関係者間の連帯は、かつてないほどに必要度を高めている。本稿は、以上のような仮説的関心を前提に据えることを重視するものである。

（2）教育独自財源—教育行政単位の統合的模索

　第二に、教育の物質的基礎たる財政面から捉えたとき、市町村教育行政の財政基盤の強化の可能性や方策について検討・整備するという課題が挙げられる。もとよりこの財源の独自性問題は、戦後教育改革以来、教育行政単位論・学区統合論の焦点であり続けた[34]。その限りでは、今なお解かれていない、そして今こそ浮上すべき課題でもある。

　同県の動向をうかがう限り、拙速ともいえる一部を除き、多くの市町村では学校統廃合の是非についての"決定打"を欠き、予想とは裏腹に大いに逡巡してきたようであった。市町村内の各部局間（または部局内部）における、そしてその小規模性ゆえに個人レベルにおける利害や政策理念の対立にさえ左右される度合いが高く、統廃合推進と抑止のベクトルが混在し、潜在的対立—表面的均衡の様相がうかがえる。

　だが、00年代の中盤以降、校舎等の老朽化に伴う耐震補強が緊急課題となる一方で、その実施財源が不足することから、学校統廃合が市町村政策課題として浮上する契機の一つとなった。後に国庫補助の方針が提示されはしたが、その間に、学校統廃合推進派が勢いを得る市町村が増加してきた。

　こうした状況下で、一部の市町村教委、特に教育長からは次のような声が多く聞かれるようになる。すなわち「教育予算が、時の財政事情に影響を受け過ぎではないか」「これでは学校建築・教育運営を長期的・計画的・安定的に進

めることが難しい」「市町村の将来を担うはずの教育に対して、これでは責任を負えない」等である。なかには「教育特定財源のようなものは考えられないのか」という提言的疑問もあった。

税収が経済状況に左右されるのは当然であるが、上記の指摘・不満はそうした一般論的なものでなく、地方財政において他領域予算と併記される構造に起因する教育予算の相対的脆弱性（vulnerability）についての見解表明と捉えられるべきであろう。

現段階では、教育領域の効果測定はきわめて困難であり、その意味では、効果測定の容易な他領域とは比較劣位の立場にある。また、先に述べた通り「学校・教師批判の時代」に、存在意義を無前提に認められることは難しい。そのため、財政事情のみを理由とすれば、際限ない学校数と教育予算の極小化にもつながりうる。さらに、逆都市化に直面する市町村が構造改革、少子高齢化等、環境諸要因の変化に翻弄されるにつれ、他領域と比した教育の優先順位の競合問題は、ますます熾烈になっている。

しかしながら、このような動向が直ちに統廃合につながったわけではない。市町村が財政問題から直ちに学校統廃合に着手するかの見方も少なくないが、それは一面的に過ぎる。少なくとも一部市町村では、こうした脆弱性に直面して、その是非や、どの程度本質的課題とすべきか、行政内部で次のような議論がなされてきた。

仮に学校統廃合によって一時的にでも財政削減が進められたとしても、前述のように跡地利用等の目処もなく、その効果は大きく期待できるものではない。のみならず、市町村教委や一部首長部局の中には、別の尺度に関する懸念も残る。すなわち統廃合が、学校や行政（選挙等、首長を含む）への地域社会からの支持や、地域住民の「活力」、長期的な地域の活性化を可能とする「芽」等を削いでいくのではという懸念である。このように、各尺度が総合的に比較考量されたとき、単純な結論が出せないという市町村が見受けられるのである[35]。こうした市町村の中には、必ずしも学校統廃合を推進できない／しない意向を保持し、「寝たふり（やり過ごし）」をするという戦略選択もあるという。これらが、市町村教育委員会等へのヒアリング調査等を通して示されていたことである。

以上からすれば、学校統廃合は、改めて「教育立国」にふさわしい独自性の高い教育財政制度のあり方についての検討を必然的に求めていると言える。学校統廃合に限って述べても、臨時的な学校施設整備（耐震補強用）の補助金・追加的支出から、恒久的・半恒久的な教育特定財源、教育財政自体の抜本的見直しまで、複数次元にわたる再検討がなされるべきである。ここに政策課題の一つを見出せる。こうした議論への配慮を欠いた議論は、賛否いずれの場合も、本質を見逃している可能性がある。

　特に本稿の視座からすれば、戦後改革の本来的地平に立ち戻ったとき、市町村という既存の枠組を超えた検討が求められるはずでもある。「…『中型学区』というのは…補充的行政の区画をいうものではなく、基礎単位を、町村と都道府県の間の中間地区におこうという……構想をさす」「……教育区は通常直ちに想起される地方公共団体の観念を超えている……。行政的最小単位が基準たるべきものではない」[36]といった指摘の今日的意味を構築することによって、教育独自の地理的・人口的区分と財源とを併せた新たな「まとまり」の構想につなげるという政策研究課題が浮上する。

4　まとめにかえて

　以上、本稿では、公立小中学校の再編・統廃合に対する現代的接近のために必要と考えられる三つの基本的視座について概括・整理した上で、今後の学校統廃合をめぐる教育政策研究上の二つの課題について言及した。

　しかしながら、十分に考察を深められなかった部分について反省も残る。

　とりわけ、前半で設定した視座のうち、第三の視座に関しては、後半の政策課題の提示において的確な現実化に向けた方向性を示しえたとは言えない。ここでは議論を展開することはできなかったが、学級編制基準・学校規模等の諸基準について、人口密度等に応じた弾力化・教職員の相互学習機会の保障・学校教育に関する住民の協働・生涯学習（主体形成）の保障等のセット化等、若干の断片的要素については検討に着手しつつある。しかし、未だ十分な構造化を経たものではない。

この課題をめぐっては、実際に取り組まれた学校再編・統廃合の今日的事実展開に即して、かつては歴史的事実から析出された諸契機を今度は現代的事実から析出し、あるいはその創造に寄与しうる、能動的な研究のあり方についてもさらに解明を進めていくことが求められる。こうした課題意識から、各地で教育学・教育学研究者が関与して実施された事例にも視野を広げ、相互に交流していくと同時に、その帰趨を同時代的に追跡していくことも重要な作業となる。

　また、教育学・教育行政学と教育政策との対話的関係構築という論点については、現代的な状況変容に即しつつ、学会でも議論が開始されているようである[37]。しかしながら、そこには、事実に即して経験的かつ慎重に吟味されるべき問題も残る。

　具体的懸念を一つ挙げれば、このような相互交流・対話性について、一般行政学・政治学の概念や枠組を教育行政学に援用することによって果たそうとする向きもある。本稿の基本姿勢からすれば、そうした方向性があくまで政治学・行政学としての対話に終始し、それらに飲み込まれるのではとの懸念を禁じ得ず、また、教育学固有の意義や検討、さらには教育的価値探究の放棄につながりうる点で危惧を感じるため、全面的には協調することはできない。とはいえ、様々な可能性が模索されるべきではあり、アプローチの多様性を保った一つの学術共同体として対内的・対外的な関係を構築することは可能であるとも思われる。

　これらについては、総じて今後の課題として受けとめ、稿を改めて本格的に検討していきたい。

〔註〕

1　逆都市化時代について総合研究開発機構『逆都市化時代の都市・地域政策——多様性と自律性の恢復による地域再生への途——』総合研究開発機構、2005年、大西隆『逆都市化時代——人口減少期のまちづくり——』学芸出版社、2004年、参照。楕円の比喩については次の文献に学んだ。三上和夫「学校規模と教育の条件整備」日本教育法学会編『教育条件の整備と教育法（講座教育法第4巻）』総合労働研究所、1980年。

2 斎尾直子「生活空間を支えるヒューマンスケールな『適正計画範域』の再考——自治体広域時代における公立小中学校統廃合の動きから——」『Joyo ARC（財団法人常陽地域研究センター）』2007年11月号、2007年。佐藤学『学校の挑戦 —学びの共同体を創る—』小学館、2006年、10頁。

3 進藤兵・山本由美・安達智則編『学校統廃合に負けない！——小さくてもきらりと輝く学校をめざして』花伝社、2005年。山本由美『学力テスト体制とは何か ——学力テスト・学校統廃合・小中一貫教育——』花伝社、2009年。

4 拙稿「地域コミュニティ再生と学校ガバナンス改革」日本教育行政学会研究推進委員会編『学校と大学のガバナンス改革』教育開発研究所、2009年。

5 例えば、若林敬子「学校統廃合と人口問題」『教育社会学研究』第82号、2008年。

6 X県A町における教育委員会事務局・小中学校再編担当者へのヒアリング調査（2007年11月実施）による。

7 こうした基本的理解が備わっているか疑わしい研究もある。ここでは具体的な論文名等を挙げることは避けておく。

8 この一端については、不十分ながら下記論稿にて取り扱っている。山下晃一・松浦善満「少子化時代における地方教育委員会の政策課題に関する事例検討」『教育行財政研究（関西教育行政学会）』第34号、2007年。

9 財務担当部局の対応例として、財務省「学校規模の最適化に関する調査」『平成19年度予算執行調査資料（総括調査票）』2007年7月、参照。

10 例えば、大規模校で切磋琢磨・競争する方が子どもにとって望ましいとするような一面的な判断等が往々にして見受けられ、それが学校統廃合推進の口実の原動力にされることも少なくない。こうした背景に「抗しがたい磁場」があることを指摘する見解もある。児美川孝一郎「生き残り競争を『異常』にするために —瀰漫する新自由主義的教育の日常—」『高校生活指導』第183号、2009年。

11 原理的に言えば、わが国の重要な教育上の財産である従来の少人数教育、へき地・複式教育の実績に大いに学びながら、30名程度の児童生徒を前提とした一斉教授方法を抜本的に見直し、さらにその見直しを教授技術のみならずその基盤となる教育文化にまで定着させる等の方策が考えられる。こうした蓄積例

として、桂聖編著、紀美野町立小川小学校著『和歌山発 3つのステップで読解力をつける複式の国語科授業』東洋館出版社、2009年。また、へき地・複式教育と統廃合に関する代表的研究例の一つに、玉井康之「義務教育費国庫負担制度の廃止問題とへき地・小規模校の統廃合問題」『教育学研究』第72巻第4号、2005年、が挙げられる。

12　改めて述べるまでもなく、ここに述べる「例外」的事例は決して無視・軽視されるべきではない。本稿で念頭に置くのは、著名な千葉県習志野市秋津地区や新潟県聖籠町の事例である。池上他編著『市民立学校をつくる教育ガバナンス』大月書店、2005年。また、当然、他にも埋もれた例が多数ありうる（拙稿「『学校－地域間関係』の現代的再編の動向と課題」『和歌山大学教育学部教育実践総合センター紀要』第13号、2003年）。だが、重要なことは、どの地域でも楽観的に再現可能と断言できるものではなく、それらが欠如する地域についていかに考えうるか、という点である。

13　松原治郎『コミュニティの社会学』東京大学出版会、1978年、37頁。

14　研究面でこうした観点から当時の画期をなしたと思われるのが、今橋盛勝の一連の問題提起的研究である。同『教育法と法社会学』三省堂、1983年、他。

15　ここでは以下の4本の論文を念頭に置いている。また、ここまでの記述についても、様々な形でこれらに負っている。

①三上和夫「教育委員会法下の教育行政単位論の検討」『日本教育行政学会年報　第3号』1977年。

②同、前掲「学校規模と教育の条件整備」。

③同「学校設置者と教育の公共性（事例研究　学校統廃合紛争）」『季刊教育法』第59号、1985年。

④同「小・中学校の統廃合にかかわる教育委員会と住民の紛争」『教育行政読本（教職研修総合特集 No.52）』教育開発研究所、1989年。

16　三上、前掲①「教育委員会法下の教育行政単位論の検討」

17　吉本二郎「地方教育区の大きさを規定する重要なる素因について」日本教育学会編『教育学論集：方法制度篇』目黒書店、1951年、239頁。および持田栄一「教育計画における区域の問題 ——中型学区の意味と問題点をめぐって——」海後宗臣・牧野巽編『教育計画の社会的基礎（講座教育社会学 第6巻）』東洋

館出版社、1955年、217頁。
18 本稿が最も洗練された定式化として強く依拠しているのが、三上、前掲③「学校設置者と教育の公共性」である。
19 その成果として、三上和夫『学区制度と住民の権利』大月書店、1988年。
20 三上、前掲②「学校規模と教育の条件整備」282頁。
21 三上、前掲③「学校設置者と教育の公共性」172頁。
22 三上和夫「教育制度における変動周期」金子照基編著『現代公教育制度の構造と課題』学文社、1994年、30-31頁。
23 中内敏夫『教育学第一歩』岩波書店、1988年、41頁。
24 この観点の根底には、地方教育行政への特定の批判的・否定的なまなざしが、当事者の意欲・主体性を一層減退させ、教育政策形成能力の空洞化・形骸化の一因となりかねないという懸念も横たわっている。詳細な吟味は必要だが、真渕勝の一連の著作を参照。真渕勝『行政学案内』慈学社出版、2009年。同『行政学』有斐閣、2009年。
25 黒崎勲「学校運営協議会をめぐる動態的・能動的分析——指定討論者としての発言——」『教育学研究』第72巻第1号、84-85頁。
26 教育研究におけるアクションリサーチをはじめ、教育実践・教育行政実践と研究との関わり等について、以下の文献に考えさせられるところが大きかった。秋田喜代美・恒吉僚子・佐藤学編『教育研究のメソドロジー——学校参加型マインドへのいざない——』東京大学出版会、2005年。
27 三上和夫「教育的価値としての地域創造——志木市の「弾力的運用」の今日的歴史的意義——」渡部昭男・金山康広・小川正人編『市民とつくる教育改革 検証：志木市の教育改革』、104頁。
28 記述の一部については、同県に提出した報告書（未公刊）と重なる部分があることをお断りしておく。当時お世話になったX県、A町、B市、C町、D市の各教委事務局職員ならびに学校関係者（教職員、保護者、地域の方々）にこの場を借りて厚く御礼申し上げる。
29 境野健兒「学校統廃合の動きと『地域社会と学校』」『教育』2008年9月号、10-11頁。
30 筆者が実施したX県教育委員会関係者へのインタビュー調査（2007年6月）

では、県費負担教職員の定数をめぐって次のような話を聞いた。

「……建前上、行政マンとしては最小資源で最大効果を上げるとしか言えない……が、『教育は人なり』で、本音では教職員数を減らしたいなんて誰も考えてないと思う。…確かに県教委は市町村に深く関与はしてないが、いつも自分の地域と重ねながら考え…、自分の地域から教員が減っても良いとは思わない……。"どんな"人材であれ、やはり絶対数がいないと教育は高まらない。……われわれが財務当局と教員定数一名をめぐってどんな攻防をしているのか少しは分かってくれよ、という気持ちになることもある。……その辺の事情は分かってもらってない……。わざわざ言うことでもないが……、理解されていないのは少し歯がゆい。」

本稿では、これらの発言の裏づけや妥当性を十分に検証できなかったため、本格的な吟味は別の機会に譲らざるを得ないが、教育学・教育行政学がいかに現実政策に関わるか、教育行政関係者を教師以外の教育実践者として、傾聴・協働対象として、真に適切に位置づけ、向き合えてきたか、そうした方法論が探究・定位されてきたか等の論点について、改めて様々に考えさせられる機会となった。

31 財務省・財政制度等審議会「学校規模の最適化」『平成20年度予算の編成等に関する建議』2007年、同「学校統合の加速」『平成21年度予算の編成等に関する建議』2008年。

32 前川喜平「学校統合」『初中教育ニュース（文部科学省初等中等局）』第31号、2006年。杉浦久弘「（解説）学校規模の最適化について」『教育委員会月報』2007年1月号。

33 淀川雅也「『教育実践』としての教育制度空間の再設計」教育科学研究会編『現代と人間（現代社会と教育 第1巻）』大月書店、1993年。

34 持田栄一「学区統合の覚え書 ——課題と基本条件——」『社会と学校（教育社會學會）』第4巻第7号、55頁。

35 ここには、現代教育政策決定が抱えざるを得ない困難が「社会の再帰性」「リスク社会」に起因する様相を垣間見ることができる。学校統廃合問題が今や市町村にとって切実な「リスク」となっているということを、的確に捉える必要性が浮かび上がっている。大澤真幸『不可能性の時代』岩波書店、2008年、128

頁以降。宮台真司『日本の難点』幻冬舎、2009年、111-113頁。
36 持田、前掲「教育計画における区域の問題 ——中型学区の意味と問題点をめぐって——」195頁、および、吉本、前掲、240頁。
37 「教育政策と教育学研究との対話（日本教育学会公開シンポジウム）」『教育学研究』第75巻第1号、2008年。

第三次小学校令の成立と実施に関する研究
―― 就学督促政策の解釈と展開 ――

柏木　敦

　本稿の目的は、この国における義務教育制度の成立画期として位置づけられている第三次小学校令の成立過程とその成立過程における地方の参画過程を改めて検討し、義務教育制度成立を裏づける就学督促策の中央ならびに地方における解釈および展開のあり方を浮き彫りにすることにある。

　第三次小学校令の成立過程についてはすでに制度政策史研究、地方（地域）教育史研究の双方からの研究が蓄積されており[1]、その成立をもって、制度上の成立画期とすることが概ね共通理解となっている。しかしその制定ならびに実施過程における各地域における具体的な制度対応についての踏み込んだ検討は行われていない。第三次小学校令成立に関わる制度政策史研究は1970～80年代に一定の到達点をみたが、その後の研究の進展とそれに伴う資料発見により、第三次小学校令の成立過程における地方の関与過程について、さらに検証を加える必要が生じている。またそれに伴い、第三次小学校令の実施過程についても、さらに踏み込んだ検証が必要となってくる。

　本稿ではこのような研究状況を踏まえ、第三次小学校令制定過程における地方長官会議の議論を中心に検討を進める。すでに先行研究において、地方長官会議の建議とその影響が指摘されているけれども、建議以外に地方長官ならびに同会議が第三次小学校令制定過程にどのように関与したかということについては、検討の余地が残されている。

　筆者は別稿において、1890年代から1900年代にかけての中央ならびに地方の教育政策展開について考察を行い、地方教育行政当局、文部省、地方長官、内務省、枢密院における就学拡大策に関わる温度差を明らかにし、1890年代

から1900年代にかけての、地方教育行政における就学拡大策の連続性、ならびに文部省における政策転換の過程について検証を加えておいた。本稿では、そこでは十分に踏み込むことができなかった第三次小学校令の成立過程と就学督励に関わる地方の受け止め方について再度検討を加え、各地方（地域）まで含めた政策過程を浮き彫りにしたい。

1 第二次小学校令改正

1895（明治28）年4月18日、各地方長官に向けて未普甲第39号文部大臣内訓「教育ニ関スル法令規定励行ノ件」が発せられた[2]。同内訓は次の通りである。

> 教育ニ関スル制度ハ国民ノ開発誘導ヲ目的トスルカ或ハ世運ニ先チ之カ方針ヲ定メ其ノ実行ハ漸ヲ以テ之ヲ期スルノ外ナキコトアリ小学校令第二十条第二十五条第五十四条ノ如キ未タ完全ナル実行ヲ見ルニ至ラサルハ実ニ已ムヲ得サル所トス顧フニ従来監督官庁ノ許可ヲ得タルノ後又ハ許可ヲ受ケス自己ノ責任ヲ以テ教育ノ規定ヲ厳守セス便宜ノ処分ヲ為スモノアル亦タ各已ムヲ得サルノ事由ニ依ルヘシト雖今ニシテ之ヲ矯正セサレハ其弊ヤ遂ニ救治スヘカラサルノ虞少カラサルニ付法令ノ規定ハ自今及フタケ厳守シテ之ヲ実行スルコトニ注意スヘシ

特に留意を促された小学校令第20条は学齢児童の就学を、第25条は学齢児童を就学させるに足りる学校の設置を、第54条は小学校教員の資格（「小学校教員免許状ヲ有スル者タルヘシ」）を規定したものであった。日清講和条約の翌日に発せられたこの内訓は、地方長官らにある程度の緊張感をもって受け止められたとみてよい。事実、日清戦後の地方教育行政当局においては、「小学校教員拡充」「就学児童の増加」「小学校基本財産の設置」の三点がおおむね共通した政策課題となり、その結果地方では1897（明治30）年前後から全国的に文部省の意図を超える就学督励策が展開されつつあった[3]。

こうした背景を持ちながら進められた第二次小学校令改正は、紛れもなく「従来事実上等閑に付されてきた初等教育の普及と充実」[4]とを実現しようとするものであった。すでに第二次小学校令は、公布・施行以来、部分改正が重ねられていたが、1898（明治31）年12月、高等教育会議に次のような諮問案が提出された[5]。

　　諮問案第一
　　　小学校令改正要領
　　　　第一　小学校ノ粗織（ママ）
　一　尋常小学校ニ於テ体操ヲ欠クコトヲ得サルコトニ改ム（小学校令第三条参照）
　二　尋常小学校ノ教科ニ加ヘ得ヘキ科目ノ中ヨリ日本地理日本史（ママ）ヲ除ク（仝上）
　三　読書作文習字ノ三科目ヲ合シテ国語ノ一科目トナス（第三条及第四条）
　四　修業年限二箇年ノ高等小学校ニ於テハ理科ヲ欠クコトヲ得ルコトニ改ム　修業年限三箇年以上ノ高等小学校ニ於テハ加フルコトヲ得ヘキ科目ノ中ヨリ幾何ノ初歩ヲ除ク（第四条）
　五　農科商科工科ノ専修科ヲ廃ス（第六条）
　六　修業年限三箇年ノ尋常小学校ヲ廃ス（第八条）
　七　小学校図書審査委員ノ中ニ府県立高等女学校長一名及郡視学二名ヲ加ヘ府県参事会員及小学校教員ヲ除ク（第十六条）

　　　　第二　就学
　一　正当ノ理由ナク督促ニ応セス学齢児童保護者其義務ヲ盡ササルトキハ罰金ニ処ス（新設）
　二（ママ）　市町村費ヲ以テ児童就学費用ヲ補助スヘキ制ヲ設ク
　二　郡費ヲ以テ児童教育事務委託及就学費用補助ノ負担ニ堪ヘサル町村等ニ補助スヘキ制ヲ設ク
　三　府県費ヲ以テ前項ノ補助ニ堪ヘサル郡ニ補助スヘキ制ヲ設ク

第四　授業料
一　市町村立尋常小学校ニ於テハ授業料ヲ徴収スルコトヲ得サルコトトシ特別ノ事情アルトキハ府県知事ノ許可ヲ得テ之ヲ徴収スルヲ得ルコトニ改ム（第四十四条）
　　第五　小学校教員
一　本科正教員本科准教員専科正教員専科准教員雇教員ノ五種アルヲ本科正教員専科正教員及准教員ノ三種ニ改ム（第五十三条）
二　准教員ハ免許状ヲ有スルヲ要セサルコトニ改ム（第五十四条）
三　小学校教員ノ懲戒等ハ府県知事ノ専決ニ任セス懲戒委員ノ議決ヲ経テ之ヲ行フコトニ改ム（第六十四条）
四　懲戒等ノ処分ニ不服アル者ニ訴願ヲ許スノ制ヲ廃ス（仝上）
　　第六　市町村吏員
一　学務委員中ニ必ス男教員ヲ加フルノ制ヲ廃ス（第七十二条第七十五条第七十九条第八十二条）
二　警察官吏ヲシテ児童就学督促ニ関シ市町村吏員ヲ補助スルノ制ヲ設ク

　ここに示された改正の方針には、本節冒頭にも述べた地方教育行政当局における三点の政策課題、すなわち「小学校教員拡充」「就学児童の増加」「小学校基本財産の設置」の三点が反映していることは看取できる。これに加えて小学校の教科並びに編制の整理を組み込んだのであった。
　諮問を受けた高等教育会議でどのような議論があったのか、第四回会議の速記録が残されていない現状では知ることはできない。ただし「公文類聚」に収められている第三次小学校令原案のうち、1900（明治33）年1月15日に閣議提出された文部省省議案の裁可文部部分は「小学校令中改正」とされていたこと、先の高等教育会議への諮問案の内容のうち、第五章一（雇教員を廃する、結果的に第55条に残る）、二（准教員は免許状を不要とする）、三（教員の懲戒等は懲戒委員会の議決を経ることとする）、四（訴願制の廃止）、第六章一（学務委員に男教員を加える制の廃止）といった、主には教員政策を除いて概ね反映されていたこと、という二つの点は確認できる。
　1900（明治33）年制定のいわゆる第三次小学校令の制定過程については、こ

れまで 1900（明治 33）年 1 月に閣議提出された文部省作成案（以降「一月案」と略記）、同年 6 月 29 日に閣議提出された法制局主導の改正案（以降「六月案」と略記）の二種類を軸としつつ、それらに付された法制局、内務省、農商務省、枢密院の修正意見を対象に検討が行われてきた[6]。しかし梶山雅史氏によって岐阜県庁文書に含まれている、1900（明治 33）年 4 月に地方長官会議にて諮問事項とされたもう一つの「草案」の存在が公にされた[7]。この「草案」に関しては第三次小学校令制定過程における位置づけや役割に関わる踏み込んだ検証は、管見の限りいまだ行われていない。しかし第三次小学校令制定過程において、右の地方長官会議が二つの建議を提出し、小学校令の改正内容に強くコミットしたことはすでに指摘されるところである[8]。本史料を第三次小学校令制定過程に位置づけることにより、その過程における地方の関与程度と小学校改正への方針が浮き彫りにできる。以下、まずは基礎的史料批判として、「草案」の位置づけから行う。

2　第三次小学校令「草案」の検討

（1）第三次小学校令「草案」の基礎的検討

「草案」は管見の限り岐阜県庁文書にのみ、滋賀県罫紙に墨書されたものを見いだすことができる。梶山氏の前掲書にもあるように、冒頭欄外に朱書きで「明治三十三年四月地方官会議諮問事項也」とある以外に書き込み等はない。「諮問事項」とあるものの、地方長官会議という全国レヴェルの会議でいかほど共有されたか、またこの「草案」がどのように内務省その他関係省によって利用されたかという点については明らかにされてはいない。また私が知る限りこの「草案」の具体的な起草者や起草の意図も判明していない。

　まず先述の「明治三十三年四月地方官会議諮問事項也」について検証しておく。1900（明治 33）年の地方長官会議は同年 4 月 2 日を初日として開催された[9]。翌 4 月 3 日付けの『東京朝日新聞』は同会議における内務省の諮問事項を報じ、加えて「内務省丈けの諮問会議ハ四五日間にて結了し引続き文部より改

正小学令施行上に関する件通信よりハ学生の貯金に関する件を始め二三の諮問ある筈なりと」と文部省の諮問内容が小学校令改正に関わるものであることに言及していた[10]。4月12日に文部省主管の諮問会が開かれたが、『東京朝日新聞』では小学校令の諮問を報道することもなく[11]、4月14日には会議の終了が報じられた[12]。

13日付け『東京日日新聞』は地方長官会議における樺山資紀の演説を掲載しているが、そこで小学校令改正案については次のように述べられている。

> 尚一言すべきは小学校令に関することなり本令は曩に本大臣に於て其改正の必要を認め本年一月中閣議に提出せり而して此改正案は実施の蹟に考へ且つ各位の従来文部当局者に向ひ時々希望せられたる意見等を参酌して以て其案を立てたり目下内閣に於て調査中に属するを以て各位にして若し意見あらば速に提出あらんことを望む[13]

ここでは、従前から地方長官より提出されていた「意見等」を斟酌した「案」が「調査中」とあるのみで、成文案の存在、あるいはそれを会議中に示すことを窺わせる文言は見いだせない。しかし記事本文には「左の演説を為し終て小学校令改正案に就き諮問あり二三知事より夫々意見を述べ」たとあることから、何らかの形の「小学校令改正案」が地方長官に示されたと考えることもできる。

14日付けで地方長官会議の終了を報じた『東京朝日新聞』であったが、翌15日付け第一面で「文部省にて審査中なりし小学校令の改正ハ此程脱稿したる由なるが改正の要領ハ大体巷間に伝ふる所と同じきも多少の誤伝なきに非ざれバ左に之を略記せん」と「小学校令改正要領」を報じた[14]。「脱稿」としている点で、ある程度まとまった形のものの存在を把握していると推測できるし、また地方長官会議終了直後の記事という点から見て、同会議関係者からの情報提供があったとみることができる。樺山が「調査中に属する」としながらも「小学校令改正案に就き諮問」し、地方長官の意見を求めたこと、『東京朝日新聞』が「脱稿」と報じて具体的な「要領」まで示し得たことは留意しておいてよい。記事中にある「文部省にて審査中」とあるのは、すでに一月案が法

制局で審査中であることから誤認であるが、ひとまず「脱稿」に至ったものが地方長官会議において示されていたことは確実とみてよい。

ではここで「脱稿」したものは「草案」と同じものなのか。地方長官会議終了後、内務省は５月16日付けで、地秘第63号（蒟蒻版）をもって次のような通牒を発した[15]。内務省が地方長官会議での議論に、重ねて「意見書」を求めていたことが明らかになる。

> 曩ニ御上京ノ際諮問相成候小学校令改正案ニ対スル意見書未タ御提出無之候処右ハ調査上至急ヲ要スルモノニ付本月三十日限リ何分ノ御意見御申出相成候様致度此段及照会候也
> 　明治三十三年五月十六日
> 　　内務省地方局長柴田家門
> 　秋田県知事武田千代三郎殿

これは４月の地方長官会議で諮問された「小学校令改正案」に対する見解要求であった。先行研究においては、内務省、大蔵省から小学校令案の修正要求を承けた法制局が、府県知事に対して意見調査を行ったことが指摘されているが、それ以前かあるいはほぼ同時に、内務省も府県に対して改正小学校令に対する意見調査を行っていたのであった。

地方長官会議の場で改正小学校令に関わる議論が一応行われ、４月24日には府県小学校教科用図書採定法に関する建議、そして就学督促の際の科料処分削除を求める建議との二つの建議が提出されたが[16]、それにもかかわらず内務省が何故重ねて府県に意見徴集を求めたのか、また地秘第63号が秋田県以外のどこに発せられたのか、受け取った地方がどのような対応をしたかという点についても、目下のところ史料を見いだすことはできない。さしあたり秋田県は次のような「意見」を作成していた。

> 義務教育ヲ完成セシメント欲セハ児童通学ノ便ヲ謀ル若カス是ヲ以テ寒村僻邑ノ地又市町村ニ於テモ地勢ノ如何ニ依リ通学路程ノ点ヨリ児童ヲ所属ノ小学校ニ通学セシメンヨリハ却テ最寄ノ他市町村立小学校ニ通学セシム

ルノ便アルニ若カス本令第六条中既ニ其必要ヲ認メ接近セル町村ニ教育事務委託ノ道ヲ規定セラレント雖未タ其範囲狭小ノ点アルヲ免レス故ニ尚ホ其範囲ヲ拡張シテ市ト町村、又甲郡ノ町村ト乙郡ノ町村ト交互依託ノ道ヲ開カレンコトヲ望ム

又本案第六十三条中就学督責ノ為メ警察官吏ヲシテ市町村吏員ヲ補助セシムルコトヲ規定セラレタルハ義務教育ヲ完成セシムルノ主意ニ基クコト明瞭ナリ然ルニ児童欠席ノ多キコトハ全国義務教育上ノ一大欠点ナリ故ニ之ニ伴フテ出席ヲ励行セシメサレハ畢竟有名無実ニ帰シ就学督促ノ効果ヲ納ムルコト能ハス依テ出席督励ニ付テモ警察官吏ヲシテ市町村吏員ヲ補助セシムルコトヽセラレンコトヲ望ム

　ここで示されている「第六十三条」の内容は、「草案」において「第六十三条　警察官吏ハ学齢児童ノ就学督促ニ関シ市町村吏員ヲ補助ス」と一致する。とすれば地秘63号にある「上京ノ際諮問相成候小学校令改正案」は、「草案」と同様の内容をもったものである可能性が高くなる。

　以上の諸点からみて、「草案」は、冒頭の「明治三十三年四月地方官会議諮問事項也」との朱書きの通り、地方長官会議に示されたものといってよい。ここで改めて「草案」を第三次小学校令「四月案」と位置づけたい[17]。ただし地方長官会議で示されたものが何故各地の地方長官会議資料に見いだすことができず、かつ滋賀県罫紙に墨書されたもののみが残されているのかという疑問は残る。これについては推測の範囲を出ないのであるが、恐らく会議の場での筆写が必要な形で提示されたものであったと見ることが出来る。その点も含めて次に「四月案」の作成主体について検討を加えたい。

　花井信は「公文類聚」に収められている第三次小学校令制定関係資料中、6月7日付法制局長官平田東助宛「内務省意見（秘乙第二三八号）」（内務省罫紙に墨書）にある「貴局修正案第三十六条就学ニ関スル義務者ニ制裁ヲ付スルコト及第五十条就学費補助ニ関スル規程ハ……」という文言に注目して、ここに「貴局修正案」とあること、また「第三十六条」「第五十条」のいずれもが「公文類聚」に収録されている一月案とは異なっていることを指摘し、「法制局で第一次案（「一月案」を指す――柏木）をその構成も含めて大巾に修正した」「法

制局案」が存在していたことを推測している[18]。

この「法制局案」の存在に留意して「四月案」と「内務省意見」の対応関係を検証しよう。すでに佐藤秀夫によって「一月案」と「六月案」の構成比較が行われているが[19]、ここではこれに「四月案」を加えて第三次小学校令がまとめられてゆく過程を再度検証しておきたい。

まず「四月案」全体の章別構成は次のようになっている。

第一章　総則（第1条～第3条／全3条）・第二章　設置（第4条～第15条／12条）・第三章　教科及編制（第16条～第25条／全10条）・第四章　設備（第26条～第28条／全3条）・第五章　就学（第29条～第36条／全8条）・第六章　職員（第37条～第47条／全11条）・第七章　費用負担及授業料（第48条～第57条／全10条）・第八章　管理及監督（第58条～第65条／全8条）・第九章　附則（第66条～第73条／全8条）

これを「一月案」、「六月案」とともに整理・対比すると以下のようになる[20]。

六月案	四月案	一月案
第一章　総則（5条）	第一章　総則（3条）	第一章　小学校ノ本旨及種類（2条）
第二章　設置（12条）	第二章　設置（12条）	第二章　小学校ノ編制（13条）
第三章　教科及編制（11条）	第三章　教科及編制（10条）	第三章　就学（9条）
第四章　設備（3条）	第四章　設備（3条）	第四章　小学校ノ設置（17条）
第五章　就学（7条）	第五章　就学（8条）	第五章　小学校ニ関スル府県郡市町村ノ負担及授業料（15条）
第六章　職員（12条）	第六章　職員（11条）	第六章　小学校長及教員（14条）
第七章　費用負担及授業料（9条）	第七章　費用負担及授業料（10条）	第七章　管理及監督（14条）
第八章　管理及監督（8条）	第八章　管理及監督（8条）	第八章　附則（11条）
第九章　附則（7条）	第九章　附則（8条）	
全9章74条	全9章73条	全8章95条

「一月案」が全8章95条、「六月案」が全9章74条という構成の変化をみれ

ば、3月末の段階で「六月案」に至る構成・条文の整理に関してはほぼ路線が出来上がっていたということができる。各章内の条文構成についても「四月案」と「六月案」とでさほど大きく異なることもない。また単に章・条文数のみならず、各章のタイトルも「四月案」と「六月案」は全く同一である[21]。

これらの条文と「内務省意見」との照合をしてみると、「内務省意見」に示されたのは「就学ニ関スル義務者ニ制裁ヲ付スルコト」であったが、「一月案」の段階で、不就学者に対して「十円以下ノ罰金ニ処ス」と規定していたのは第23条ノ2であった。「四月案」における第36条と第50条それぞれの条文は以下の通りである[22]。

　　第三十六条　正当ノ事由ナク督促ニ応セスシテ第二十九条第三項ノ義務ヲ履行セサル者又ハ第三十二条ノ規定ニ違背シタル者ハ一円以上一円九拾五銭以下ノ科料ニ処ス
　　　正当ノ事由ナクシテ就学セシムヘキ児童ヲ一箇月以上尋常小学校ニ出席セシメサル者亦前項ニ同シ

　　第五十条　市町村長ニ於テ学齢児童保護者児童ノ就学ニ関スル費用ヲ支弁スルコト能ハスト認メタルトキハ市町村ハ其ノ保護者ニ相当ノ補助ヲ与フヘシ
　　　前項ノ認定ニ就キテハ市町村長ハ監督官庁ノ指揮ヲ受クヘシ

先の「内務省意見」中の「第三十六条就学ニ関スル義務者ニ制裁ヲ付スルコト」、ならびに「第五十条就学費補助ニ関スル規程」は「四月案」に対応するものであることが明らかになる。これらの文言の一致により、「四月案」は、文部省作成の「一月案」を承けた法制局が条文の調整・整理を施したものであることが判明する。「四月案」は「小学校令中改正」として提出された1月15日に閣議提出された文部省確定案を受けて、法制局が1月から3月にかけて同案の整理を進めて一旦「脱稿」したものであった。しかし「四月案」が正式な法制局案として文部省に示されたわけではなかったことが、5月11日付け文部次官奥田義人から平田法制局長官宛に発せられた督促状[23]により窺える。

恐らくいまだ正式な法制局案として文部省に示す段階ではなく、「脱稿」とはいっても完全に体裁を整えたものには至らなかったから、地方長官会議においても筆写という手段が採られたのではないかと考えられる[24]。

（2）「四月案」の共有程度と利用

　「四月案」の作成主体と作成意図は判明した。残る検討課題は地方長官会議という全国レヴェルの会議でいかほど共有されたか、またこの「四月案」がどのように内務省その他関係省によって利用されたかという点である。
　まず第三次小学校令に関わる先行研究で取り上げられている、4月24日付けの地方長官の二つの建議のうち、就学督促の厳格化（具体的には不就学者に対する科料処分）の削除を求めた建議の宛先には文部大臣を含めず、内務大臣に対してのみ提出した[25]。この建議では、不就学者に対する科料処分に関する条文を削除する理由は、「就学者児童ノ数頓ニ増加」することで「忽チ校地校舎ノ欠乏ヲ告ケ器具器械ノ不足ヲ来スノミナラス益々教員ノ欠乏ヲ訴ヘ随テ俸給ヲ高カラシメ市町村ノ経済上殆ト堪ヘサルモノニ至ルヘク洵ニ憂慮ニ堪ヘサル次第ニ有之候」という点にあった。この建議文中にある「小学校令改正案」は「四月案」を指すとみてよい。内務省は建議を受け取りつつも、改めて先にみた地秘第63号をもって同案に対する意見を集めたのであった。6月7日付けで法制局長平田東助宛に回付され「貴局修正案第三十六条就学ニ関スル義務者ニ制裁ヲ付スルコト及第五十条就学費補助ニ関スル規程ハ目下地方ノ現況ニ照ラシ実行スヘカラサルモノト被存候」としていた「内務省意見」は、地方長官会議における地方長官の建議や反応のみならず、地方長官会議終了後における再度の意見徴集をも視野に入れていたと推測できる。
　秋田県庁文書中には、地秘第63号を承けての「意見」に付す形で、「小学校令改正案ニ対スル意見」が「理由」とともに残されている。この部分については罫紙の欄外に「廃案」と朱書きされているので、実際に内務省に提出されたかどうかは判然としない。とはいえ「四月案」に対する地方の意見として貴重なものなので、全体を紹介しておきたい[26]。

小学校令改正案ニ対スル意見

章	条	内容	反映
第一章　総則	第2条	第二項第三項ヲ削リ第四項中市町村立小学校トアルヲ（公立小学校）ト改ムルヲ望ム	（六月案に反映されず）
		理由　学校ノ種類ハ尋常高等ノ二種ニ過キス故ニ尋常高等ハ尋常ノ教科ト高等ノ教科ト合セ置クモノナルヲ以テ此二項ハ第三章教科及編制ノ部ニ譲ルヲ至当トス組合立、区立ヲモ市町村ト云フハ妥当ナラス	
第二章　設置	第6条	第一項中構成ノ文字ハ（設置）ニ改メラレタシ	（六月案に反映されず）
		本条中左ノ教育事務委託ノ道ヲ開カレンコトヲ望ム	（六月案に反映されず）
		市ノ一部ト町村ノ一部ト交互委託シ得ルノ道 　甲郡某町村ノ一部ト乙郡某町村ノ一部ト交互委託シ得ルノ道	
第三章　教科及編制	第17条	第一項中国語ノ下ニ（習字）ノ二字ヲ加フルコトヲ望ム	（六月案に反映されず）
		理由　習字ハ技術ニ属スルモノニシテ国語ノ内ニ含有セシムヘキ性質ニアラス殊ニ我国ノ文字ハ欧米諸国ノ文字ト異ニシテ其形状構成等誤リナク摸写スルハ頗ル困難ナリ故ニ他教科ニ対シテ一科目ノ価値ヲ与フルコト必要ナリト認ム	
		第二項中土地ノ情況ノ下ニ（日本地理日本歴史）ノ科目ヲ加フルコトヲ望ム	（六月案に反映されず）
		理由　日本地理日本歴史ヲ一科目トシテ之ヲ加ヘ児童ニ愛国心ヲ養成スルノ道ヲ開クノ必要アルヲ以テ此科目ノ名称ハ異常ノ主旨ニ基キ撰定アランコトヲ欲ス	
		第十八条　第一項中国語ノ下ニ（習字）地理ノ上ニ（日本）ノ四文字ヲ加フルコトヲ望ム	（六月案に反映されず）
		第二項中理科ヲ除キ換フルニ（図画）ヲ以テスルハ必要ト認ム	（六月案に反映されず）

		理由　理科ノ知識ハ人間処世上必要ナルコトハ国語算術ノ諸科ニ比シテ譲ラサルヲ以テ之ヲ欠クハ適当ナラス故ニ此科ヲ図画科ニ換フルヲ優レリトス	
	第22条	第二項中審査委員会ノ上ニ（小学校図書）ノ五文字ヲ加フルヲ宜トス	（六月案に反映されず）
		理由　審査委員会ノミニテハ紛ハシキ憂アリ	
	第24条	第二項中延長スノ文字ヲ（超ユ）ト改メラレタシ	（六月案では「増加」となる）
		理由　就学前ノ児童ヲ小学校ニ出席セシムルコト能ハサルハ明瞭ナルベキヲ以テ之ヲ修正スルノ必要ヲ認ム	
第五章　就学	第34条	小学校ニ出席ノ文字ヲ（小学校ニ就学）ト修正セラレンコトヲ望ム	（六月案では「就学」が「入学」となる）
		理由　就学前ノ児童ヲ小学校ニ出席セシムルコト能ハサルハ明瞭ナルベキヲ以テ之ヲ修正スルノ必要ヲ認ム	
	第35条	其虞アル児童ノ下ニ（又ハ一家中ニ伝染病者アル児童）ノ十四字ヲ加ヘラレンコトヲ欲ス	（六月案に反映されず）
		理由　一家中ニ伝染病アル児童ヲモ遠慮セシムルノ必要アルヲ認ム故ニ此ノ十四文字ヲ加ヘラレンヲ望ム	
	第36条	第二項中就学セシムベキ児童ヲ（就学セシメタル児童）ト改ムルヲ望ム　理由　就学セシムベキ未来ノ児童ニ出席セシメサルト云ヘルハ妥当ナラス	（六月案では科料規定削除）
第八章　管理及監督	第60条	第五項中委員ノ上ニ（学務）ノ二文字ヲ冠セラレタシ	（六月案に反映されず）
	第63条	就学督促ノ下ニ（及出席励行）ノ五文字ヲ加ヘラレンコトヲ望ム	（六月案に反映されず）
		理由　就学督促ヲ厳ニシ其員数ヲ増加セシムルモ出席ノ之ニ伴ハサルハ有名無実タルヲ免レス又第三十六条ノ規定ト照応セサルニ似タリ故ニ出席励行ノ為メ補助セシムルノ必要アルヲ認ム	

　一瞥すれば看取できるように、秋田県の「意見」の「六月案」への反映はほ

とんど見いだすことができない。またそもそも提出された「意見」自体、およそ瑣末事項の修正に依って占められていると受け止めざるを得ない。

「公文類聚」第三次小学校令関係資料中の「小学校令改正ニ対スル各府県知事ノ意見」を参照すると、「学齢児童保護者ニ制裁ヲ加フルノ可否意見」において、秋田県は「賛成、警察官ヲシテ併セテ出席督励ヲ補助セシメタシ」としていた。同文書中の他府県の回答を見てみると、就学督促の厳格化については意見が分かれた。法制局の集計をみれば制裁に関しては反対説25、折衷説2、制裁説17で、「申出ナシ」とするものは「曩ノ地方官総代トシテ東京府知事ヨリ上申スル所アリタルヲ以テ」「反対ト看做シ」たとある。にもかかわらずなお折衷・制裁合わせて19の件が制裁を容認していたことは、先の地方長官会議の建言が決して一枚板ではなかったことを窺わせる[27]。

8月3日付の枢密院における「小学校令改正ノ件委員会」の審査報告では「警察官吏ヲシテ学齢児童ノ就学ヲ督促セシムルハ延ベテ行政執行法ノ規定ヲ適用スルコトヲ得シムルニ至ルベク此ノ如キハ我国ノ現状ニ於テ望マシキコトニ非サルヲ以テ之ヲ削除シタリ」[28]と、その削除理由を示していた。8月8日の枢密院での審議においても、樺山資紀文相は就学督促に関わる警察官の介入条項削除に関して次のような状況説明を行った。

> 学齢児童ノ就学督励ニ関シ警察力ヲ用フルコトヲ削リタルハ当局者ニ於テモ左シテ不同意ヲ唱フル所ニ非ス之ハ独逸国等ニ於テハ義務違反者ニ制裁トシテ罰金ヲ科スル制度ナルヲ以テ之ヲ参酌シテ最初ノ案ニハ制裁ヲ付シアリシカ為メ特ニ此第六十五条ヲ設ケ置キタル次第ナルモ既ニ制裁ヲ削除シタル以上ハ強テ本条ノミヲ保存スルノ要モ無カルヘシ幸ニ各位ノ御了知ヲ乞フ[29]

この樺山資紀のコメントが、本音であるのか枢密院に対する妥協なのかは分からない。あっさりと制裁条項を削除した背景には、法制局および内務省が行った各府県毎の意見徴集の結果から、実効性が展望できなかったからと推測することもできる。とはいえ制裁条項削除の背景には、ここまで見られた就学督促に関わる温度差が存在していたことには留意しておいてよい。

3 第三次小学校令に対する各地方の対応

　第三次小学校令は勅令第344号として1900(明治33)年8月20日に公布され、翌日公布の文部省令第14号小学校令施行規則とともに9月1日より施行されることとなった。第二次小学校令に続き[30]、今回の改正においても科料を徴収する就学督促は法文化さず、施行規則第93条において「市町村長ニ於テ前二条ノ規定ニ依リ報告ヲ受ケタルトキハ関係児童ノ保護者ニ対シ其ノ児童ノ就学又ハ出席ヲ督促スヘシ」「前項ノ規定ニ依リ二回以上ノ督促ヲ為スモ仍就学又ハ出席セシメサルトキハ市町村長ハ其旨ヲ監督官庁ニ報告スヘシ」とするに止められた。

　事実、同月22日、文部省訓令第10号を以て小学校令改正、小学校規則発布の要旨と注意を示したが、そこではまず小学校の教科目設定、修業年限ならびに学校系統の整理が述べられ、就学に関しては、従前府県で展開されていた就学督励策を「学齢児童ノ調査ヲ精確ニシ就学ノ督励ニ務」めていると評価しつつ、「自今一層義務教育ノ普及ヲ図リ邑ニ不学ノ戸ナク家ニ不学ノ徒ナカラシメ以テ国基ノ鞏固ヲ図ルヘキアリ」という、従来の方向性が確認されているに過ぎない。

　第三次小学校令を受け止める地方においても、訓令第10号を承けて第三次小学校令および同施行規則の具体的運用が始められることになる。1900(明治33)年9月14日に開催された第一地方部視学官会議では、小学校令並びに同施行規則についての質疑と参加各府県から提出された課題討議が行われた[31]。『信濃教育会雑誌』の報ずるところでは、討議問題に関しては栃木・長野・山梨の三県から「就学児童の制裁に関する意見如何」をはじめとする11項目にわたる問題と、埼玉県から「学齢児童と其保護者の住所を異にする場合の取扱方法に関する件」を初めとする3項目との、計14項目が提出されているが、東京都公文書館ならびに群馬県立文書館に所蔵されている同会議の史料を見てみると決議項目は全65項目に上る[32]。そのうち就学督励策に関わる27〜30項目目は以下の通りである。

一、生徒ノ欠席ヲ取締ルノ方法
　　○各府県未タ決定セス
　一、貧民ノ程度如何
　　決、町村費等ヲ負担スルノ資力ナク反ツテ救助ヲ受クルモノ、如キモノヲ程度トス
　一、就学督責ニ対スル怠納者ノ制裁法如何
　　決、行政執行法又ハ其府県ノ違警罪例ニ依ル
　一、施行規則第九十三条ニ定メタル督責二回ノ期間如何
　　決、適宜タルヘシ

　「欠席ヲ取締ルノ方法」については、全65項目の中で唯一「各府県未タ決定セス」と府県によって対応が一定せず、決議にまで至らなかった。その他の事柄についてはさしあたり「決」にまで至っている。この会議に出席した府県の、法制局諮問に対する回答は、東京府＝折衷（「今俄カニ施行セス幾分ノ猶予ヲ与ヘラレタシ」[33]）、神奈川県＝賛成（「雇傭上ノ制限ヲ削除シタシ」）、埼玉県＝反対、群馬県＝反対、千葉県＝反対（「申出ナシ」）、茨城県（「意見ナシ」）、栃木県＝反対、静岡県＝賛成（「支障ヲ認メス」）、山梨県＝反対（「申出ナシ」）、新潟県＝賛成、長野県＝反対（「申出ナシ」）の如くであり、折衷1、制裁賛成3、反対6、意見なし1、という内訳であった。こうした構成をもった視学官会議において、「生徒ノ欠席ヲ取締ルノ方法」が「各府県未タ決定セス」と統一見解を示し得なかったのに対して、「就学督責ニ対スル怠納者ノ制裁法如何」については「行政執行法又ハ其府県ノ違警罪例ニ依ル」とまとまりをみせたことは、地方の就学拡大に関わる課題認識が、第二次小学校令期末期から連続するものであったことを示している。

　行政執行法は1900（明治33）年6月2日法律第84号をもって制定され、「泥酔者、瘋癲者自殺ヲ企ツル者其他救護ヲ要スルト認ムル者」の拘束、「暴行、闘争其ノ他公安ヲ害スルノ虞アル者」の「予防」（第1条）、「密売淫ヲノ罪ヲ犯シタル者」に対する衛生上の対処ならびに住居の制限（第3条）など、強制執行の対象とその内容を規定していた。同第4条には「当該行政官庁ハ天災、事変ニ際シ又ハ勅令ノ規定アル場合ニ於テ危害予防若ハ衛生ノ為必要ト認ムル

トキハ土地、物件ヲ使用、処分シ又ハ其ノ使用ヲ制限スルコトヲ得」とされていた。こうした内容をもつ行政執行法を就学督促の際に適用することに関わって最も留意すべきは、以下の第5条である。

> 第五条　当該行政官庁ハ法令又ハ法令ニ基ツキテ為ス処分ニ依リ命シタル行為又ハ不行為ヲ強制スル左ノ処分ヲ為スコトヲ得
> 　一　自ラ義務者ノ為スヘキ行為ヲ為シ又ハ第三者ヲシテ之ヲ為サシメ其ノ費用ヲ義務者ヨリ徴収スルコト
> 　二　強制スヘキ行為ニシテ他人ノ為スコト能ハサルモノナルトキ又ハ不行為ヲ強制スヘキトキハ命令ノ規定ニ依リ二十五円以下ノ過料ニ処スルコト

すなわち行政執行法に基づけば、過料処分[34]は可能になるのであった。他方、違警罪は旧刑法（1880年太政官布告第36号）において「重罪」「軽罪」「附加罪」とともに規定された犯罪分類であり（第9条）、拘留と科料を主刑とする。拘留科料の程度と適用事案については細かい規定がなされているが（第425～429条）、およそ「五銭以上一円九十五銭以下ノ科料又ハ一日以上十日以下ノ拘留ニ処スヘキ犯罪ニシテ刑典、法律及ヒ行政命令ヲ以テ之ヲ定ム」ものとされ、「法律ノ違犯タル所為ト命令ノ違犯タル所為トヲ包含スルモノ」であった。一般に刑罰とは性格が異なり、「過失怠慢ニ係ルモノヲ罰シ悪意ノ有無ヲ問ハサル場合」に多く適用されたとされる[35]。

すでに第二次小学校令期末期から、不就学者に対して科料制度を採るなど、独自に厳しい就学督促策を展開してきた奈良県は[36]、8月29日、第三次小学校令ならびに同令施行規則の施行に際し、その趣旨説明となる8月22日文部省訓令第10号を踏まえて、郡市長へ向けて「改正ノ要旨並施行ノ順序方針」を地方長官（県知事）「演達」の要領として準備した[37]。この「演達」では、奈良県の現状を「学齢児童ノ多数ヲ就学セシムルニ於テ稍良績ノ域ニ達シタリト雖其他ノ方面ニアリテハ未ダ頗ル幼稚不進ノ境ニアルヲ免レサルナリ」とし、「学校設備ノ如キ教員配置ノ如キ最モ改良拡張ノ急ヲ要スルモノニシテ教育事業中設備ヲ欠キ教員不足ナランカ就学ノ児童多シト雖其訓育ノ結果ニ欠如

スル所アルハ至当ノ事タリ」と、小学校令改正後の政策課題を述べていた。奈良県ではすでに第二次小学校令下において、厳しい就学督促策を展開していたことを踏まえての課題設定であったといえよう。演達は小学校令改正の要旨を「教科ハ簡易ヲ旨トシ……小学校教育ヲシテ真ニ各種業務ノ基礎タルニ適応セシメ」ること、「従来ノ試験ヲ全廃シタルハ児童ノ一時競争心ニ駆ラレテ心身ノ発達ヲ害スルヲ防キ徳性ノ涵養身体ノ発育ヲ盛ナラシメン」ためであるが、これには「此等教訓ノ大任ハ挙テ学校長教員ニ委任シ修了卒業ノ如キニ平素ノ認識ニ依ルモノ」であるから、「之（教員の――柏木）カ選任ヲ慎ミ監督ヲ厳ニスルノ要一層深キヲ加ヘ」、「教員ヲシテ訓育上ノ責任ヲ自覚セシメ首尾相貫通シテ教育ノ実績ヲ挙ケシメンヲ期」すること、小学校設備の充実、尋常小学校の授業料不徴収などに触れたあと、次のように結ばれる。

> 以上言フ所未タ盡スニ非スト雖他ハ法令ノ示ス所ニ従ヒ改正令施行ニ対シ遺算ナカランヲ希望ス尚終リニ一言セント欲スル所ハ目下宇内ノ形勢ニ鑑ミ国力ノ伸張ハ教育ヲ盛ニスルノ道ヲ以テ先トセサルヘカラス内ニハ国民ノ品性ヲ陶冶シテ公義公徳ヲ進メ外ニハ殖産工業（ママ）ヲ盛ニシテ富強ヲ図ルハ一ニ国民普通教育ヲ基礎トセサル可カラサルナリ故ニ益々上下一致協力シテ以テ国民教育ノ実行ヲ挙クルニ勗ムヘシ

これに続いて全11項目にわたる「小学校令及施行規則改正ノ要旨」が示される。その中で初等教育就学に関しては第6項目に次のように示されている。

> 一　学齢児童ノ就学ハ近時大ニ進歩シ殆ト邑ニ不学ノ徒ナキニ到ルト雖モ若シ当初学齢調査ニ遺漏杜撰ノ過アルトキハ執務粗漏ノ責ヲ負ノミナラス遺漏ノ児童ハ終ニ一回ダモ就学ヲ督励セラルアラスシテ遂ニ学齢中教育ヲ受クル機会ヲ失ハシム且学齢就学ノ児童数ハ国庫金下付ニ関スルモノナレハ最モ精確ニ調査セシムルヲ要ス
> 小学校令第三十五条ニ尋常小学校ノ教科ヲ修了セサル児童ヲ雇傭スルモノハ其雇傭ニ依リ児童ノ就学ヲ妨グルヲ得ストアルハ凡ソ学齢児童ニシテ尋常ノ教科ヲ修了セサル間ハ如何ナル境遇ニアルモ簡易便宜ノ方法ニ

依リ教育ヲ受ケシメントスルニ外ナラサレハ広ク其要旨ヲ示シテ誤解ナカラシメ貧家ノ子弟ト雖洽ク教育ヲ受ケシムルノ策ヲ講スヘシ児童保護者中正当ノ理由ナクシテ学齢児童ヲ就学セシメス又出席セシメサルトキハ市町村長ヨリ監督官庁ニ報告スヘキアリテ府県知事又ハ郡長ハ前記ノ報告ニ接シタルトキハ厳重ニ督促シ尚応セサル者ニハ機宜ニ応シ行政上ノ処罰ニ科スルニ臻ラントス

　奈良県はすでに1890年代半ばから「もっぱら父兄に対する「鼓舞推奨」」による積極的な就学督励策を展開し、県の就学率は1896（明治29）年以降1899（明治32）年まで全国第一位にいた[38]。1899（明治32）年6月には「数回説諭ヲ加フルモ尚正当ノ事由ナクシテ就学又ハ出席セシメサルモノ」に対しては、5銭以上1円50銭以下の「科料ニ処ス」ことを文部省に伺い、「御意見ノ御取計相成差支無之トノ省議ニ有之」との回答を引き出していた[39]。先に見た法制局による諮詢においても、不就学児童の保護者に制裁を加えることについては「賛成」としている。それ故第三次小学校令の制定過程で削除された不就学者に対する科料処分は、あっさりと「小学校令及施行規則改正ノ要旨」の中に「児童保護者中正当ノ理由ナクシテ学齢児童ヲ就学セシメス又出席セシメサルトキハ……厳重ニ督促シ尚応セサル者ニハ機宜ニ応シ行政上ノ処罰ニ科スルニ臻ラントス」という形で盛り込まれることとなった。

　不就学者に対して、第二次小学校令期末期と同様、過料処分とする地方がある一方で、同年9月に開催された新潟県の郡視学協議会では、「郡長ニ関スル事務」中に「郡長ハ児童督励方ニ関シ適宜警察官吏ニ依頼スルコト」が盛り込まれている[40]。

　注目しておきたいのは、そもそも奈良県が第二次小学校令期末期から上記のように強い就学督促を行った理由である。奈良県の照会によれば「就学督促ニ於テ制裁ヲ設クルカ如キハ稍穏当ナラサルカ如シト雖本県今日ノ状況ニ照シ此レ実ニ已ムヲ得サル所ニシテ従来該調査督励ノ際其必要ヲ感シタルノミナラス客年三月本県公設ニ係ル地方教育会ニ於テモ制裁ヲ加フルコトヲ建議セシニヨリ右ハ本県ニ於ケル与論」であり、「就学督励勧説ノ時代ハ既ニ経過シ今ヤ進ンテ猥リニ其義務ヲ拒絶シ就学又ハ出席セシメサルモノニ対シテハ之ヲ導ク為

ニ相当ノ制裁ヲ以テセサレハ其効ナキニ至レル次第」[41]という認識を持っていたのであった。奈良県の本旨は「就学督励勧説ノ時代」後において、いかにして「調査督励」の効を上げるか、という点にあった。

　こうした各地方の動向を見ると、政府レヴェルでは全国的に学齢児童の受け入れ体制を整えることは困難と見られる中で、罰金による制裁を加えることは避けられつつも[42]、地方は自らに課せられた行政課題の達成を目的として就学督促事務の厳格化をその施策の中に採り入れられていったということができる。

　結果的に枢密院は厳しい就学督促を法制化して一律に全国適用することについては削除した。しかし文部省は各府県の伺いに関しては就学督促の厳格化について否定することはなかった。法制化は断念しても運用によって対応したのである。先に見たように枢密院は「警察官吏ヲシテ学齢児童ノ就学ヲ督促セシムルコトハ延ベテ行政執行法ノ規定ノ適用」されることを懸念して条項を削除したのであるが、結局それらは府県の判断で現実に運用されることになったのである。

おわりに

　第三次小学校令一月案の段階で就学督促の強化に関わる内容が盛り込まれた背景には、日清戦争と産業革命を経て、大量の「良質労働力」の養成が不可避の課題となっていたからであるということができる[43]。しかしここまで見てきたように、第三次小学校令の制定から施行に至るまで、就学督促策のあり方に関しては、内務省・枢密院を中心とした漸進主義と、一部の地方並びに文部省という厳格化主義とが、それぞれに異なった展望と方策を持っていたのであった。

　内務省ならびに枢密院は、財政や就学保障といった現実面から、1900年段階での就学督促厳格化には消極的にならざるを得なかった。しかし「就学拡大」という側面のみでいえば、それは文部省並びに地方教育行政担当官にとっては、可及的速やかに達成しなければならない政策課題であった。地方教育行政担当

官としては、1890年代半ばから進めてきた就学拡大策を後退させることはできなかったから、小学校令に就学督促行政を保障する規定がない以上、別なところ―すなわち行政執行法ならびに違警罪―に自らに課せられた行政を確実に執行するための拠り所を求めたといえる。

行政執行法ならびに違警罪の、その後の適用状況については、今のところ十分に検証しうる素材を持ち合わせていない。しかし違警罪よりも行政執行法が適用されるケースの方が一般化したようである。行政執行法は、いわば漸進主義と厳格主義双方の"落としどころ"であった。

松浦鎮次郎は就学督促について「保護者カ其ノ義務ヲ尽ササル場合ニ於テ有之ヲ強制スル方法トシテ行政執行法ノ規定ニ依ルモノトセハ最後ニハ直接強制ニ依ルコトヲ得ヘキモ先ツ強制罰即チ科料ヲ科スヘキモノナルヤ将タ代執行トシテ児童ヲ強制シ有之ヲ学校ニ連レ来ルコトヲ得ルヤハ一ノ問題ナリ」とした上で、強制罰、代執行のいずれも現実的には適用困難であるという解釈を示した上で、「行政執行法ノ規定ハ果シテ就学義務ノ如キ場合ニ適用セラルヘキ趣旨ヲ有スルモノナルヤニ関シテモ少シク考究ノ余地アルカ如シ」[44]と、現状の解釈状況に疑問を残している。こうした問題性を孕みつつも、就学督促の際に行政執行法を背景とすることは一般化してゆく。

船越源一は、1935（昭和10）年の段階の行政解釈について「小学校令の命ずる就学及出席の義務、又は行政官庁が法令に基きて為す処分に依り、命じたる就学及び欠席に関する義務を児童保護者が、履行せざるときは、行政官庁は、学齢児童保護者に対して、行政執行法を適用して其の義務の履行を強制することを得」[45]と断じている。何故ならば「就学義務は明白なる公法上の義務にして、之に対し行政執行法を適用すべからずとする法律上の理由を認むること能はさるのみならず、寧ろ此の国民生活上の重要なる義務は、其の履行を保障する為、行政執行法を適用するの必要ありと謂はさるべからず」からであった。そして就学に関わる事務を管掌するのは市町村長であって、「内務省関係の行政実例に「市町村長が国の行政事務を掌理する場合に於ては其の市町村長は行政執行法に所謂行政官庁に該当するものとす」とあるが如きは、少なくとも、行政執行法の関係に於ては、国の事務を執行する市町村長を以て、行政官庁となすものなり」との論理を立てている。

行政執行法が適用される場合、不就学問題は教育行政問題から切り離されて、「社会ノ安寧」に関わる問題、すなわち内務行政問題となる可能性を持つ。これに関わる権力作用のありようや課題性については改めて検討対象としたい。

※　本稿は日本学術振興会科学研究費補助金基盤研究（C）「戦前期日本の教育政策過程に関する実証的研究—地方の政策参画過程の解明と分析—」の成果の一部である。

〔註〕
1　これらの研究蓄積については柏木敦「1900年代における初等教育制度展開に関する考察」（『日本の教育史学』第48集、教育史学会、2005年10月）に、概要と動向をまとめておいた。
2　文部省普通学務局『文部省普通学務局例規類纂』第二編、1896年、250頁。
3　三原芳一「日清戦後教育政策の構造—就学督励をめぐって」『花園大学研究紀要』第12号、1981年、261〜263頁。
4　久木幸男「「第三次小学校令」論争」久木幸男・鈴木英一・今野喜清編『日本教育論争史録』第1巻、近代編（上）、1980年、215頁。
5　高等教育会議『自第一回至第五回　高等教育会議決議録　完』173〜176頁。国立教育政策研究所蔵。
6　史料はすべて「公文類聚」第二十四編巻二十三、学事門に収録されている。
7　梶山雅史『近代日本教科書史研究』ミネルヴァ書房、1988年、160頁、および386頁註20。岐阜県庁文書「明治三十三年地方官会議ニ咨問事項付参考書」所収。
8　国立教育研究所編『日本近代教育百年史』第4巻、1974年、861頁（佐藤秀夫執筆部分）。
9　大霞会編『内務省史』第3巻、地方財務協会、1971年、841頁。
10　「地方官会議の諮問事項」『東京朝日新聞』1900（明治33）年4月3日、一面。なお報じられた内務省の諮問事項は、「北海道移住民奨励の為め地方税より経費

を支出し其補助を与ふるの件」以下全10件が示されている。

11　この後4月13日付け同紙で文部省主管の会議日の様子が報じられたが、「昨日ハ文部大臣の訓示あり要ハ教育基金令及び教員加俸令のこと、小学校の設備を充実すると共に半日学校を設くること、教員住宅を設くること、小学校令改正のことなりき」と簡単な記事に止まっている。同時に内務大臣召集の府県視学官召集の様子が報じられているが、これも「半日学校の設備並に市町村小学校教員住宅新設上に関し諮問する由」との短い記事のみである。
　なおこの年の地方長官会議における文部大臣訓示については、東京都公文書館その他『歴代文部大臣式辞集』、『教育公報』226・227号等に見いだすことができる。

12　「地方官の協議会及帰任」『東京朝日新聞』1900年（明治33）4月14日、一面。ただし同月15日の『東京日日新聞』によれば、「宗教法案に関して内務大臣の訓示を要することあるを以て」14日午前10時から正午頃まで会議を行って「本会議を了へ」たと報じられている（「地方官会議（結了）」『東京日日新聞』1900（明治33）年4月15日、2面）。

13　「地方官会議」『東京日日新聞』1900（明治33）年4月13日、3面。

14　「小学校令改正要領」『東京朝日新聞』1900（明治33）年4月15日、1面。

15　秋田県庁文書「明治三十三年五月　第三課学務第一係第二係事務簿」。

16　この二つの建議については『日本近代教育百年史』第4巻、861頁、梶山前掲『近代日本教科書史研究』162～163頁参照。『日本近代教育百年史』は宮崎県庁文書、梶山は岐阜県庁文書を用いているが、筆者が調査した範囲では、ほかに東京都公文書館「明治三十三年四月　地方官会議書類」(604-A4-15)、奈良県庁文書「自明治三十二年一月至明治三十五年五月　文部省通牒綴」(明治32-2 C-1)、埼玉県公文書館「学務部　学校」(明3261) に見いだすことができる。

17　これらを整理すると、「一月案」（文部省作成の「小学校令中改正」案、「公文類聚」所収)、「四月案」（「一月案」を法制局にて調整・整理したもの、地方長官会議にて諮問。岐阜県庁文書所収)、「六月案」（法制局が最終的な修正を加え、6月29日閣議審議、決裁を得たもの、「公文類聚」所収）となる。

18　花井信「明治33年小学校令小考──義務教育確立に関する史的考察（I）──」『静岡大学教育学部研究報告』人文・社会科学篇、第24号、1973

年、98~99頁。なお花井の第三次小学校令成立並びに義務教育制度成立に関する研究は、本節で扱う就学規定に関わる考察も含めて花井「日本義務教育制度成立史論」(『製糸女工の教育史』大月書店、1999年、第一章)をも参照されたい。

19　前掲『日本近代教育百年史』第4巻、867~868頁。

20　前掲『日本近代教育百年史』第4巻、867~868頁の表を参考に作成。

21　「四月案」第5条から第15条までと、「六月案」第7条から第17条までは、細かな字句の違いを除いて内容的に同一のものである。このズレは、「四月案」の第2条から第4条と、「六月案」の第二条から第六条との構成の変化よってもたらされている。「四月案」第2条第2項(尋常高等小学校における教科規定の準用〔適用〕)が「六月案」では第3条として独立し、「四月案」第4条(同案ではここから「第二章　設置」に入る)から町村組合の位置づけに関する第二項を、「六月案」では「第一章　総則」に独立させ、第1項の市町村における尋常小学校設置義務規定を、「六月案」では「第二章　設置」において第六条として独立させている。

22　前掲岐阜県庁文書「明治三十三年地方官会議ニ咨問事項付参考書」。

23　「公文類聚　第二四編、第二三巻、明治三三年、学事門、小学校三」国立公文書館蔵(2A ノ 011 ノ 00 類 00894100)。

24　伊藤敏行は、法制局における一月案の整理作業の長期化の背景に、山縣有朋総理大臣による教育立法過程の変更があったものと見ている。もしそうだとすれば、四月案がまとまりをもった案文の形で地方長官会議に示すことが、法制局によって周到に避けられたとみることもできよう。伊藤敏行『日本教育立法史研究序説——勅令主義を中心として——』福村出版、1993年、81~87頁。

25　東京都公文書館所蔵文書には、これら建議文の草案(東京府罫紙に墨書)が収められており、案文段階ではいずれの建議も内務・文部両大臣宛となっていた。この草案は管見の限り東京都公文書館蔵「明治三十三年四月　地方長官会議書類」(604-A4-15)、にのみ見いだすことができる。

26　前掲秋田県庁文書「明治三十三年五月　第三課学務第一係第二係事務簿」。

27　前掲『日本近代教育百年史』第4巻、862頁。

28　8月3日付の枢密院における「小学校令改正ノ件委員会」の審査報告。「明治

三十三年三十四年　枢密院審査報告」国立公文書館蔵（2A ノ 15-7 ノ枢 c10）。

29　「小学校令会議筆記　明治三十三年八月八日九日」国立公文書館蔵（2A ノ 15-8 ノ枢 D139）。

30　前掲『日本近代教育百年史』第 4 巻、50 頁（佐藤秀夫執筆部分）。

31　『信濃教育会雑誌』によれば、同会議の出席視学官は、岡五郎（東京府）、桑原八司（神奈川県）、豊岡俊一郎（埼玉県）、大束重善（群馬県）、西谷勝二（千葉県）、川俣甲子太郎（茨城県）、高崎行一（栃木県）、梶山延太郎（静岡県）、加藤秀一（山梨県）、湯原元一（新潟県）、戸野周次朗（長野県）であった。「第一地方視学官会議」『信濃教育会雑誌』第 69 号、1900（明治 33）年 10 月 25 日、39 頁。

32　「明治三十三年　文書類纂　学事」東京都公文書館蔵（624-D6-七）、「明治三十三年分　郡視学学務委員　統計　年功加俸　恩給基金」群馬県立文書館蔵（2364）。

33　東京府のこの意見は、先に見た地方長官会議の建議文中にある「就学督促ニ関スル一項ニ限リ俄ニ施行セス幾分ノ猶予ヲ与ヘラレタシ」と一致していることから、反対意見に入れた。

34　「科料」は刑法罰の際に用いるが、行政執行法では命令違反に対する金銭罰であり刑罰ではないので「過料」となる。

35　江木衷述『刑法各論』東京法学院、1900 年、273 〜 274 頁。

36　奈良県は 1895（明治 28）年 3 月の段階で、県内学齢児童の就学率を 80％ 以上、卒業児童数を出席児童の 90％ 以上とする方針を示し、郡長の町村巡視、状況報告を求めるなどの施策を進めた。奈良県教育委員会編『奈良県教育百年史』1974 年、85 〜 86 頁。

37　「自明治三十一年十一月至同三十八年十二月　通牒」奈良県図書情報館蔵（1-M32-42）。なお同簿冊に収められている「演達」と「小学校令及施行規則改正ノ要旨」は草稿段階のものだが、「演達」に関しては「奈良県報」掲載分が『奈良県教育百二十年史』に翻刻されている。また同書には「小学校令及施行規則改正ノ要旨」も翻刻掲載されている。奈良県教育百二十年史編さん委員会編『奈良県教育百二十年史』1995 年、220 〜 223 頁。

38　三原前掲「日清戦後教育政策の構造—就学督励をめぐって」262 〜 263 頁。

39 「学齢児童就学及家庭教育等ニ関スル規則ニ罰則附加方」(明治32年6月6日坤三第509号ノ4奈良県照会)『自明治三十年至大正十二年　文部省例規類纂』211～212頁。

40 前掲「明治三十三年　文書類纂　学事」東京都公文書館蔵(624-D6-七)。

41 前掲「学齢児童就学及家庭教育等ニ関スル規則ニ罰則附加方」。

42 前掲『日本近代教育百年史』第4巻、872頁。

43 前掲、久木「「第三次小学校令」論争」215頁。

44 松浦鎮次郎『教育行政法』東京出版社、1912年、523～524頁。

45 船越源一『小学校教育行政　法規精義』東洋図書株式合資会社、1935年、501頁。著者の船越源一は、同書執筆当時文部省教育調査部所属。

戦前期学校経営政策における「地方」の位置

平井貴美代

1 はじめに

　戦前における文部行政は、教育勅語や国定教科書という教育内容面での統制手段は有していたものの、それが具現化され実践に移される各地方の行政や個々の学校運営面については、有効な統制方法を長らく確保することができなかった。地方行政は各省がそれぞれの行政分野で府県については直接監督する、市町村については機関委任事務制度によって監督するという方式が一応はとられていたが、そうした縦系列の影響力行使には「内務省が強力な調整権限を持って」おり、各省が補助金を出す際にも内務省の了解が必要であった[1]。「国が地方に仕事を押しつける場合に……必ず内務大臣の了解をとらなければいけない、というような通達が明治の頃から出てい」たとも言う。内務省の影響力を示す最初期の例として、法制局に提出された第三次小学校令案が、地方長官会議の建議に動かされた内務省総務長官、小松原英太郎からの修正要求を全面的に受け入れて、修正された一件がある。このときの論点は、不就学児童への科料処分、教科用図書審査委員会の存続の問題であったが、とくに財政面における地方の利害に深く関わっていた案件であった事から、地方の立場を代弁する内務省の要求が文部省の「理念」[2]構想を否定しさる結果となり落着した。地方の実情に直接的に接する手段をもたない文部省は、府県視学官ポストの設置など地方における自らの機構を創出する努力を重ねたが、そうした試みが思うように定着しないこともあって、やがて間接的な統制方式に力を入れるようになったと見ることができる。

人事や財務などの統制手段を用いた直接的統制とは異なり、そうした統制手段をもたない間接的統制においては、標準やモデルの設定・普及といった規範の創出が鍵を握る。近代教育制度が創設された当初は、東京師範学校を頂点とする師範教育制度が、先進国から輸入された理念・規範の供給源および普及の中心となったが、1890年代以降は徐々にそうした安易なモデル導入は見られなくなった。その代わりに標準・モデルの供給源となったのが、「地方」である。道府県や市町村の教育史等を通覧すると、文部省施策との直接的な繋がりはないが、中央の施策から派生するようにして独自の学校奨励策が地方レベルで数多く開発され、相互に影響を与え合っていたことが見えてくる。地方教育行政の現場で生み出された一種のイノベーションが、「横」への広がりをもって伝播していったと言っても良い。文部省が1909（明治42）年、1910（明治43）年に行った優良小学校選奨は、そうした自生的イノベーションの果実を政策内部に取り込む施策であった。文部省が開発した間接的統制方式については、上からのイデオロギー浸透や視学制度などの直接的統制方式と比べ注目されることは少ないが、優良実践例の公募と表彰、研究視察の奨励や研究会開催、優良校の開発を目的とする研究指定校制度など、今日の文部行政が常套的にとる手法はすべて戦前起源の間接的統制手法である。また、その過程で産み出された「地方」発の様々な実践は、イデオロギー浸透の帰結として描かれる学校経営史が捉えきれなかった、学校経営に関わる実践知やそれら知識を束ねたスタイルの存在や起源を知る手がかりとしても、再評価される必要があるだろう。

　以下では、まず「地方」発の自生的イノベーションを利用する間接的統制手法が文部省によって開発され、定着する過程を明らかにする。さらに、それら手法が戦時下という特殊状況において放棄される代わりに直接的統制手法が新たに開発され、少なくとも文部行政においては、「地方」の多様な実践の意義が失われていくことになった経緯を解明していく。文部行政にとっての「地方」とは、手薄な統制手段を補うだけの意義しか持ち得なかった（持ち得ない）のか、あらためて問い直す契機としたい。

2 「地方」実践を活用した教育・学校奨励施策の開発

(1)「模範」を用いた学校奨励施策

　「地方」独自の学校奨励施策が活発化するのは「教育基金令」[3]第8条による教育資金の府県下付以降のことである。日清戦争の賠償金のうち1000万円を元資金とし、そこから生ずる利子収入が学齢児童数に応じて下付された教育資金は、その使途の10分の3以内を「小学校教員ノ奨励」と「普通教育ニ関スル費用」に充てることができるとされ、文部省は後者について、市町村吏員や市町村立小学校の「成績優等ナル者」に対する賞与等に充てるよう指示した[4]。それを受けて多くの府県では「普通教育奨励規程」などの名称で奨励規程が設けられるようになり、なかには長崎県の「学事奨励規程」や福岡県の「旌表旗」のように、学校を奨励対象とする施策も見られるようになった[5]。

　文部省が1909（明治42）年、1910（明治43）年に行った優良小学校選奨では、「地方」が開発した新たな施策を活用して学校の取り組みを奨励するのと同時に、それまで行われてきた雑多な取り組みを矯正して「質的拡大」を図ることが目指されていた[6]。構想途中の政権交代等の影響から最終的には質的側面よりも「一般に普遍せしむる」ことが重視され、地域特性や学校種別、学校規模などに偏りの無いように配慮されたが、それでも選奨された優良小学校を発表する際に付された以下の頌詞によって、中央の考える規範は各地方、学校に伝達されたのである[7]。

「職員克ク協同一致シテ職務ニ努メ諸般ノ施設其ノ宜シキヲ得、教授訓育ノ成績見ルヘキモノアリ、仍テ其ノ賞トシテ金百圓ヲ交付ス」…20校
「職員克ク協同一致シテ其職務ニ努メ教授訓育ノ成績見ルヘキモノアリ、仍テ其ノ賞トシテ金百圓ヲ交付ス」…23校
「教授訓育ノ方法其ノ宜シキヲ得成績見ルヘキモノアリ、仍テ其ノ賞トシテ金百圓ヲ交付ス」…4校

選奨の効果は大きく、優良学校等への学校参観が行政から奨励されたこともあって[8]、「優良町村及優良諸団体視察案内記」(選奨優良町村、優良青年団、優良小学校、優良産業組合の所在地、最寄りの駅・港からの方向・距離)と称する、いわゆるガイドブックが附録についた著書まで刊行された[9]。選奨の効果が後年まで継続して、地域の教育力向上に貢献した岩見沢尋常高等小学校のような事例もある[10]。

　文部省は、各地方で創出された取り組みに補助金を出すなどして奨励するだけでなく、文部行政の意図に添ったものを公報することで間接的統制を及ぼしていった。優良小学校選奨に際しては自らが冊子を刊行・配布するとともに教育雑誌等に情報提供し、出版社の要望に応じて著書刊行を認めるなど積極的に広報に取り組んだ。さらに『文部時報』という恒常的な公報媒体が、文部省の意図を各地方や学校に直接伝える可能性を拡大することとなった。

(2) 広報誌『文部時報』を通じた誘導政策

　80年有余の歴史をもつ教育雑誌である文部省広報誌『文部時報』(2001 (平成13) 年1月からは『文部科学時報』)が現在のような雑誌スタイルになるのは、1935 (昭和10) 年9月1日号 (第525号) において「従来の編集方法を改めて、当面の文教の課題、教育行政の動向などについての論文や解説を掲載するようになっ」[11]て以降のことである。それ以前は、「法律、勅令、告示等を収載したいわゆる官報的なものであ」り、おそらくは官立高等諸学校の拡充によって記事内容が膨れ上がり、『官報』に登載しきれなくなったことが創刊の契機ではなかったかと推察される。したがって発刊当初の『文部時報』の記事内容は、論文や解説に比して情報量が多いとはいえないわけだが、そのなかにあって毎号1～2頁程度があてられた「地方行政録事」欄には、「地方」の行政・教育実践の奨励手段として同誌を意識的に運用していたことが窺われる記事内容を見ることができる。

　「地方行政録事」欄には異動(公立学校教員、県郡視学)や免許状剥奪といった「官報的」内容に加え、知事の訓示や町名変更、郡役所位置変更といっ

た文字通り地方行政に関わる内容を中心に構成されていた。そうしたなかで時折、義務教育学校などの既設の事業内容に関わる記事も掲載された。目を引く記事について初出分を書き出してみても、就学督励（第16号、1920.10.1）、和歌山県学校費補助規程（第25号、1921.1.1）、東京市小学校教育改善要項（第30号、1921.2.21）、滋賀県教育能率増進施設（第42号、1921.6.21）、滋賀県小学校特別視察内規（第44号、1921.7.11）、福島県視学委員規程（第46号、1921.8.1）、埼玉県小学校教員研究資金給与規程（第70号、1922.4.1）、島根県中等学校職員研究会規程（同前）、など様々である。

　上述記事のほとんどは創刊1年目に掲載され、同テーマがその後も繰り返し紹介される傾向が見られる。たとえば視学委員規程は上記の福島県のほか佐賀県（第110号、1923.5.11）、栃木県（第117号、1923.7.21）、秋田県（第134号、1924.4.21）の制定した同趣旨の規程が掲載された。地方独自の教育綱領として策定された「東京市小学校教育改善要項」についても、「山口県高等小学校改善要項」（第231号、1927.1.21）、「島根県高等小学校改善要項」（第232号、1927.2.1）、千葉県の「小学校教育改善要項」（第252号、1927.9.11）と、類似の取り組みが次々と紹介されている。とくに千葉県の「小学校教育改善要項」は「地方行政録事」欄としては異例の8頁を費やして、全文にわたり掲載されているが、これは千葉県師範学校附属小学校の「自由教育」に対する統制施策として知られるものである[12]。

　図1は「地方行政録事」欄の小見出し数の年別の推移をグラフ化したものである。創刊の翌年の1921（大正10）年には、年間200件を超える記事が掲載されていたのが、一見して分かるように、1920年代中ごろから急速に小見出し数が減少している。「地方」発のモデルもネタ切れとなったのか、あるいは文部行政の統制方式が変化したのか。次節ではそのあたりの事情について、文部省による地方教育行政の誘導政策の変化を追いながら、推測していくこととしよう。

（3）「地方」による指定研究の活性化と文部行政

　まず考えられるのは、行政以外のルートによる優良実践の公開が拡大したことである。中留武昭氏によれば、大正末から「校長の手による経営実践の記録

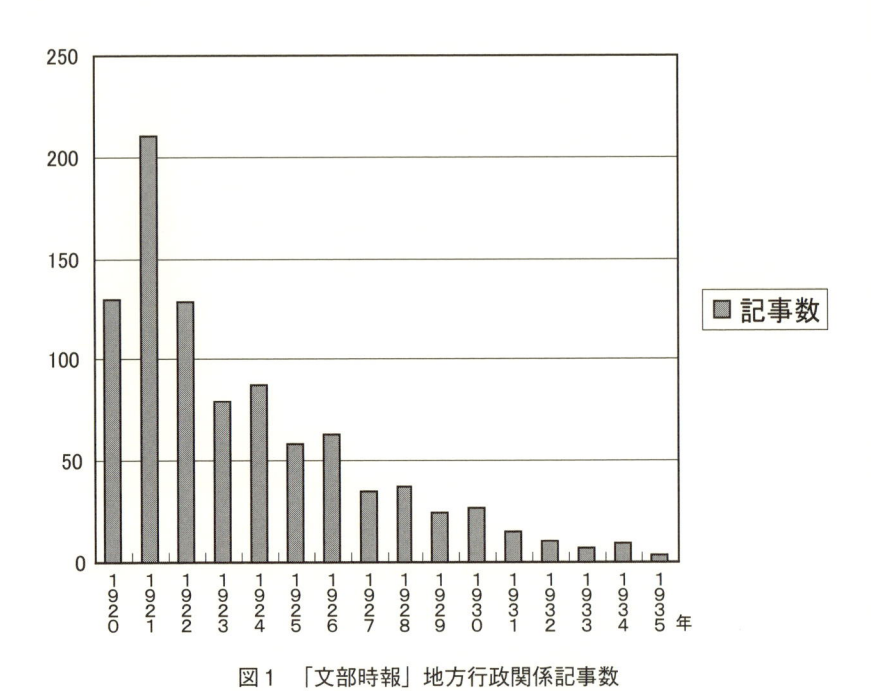

図1 「文部時報」地方行政関係記事数
註　記事数は半年分の目次をもとに作成したため、雑記本体のものと若干くいちがう場合もある（第20号など）。なお、創刊年の1920年と編集方針が変更された1935年は一年間分ではない。

の『公刊』が活発になってきた」こと、さらに「昭和ひとケタ時代」には校長の体験談ではなく、「実際に学校として教職員集団が何を行ったかの経営の記録」が登場することが、この時期の学校経営史上の特徴であるという[13]。ただし、このことが必ずしも行政の関与の後退を意味するわけではないことは、学校名で刊行された当時の学校経営実践書に、府県や教育会などの指定を受けて研究した成果を刊行したとの断り書きがなされているものが散見されることからも明白である[14]。

　文部省の広報政策が後退する1920年代後半の「地方」では、達成済みの業績（「模範」）をもとにした誘導策を一歩進めて、取り組みそのものを誘発する施策としての研究指定校制度が活性化しつつあった。研究指定校制度の嚆矢と見られる長崎県北高来郡の学事研究会は、郡内学校の相互視察を目的とした取り組みであり、指定校は実地授業のほか[15]、「学校管理ノ方法教授訓育ニ関

スル施設情況並ニ其成績学校衛生及家庭連絡ニ関スル方法等其他一切ノ資料ヲ十分ニ且誠実ニ提供」する義務を負った。このように初期の「指定」には、視察対象校という以上の意味はなかったが、やがて特定課題を研究する研究指定に変化していった。長崎県では1920（大正9）年10月に、「予め指定せる小学校に就き、設備、教授、訓練其他児童の実力等を調査し、当該学校の研究を進め、且つ一般に其の研究を公表して参考に資する」ために「学校調査」が開催され、県内30校が理科、体操、裁縫の指定を受けたという記録がある[16]。それによると、「指定を受けた学校は当該学科に関し設備を完備し、教授の研究をなす等頗る緊張の状態を呈し、参会者に多大の参考資料を与へ県下小学校教育の改善上多大の効果を奏したが、又其の一面には行き過ぎの弊が伴つた」とされており、奨励の効果は「行き過ぎ」とも映るほどであった[17]。

研究指定による学校誘導策は、郡役所廃止により薄らいだ「日常の指導監督力」[18]を補う統制手段として開発された側面ある。たとえば徳島県で1924（大正13）年度に開始された「特別指導」という研究指定校制度は、当初は、大正新教育への「適当な指導」を狙いとする「視察指定」であった。各郡内の1校を選び師範学校主事が「特別指導教科」の授業を参観、指導する批評会に隣接校教員が参観する取り組みであったものが、1929（昭和4）年度からは5つの研究題目から実施学校が希望により選定する指定研究方式に改められたのである。従来私設であつた小学校長会を県の招集としたこと、「特別指導の外、指定学校、合同視察、その他の諸指導が行われ、また昭和五年頃からは、その年度の『教育計画』および『本県教育上の努力目標』等を指示し、さらに『各科設備標準』を定めて、その設備を要望する等、漸次教育上の統制が強化されたので、大正末期から盛んであつた新教育思潮も、軌道を逸することなく是正せられるに至つた」とのちに回顧されるように、「特別指導」は県による「直接指導監督」体制の一翼を担うものと位置づけられていた[19]。

徳島県に限らず、昭和前期になると各道府県が指定校に示す研究題目は、特定の教科ではなく学校全体の取り組みを対象とするものに次第に変化している[20]。なかでも教育の地方化・実際化を図るために、多くの府県が指定研究の課題として競うように設定したのが郷土教育である。静岡県は県下を農村・山村・漁村・都市の4地域に分けて生活環境に応じた学校経営をすすめるよう通

達を出すとともに、4類型の地域を代表する小学校を指定して、3年間郷土に即した教育の研究にあたらせた[21]。「教育の地方化、実際化」という時代の趨勢のもとで推進された郷土教育が、「生活環境に応じた学校経営」を奨励する指定校制度に結び付いていったのである。その後の郷土教育は、経済更生運動の影響をうけた「全村教育化」「経済と教育との結合」[22]への発展的解消と、「精神主義への傾斜」[23]の両極に分化していったと見ることができるが、府県による学校経営奨励政策は主として前者を促進する方向で進められた。福岡県が経済更生の指定町村に必ず全村学校を設けさせ、奨励金を交付したのは、その最たる例である[24]。「地域における教育」を重視し、「従来は村政の傍流に位置していたさまざまな世代の村民から、多様な自力更生エネルギーを引き出そうとした」[25]経済更生運動は、制限された研究課題の範囲内で学校の自発的取り組みを引き出すことを狙いとする研究指定校制度と適合的であり、府県レベルで盛んに取り組まれた理由もそこにあるのだろう。

　しかし、こうした「地方」の自発的奨励策は、思想統制や精神主義的傾向に傾いていた当時の文部省の意図する方向性と必ずしも一致しなかったとも推測される。というのも、府県が行う研究指定校制度の『文部時報』掲載はかなり遅く、1937（昭和12）年4月の兵庫県の初等教育指定研究会の開催案内が初出であった[26]。「地方行政録事」欄の後継である「地方学事消息」欄が、1937（昭和12）年11月に打ち切られ、延べ9号にわたって特集された「地方に於ける国民精神総動員の概況」を最後に、『文部時報』から各地方、各学校の多様な取り組みを伝える記事が姿を消したのは、文部行政の「地方」に対する態度変化を示す徴候であったと解釈することも可能である。

3　戦時教育体制と「地方」

（1）地方教育行政への直接的統制手法としての「綜合視察」

　1930年代の文部行政が力を入れたのは危険思想の取締りであり、「日本主義」などの特定の国体観念を公定し、学校や教化団体を通じて国民各層に浸透させ

ることであった。その場合の学校は、思想注入の媒体として受身の存在であることが望ましく、学校が自発性を発揮することは文部省の意図からの逸脱可能性を増すことに繋がる。「地方」や学校の自発性の意義は反転しつつあったのである。

じっさいこの時期の文部省は、教育審議会を足場として、地方や学校への直接的統制を可能とする制度改正に期待をかけていたのではないだろうか。というのも、文部行政による地方教育および学校の直接的統制への変革を志向する教育改革同志会[27]（近衛首相のブレーン集団である昭和研究会の一部門）が、審議会発足にあたって木戸幸一文相と密接な連絡をもち、発足後も審議会委員・臨時委員74名のうち16名を占めるなど[28]、地方教育行政変革が現実味を帯びた時代状況があった。審議会設置に先立つ1937（昭和12）年9月には「督学官事務規程」により督学官室が設置されるなど直接的統制制度は確実に強化されつつあったが、さらに、督学機関の充実に対応する形で視察の方法面の強化を図る新施策として制度化されたのが、以下で見る「綜合視察」であったと考えられる。

1939（昭和14）年の文部省関係の公文書には新たな学事視察に関連する通牒や内規、視察後に各地方庁にあてた注意事項等が綴りこまれている[29]。それによれば、この年より、文部省学事視察には従来行われてきた視察（単独視察）のほかに「綜合視察」という新たな視察が加えられている。新しい制度の目的とされたのは、以下の2つである。

　　（一）　個々ノ学校ニツキ直接指導スルト共ニ
　　（二）　視察セルトコロニ基キテ地方庁ト協議シテ本省ノ方針ヲ其ノ教育行政ニ反映セシメ中央ト地方行政機関トノ連携ヲ緊密ナラシムルコトニ重キヲ置クモノトス

「綜合視察」は従来のような督学官が単独で行う視察方式ではなく、「督学官三人以上ヲ以テ一班ヲ組織シ」、「社会教育官、図書監修官、体育官、教学局教学官ヲ加ヘ総合的見地ヨリ之ヲ行フ」方式がとられた。視察後は「長官、学務部長以下関係職員及学校首脳部等ト会同シテ視察ノ結果ニツキ懇談シ意見

ノ交換ヲナシ適宜ニ指示ヲ行ヒ以テ本省ノ方針ノ徹底ニ遺憾ナキヲ期スル」など、「地方」行政の取り組みに直接統制を加える権限が認められており、場合によっては協議会を開き直接、各学校や各校長等に指示を与えることもあった[30]。「視察上特ニ注意スベキ事項」として指定された15項目には、戦時体制を効率的・効果的ならしめるための教育関連事項が網羅的に示されており、いわば戦争遂行アカウンタビリティの取り組みであったことが分かる。

　　イ、国体観念ノ徹底ニツキ如何ナル努力ヲ払イツヽアルカ
　　ロ、当該道府県当局ノ教育ニ関スル方針及ビ抱負
　　ハ、当該道府県教育界ニ於ケル人々ノ意気込等
　　ニ、当該道府県ノ教育施設及教育者ガ地方民心ノ作興及地方産業ノ開発ニ対シ力強キ原動力タリヤ否ヤ
　　ホ、時局下国策ニ対スル協力特ニ物資ノ節約、貯蓄ノ励行、銃後々援ノ徹底等
　　ヘ、長期戦下ニ於ケル教育上ノ措置
　　ト、興亜工作ニ対処スベキ方策並ニ施設
　　チ、体位ノ向上ニ関スル施設ト之レガ活用ノ状況
　　リ、学校教練ノ実績
　　ヌ、地方財政ト教育費トノ関係
　　ル、学校ノ経理状況
　　ヲ、通牒、指示事項並ビニ各種ノ学校長会議ニ於テ決議セル事項等ノ実施状況
　　ワ、道府県当局ト直轄学校トノ連繋
　　カ、学事関係ノ人事
　　ヨ、優良校長、教員等ノ人物ト業績

「綜合視察」では、各府県の取り組みを文部省が10日間以上にわたって総点検した結果が、地方教育行政関係者のみならず府県内の学校長に直接伝えられた。この視察が全道府県に対して実施されたかどうかは定かではないが、全国12の視察区で毎年1回以上行うとの規定通りに行われたのであれば、4年程度

でほとんどの道府県を一巡したはずである。公文書に残されている府県への指示事項は 1939（昭和 14）年に実施された 6 府県に対するもののみだが、それ以降も長野県（1939 年実施）、山口県（1940 年実施）、群馬県（1942 年実施）、徳島県（1944 年実施）で実施されたことが県教育史等で確認できる[31]。『群馬県教育史』には、このときの視察の概況について「視察は授業のみならず施設にまで及び、その上、視察校の事前に準備する書類は精細なもので、一年間の教育活動全分野にわたっている。したがって、この学事視察は国の立場から本県の教育状況を総点検すると同時に、発足したばかりの国民学校教育の在り方を示唆した点で、その後の本県教育に大きな影響を与えた」と記されている。

ところで文部省の指導を地方教育行政に徹底させるために取り組まれた「綜合視察」は、県レベルで開発された模範的政策を国家レベルに採用したものであった。『文部時報』の国民総動員特集に掲載された石川県の取り組み例には「綜合視察」なる名称で、視学の学校視察とは別に「学務課長視学官視学」によって行われる視察が紹介されている[32]。この時においても、文部省にとって「地方」は実践知の源泉ではあったとは言えるが、それは必ずしもモデル化に適したものばかりではなかった。文部省普通学務局は、伊東文部事務次官を会長とし、藤野普通学務局長を副会長に擁立して初等教育奨励会を組織し、1938（昭和 13）年 4 月の天長節に各府県 1 名ずつの初等教育家を選奨しているが、かつてのように選奨校の実践内容を普及させようとした形跡は見られない[33]。「研究ト共ニ其ノ教育的努力ニ於テ優レタルモノ」ではあっても、「立論ノ根拠ヲ未ダ十分消化サレザル学説ニ求ムルモノ或ハ又徒ラニ先人ノ学説ヲ羅列スルガ如キ弊ニ陥ルモノ」が含まれる玉石混合の実践には、もはや以前のような利用価値が認められなくなっていたのであろう。

（2）国防国家のもとでの地方教育統制

その後、文部省による直接的統制はラジオの普及、そして「満州事変のインパクト」を受けた「ラジオの時局化」[34]の進行により、一層強固な基盤を得ることとなった。文部省がラジオ利用に積極的な姿勢を示したのは学校・教師向け放送からであり、1938（昭和 13）8 月の地方長官宛通牒で、「来ル九月十六

日（十月以降毎月第一金曜日）学校放送教師ノ時間ニ於テ全国小学校ニ対シ本省カ要望スル重要事項ヲ本省当事者ヨリ放送スル筈ニ付之カ聴取方特ニ御配意相成度」[35]と依頼したのが発端である。「文部省発表事項の解説」と題された新たな放送プログラムについて、日本放送協会が毎月発行した番組紹介雑誌では「直接監督官庁の責任ある解説発表とて、実施以来各方面の歓迎を受けて」いると伝えている[36]。1941（昭和16）年の国民学校令施行に向けた実施準備では前年のうちにまず文部省が師範学校教員に対する講習会を行ったうえで「全国百余の師範学校を会場とし管下の小学校教員（将来国民学校教員たるべきもの）に対して伝達講習会」を開催する方式がとられたが、加えて夏季休業中に13日間にわたる「国民学校講座」が「側面射撃的に放送」された[37]。文部省は、この講座の開講にあたって講師等を派遣するだけでなく、「国民学校制度趣旨の普及徹底の為新に編輯した『国民学校制度要項解説』」を日本放送協会に提供した。同テキストは全国の学校関係者に反響を呼び申し込みが殺到、早くも翌月には増刷されたという[38]。

日本放送教会の教養部長として国民学校制度へのラジオ放送の利用をはたらきかけていた西本三十二は、1941（昭和16）年6月の論考で、「国民学校に於て強調されなければならぬ教育上の諸問題は学校放送を活用することによつて比較的容易に而も効果的に解決することが出来る」とラジオの有為性を主張した[39]。そこで例示されたのは、朝礼訓話やラジオ体操による国民的意識の高揚や世界の動きや時事問題の情報提供など、ラジオというメディア特有の同時性や速報性による教育効果についてであるが、論考の末尾では「『教師の時間』の特色を活用して日々の国民学校教育の実践に役立て教育新体制確立に邁進されることを切望する」と学校・教師向けの有為性も強調している。この点について、やや詳しく述べてある日本放送協会児童放送委員の論考も紹介しておこう。

　　　小学教育といふことにはいろ〳〵困難な事情が付き纏ふものである。たとへば新しい教科書が出来る。新しい教材が全国の小学教員の手許に送り込まれる。無論それには監修官諸氏の編纂趣意書のやうなものが配布されたり、教師用の指導書のやうなものが書店から刊行されたり、細目が作ら

れたり、また講習会のやうなものが開かれたりして、その解釈や実際指導法の普遍化が計られはするが、これが仲々全国画一に完全に消化されるものではない。むろんそこには夫々の地方の特殊な国土的事情などもあつて、必ずしも画一的な効果が予想されることではないが、ラヂオを利用する場合には比較的単純明快になる程度までそれが実現出来る。……かういふ場合の放送の特殊性は、いふまでもなくそれが直接口から耳への話し言葉を以て行はれる故に、教員の教養の差や聴取事情の如何にかゝはらずある程度までの直接的な効果が期待され易いことである[40]。

ラジオは情報伝達の正確さに加え、「地方」という中間団体抜きで上意下達できる点で文部省にとって好都合であったが、視聴の有無を統制できないという弱点がある。国民学校講習で「伝達講習会」方式が併用されたのはそのためと思われるが、日常的な情報伝達にこの方式は適用できない。この時期の文部省が「官界新体制」に期待をかけていたとするならば、企画院主導による内務省廃止を含むドラスティックな機構改革案が「国防国家のディレンマ」により潰え[41]、新体制構想に幕を引かれた後に再考を余儀なくされたことは当然のなりゆきでもあった。1944(昭和19)年3月号の総合国策雑誌『日本教育』には、「戦ふ国民学校」と題して各府県の取り組み内容を紹介する記事が47頁にわたって掲載されている[42]。弱体化したとはいえ依然、内務省の地方支配が続く状況下では[43]、「地方」を通じた間接的統制手法に再び目を向けざるを得ないというのが、文部省の現実であった。

4 おわりに

戦前の文部行政にとって「地方」の自発性の活用は、統制手段の手薄さを補うやむを得ざる措置であったということは、文部省による直接的統制が現実味を増した「新体制」下において、「地方」への関心が大幅に後退したことに端的に示されている。しかし、たとえ文部省には不本意であったとしても、「地方」を媒介とする間接的統制方式の開発に努めざるを得なかったことが、教育

行政・経営施策の多様性の源泉となり、現在にも活用されるモデルを生みだしたことは確かである。視学制度などの直接的統制手法が占領下の民主化政策のもとで存続を許されなかったのとは対照的に、統制色の薄いラジオや研究指定校制度は大いに活用された[44]。早くも1945（昭和20）年10月22日には「新しい教育方針を教師に徹底させる目的で『教師の時間』（後2・00－3・00）が再開され」[45]、翌年には「コーシス・オブ・スタデイの編纂資料の調査その他諸種の調査を行う」ために「調査指定校」も設置されている[46]。研究指定校制度はその効果ゆえに、長らく往時の軛を脱することが困難であったほどである[47]。

一方、文部省の直接的統制への執着は、教育行政の一般行政からの独立という教育行政の基本理念と関わる問題も提起する。そもそも市町村や府県などの「自治団体」を含む「団体」に固有の意思や法的実在性の存在を想定すること自体が「国家による秩序の正統性の独占に抵触する」[48]危険性をはらむことは、全国学力テストの市町村別結果公表をめぐる国と自治体との争いを想起すると分かりやすい。ことに戦時動員体制において地方や各学校の自発的同調は必要不可欠であったが、そこに各主体の独自性が発揮されることは不必要であるというだけでなく危険なことでもあった。1942（昭和17）年に海後宗臣は、「国民教育の地域性」を論ずるうえでの障害を次のように説明していた。

　　　国民教育の地域性に基く特質及びそれが編成の企画等を問題とすれば、教育の全一体制が喪失されるかと考えられるであらう。即ち国民教育は全国民を対象とした一般性に於いて特質を持つものであつて、教育に於ける地域的企画はあらゆる国民に共通な教育を均等に付与するものであるといふ考へを破壊するとも言はれるであらう[49]。

海後自身は論考でそのような国民教育の概括的把束のあり方を批判し、「国土と国民との編成に関する諸企画」を最適化するという「新たなる意義」のもとで「地域性」を登場させるべきことを必死に主張したが、その必死さからは戦時と言う極限状況に於いて、国家秩序に抵触させずに「地域性」の存在意義を語ることの困難さを改めて認識させられるのである。

〔註〕

1　雨宮昭一「地域の戦時・戦後と占領―茨城県を中心として」天川晃・増田弘編『地域から見直す占領改革』山川出版社、2001年、79頁。地方官の任免権と地方の財政監督権を持つ内務省は、「他の省に関係する問題でも……主導権を握」ることができた。大露会編『内務省史』第4巻、地方財務協会、1971年、185-186頁。

2　国立教育研究所編集・発行『日本近代教育百年史』第4巻、1974年、862頁。

3　明治32年勅令第435号、明治32年11月22日公布、明治33年4月1日より施行(『官報』または『法令全書』)。

4　明治33年4月14日付普通学務局通牒子普甲814号。笠間賢二『地方改良運動期における小学校と地域社会』日本図書センター、2003年、141頁。

5　長崎県教育会著作・発行『長崎県教育史』下巻、1943年、278-280頁。福岡県教育百年史編さん委員会編『福岡県教育百年史』第5巻、福岡県教育委員会、1980年、726-729頁。賞与として学校に「旗」を授与する奨励方式は、神奈川県の「奨励旗」(1906年-)や石川県能美郡の「優等旗」(1914年-)にも見ることができる。

6　拙稿「明治後期『模範』小学校運営に見る学校経営の成立状況」『日本教育経営学会紀要』第38号、1996年、115頁。

7　『官報』第7726号、1909年3月31日、815-816頁。

8　「小学教育振興手段」『教育時論』第831号、1908年5月15日、36頁。

9　石井伝吉『優良町村の新研究』大倉書店、1916年、681-721頁。

10　第一回の文部省選奨を受けた岩見沢第二尋常高等小学校は、「一時的のものでなく後年までも、岩見沢尋常高等小学校の動的教育として続き」、学校参観者も多かった。さらに、同地区の小学校が「こぞって校内研究に没頭し……殊に岩見沢・中央・南の市街地三校は、よい意味でのライバルで、何事によらず最善を競った」ことが、「岩見沢は、空知の中心であるという自覚と自負」を生み、さらなる教育実践向上の努力を促したという(岩見沢教育史編さん委員会編『岩見澤教育史』1974年、230-231、254-255頁)。

11　「文部時報掲載論文等一覧①」『文部時報』第1236号、1980年5月、83頁。

12　拙稿「郡役所廃止に伴う地方教育行政様式の転換と学校経営」『教育学研究』

第 65 巻第 3 号、1998 年、32 - 33 頁。

13　中留武昭「学校経営論の系譜」神田修他編『必携学校経営』エイデル研究所、1986 年、30 頁。同「教育の近代化と教育経営の態様」『講座日本の教育経営』第 1 巻、1987 年、249 頁。

14　指定研究の研究成果と明記された著書として、大森敬夫『農村小学校の経営』（1931 年、島根県教育会による農村小学校経営の研究指定）、石川県河北郡七塚尋常高等小学校『郷土に立脚せる学校学級の経営』（1938 年、県指定研究題目「学校並に学級経営の一般（学校衛生施設の研究を含む）、安田尋常高等小学校編『皇民錬成日本的生活実践の学校経営』（1937 年、島根県初等教育研究指定学校）など。神奈川県では指定研究の研究集録を定期的に刊行していたようである（三浦郡大津尋常高等小学校著作・発行『学級経営に関する研究』神奈川県指定研究第 5 輯、1936 年）。

15　「北高来郡学事研究会規定　明治四十三年」前掲『長崎県教育史』下巻、360 - 361 頁。同様の取り組みとして、熊本県の「県郡市聯合指定視察」（熊本県教育会編集・発行『熊本県教育史』下巻、1931 年、636 - 638 頁）、足柄下郡の「小学校指定視察」（小田原市教育研究所編集・発行『小田原近代教育史資料編』第 3 巻、1981 年、38 - 41 頁）、新潟県の「小学校指導会」（新潟県教育百年史編さん委員会編『新潟県教育百年史　大正・昭和前期編』新潟県教育委員会、1973 年、539 頁）などが見られる。

16　前掲『長崎県教育史』下巻、457 - 458 頁。

17　同様の取り組みとして、島根県の「研究嘱託学校」や栃木県の「研究学校」がある。島根県近代教育史編さん事務局編『島根県近代教育史』第 2 巻、島根県教育委員会、1978 年、124 - 125 頁。栃木県教育史編纂会編『栃木県教育史』第 5 巻、栃木県連合教育会、1959 年、430 - 434 頁。

18　徳島県教育会編集・発行『徳島県教育沿革誌』、1959 年、70 頁。次の引用も同書 45 - 46 頁、189 - 191 頁。

19　同上書、70 - 71 頁。なお、注 12 の前掲拙稿を参照。

20　岡山県の「特定研究学校」では、県が指導奨励要領に定めた 6 題目（労作教育、郷土教育、農村教育、職業指導、低学年教育、体育衛生）について、2 ヵ年で各郡市約 1 校宛、計 22 校が選定された（岡山県教育会編集・発行『岡山県公

立小学校特定研究学校施設概観』1933年)。大分県では県が設定した努力徹底綱目について、成果があがった学校を指定し研究会を開催させている(大分県教育百年史編集事務局編『大分県教育百年史』第2巻、大分県教育委員会、1976年、28–30頁。同編『同』第4巻、1976年、546–548頁)。

21 静岡県教育研究所編『静岡県教育史』通史篇下巻、静岡県教育史刊行会、1973年、271–272頁。山形県でも地域的に特色を有する県内10市町村を選定して、同様な取り組みが行われた(山形県教育委員会編集・発行『山形県教育史』通史編中巻、1992年、432–433頁)。

22 全村学校の拡大普及策のテストケースとして開発され、「常に全県の指標と仰がれた」福岡県糸島郡福吉村が掲げた二大目標。福岡県教育百年史編さん委員会編『福岡県教育百年史』第6巻、福岡県教育委員会、1981年、290–292頁。

23 前掲『静岡県教育史』通史篇下巻、285頁。

24 前掲『福岡県教育百年史』第6巻、292頁。1935年末時点の指定は126町村に及んだ。

25 大門正克『近代日本と農村社会』日本経済評論社、1994年、309頁。

26 『文部時報』第580号、1937年4月1日、64頁。

27 教育審議会委員で教育改革同志会の会員でもあった安藤正純は審議会総会において、「地方ノ学務部長ヲ府県庁カラハ分離ヲ致シマシテ、地方教育機関ヲ独立サセル」必要があり「行政機関改革ノ問題トシテ御考究ヲ願ヒタイ」と要望したが(『教育審議会総会会議録』第三輯、167頁)、内務行政を媒介としない教育統制機構を含む教育制度改革案は、同会会員でもあり文部省の官僚でもあった宮島清がすでに1934年に雑誌『教育』に発表していた(宮島清「教育制度改革の根本方針」『教育』第2巻第1号、1934年1月。大内裕和「教育における戦前・戦時・戦後」山之内靖ほか編『総力戦と近代化』柏書房、1995年、223頁)。

28 清水康幸ほか編『資料 教育審議会(総説)』(『野間教育研究所紀要』第34集)野間教育研究所、1991年、18–20頁。なお、指導行政組織改革に関する教育審議会の議論については、小沢熹「指導行政組織に関する教育審議会の答申と改革」(岩下新太郎編『教育指導行政の研究』第一法規、1984年)を参照。

29 「督学官学事視察方法改善ニ関スル件」「督学官学事視察内規ニ関スル件」「総合学事視察結果ニ基ク注意事項等」「学事視察内規中改正並総合学事視察綱目

ニ関スル件」「総合学事視察結果ニ基ク指示事項等」、国立公文書館所蔵「昭和十四年・学事視察」(公文書　第一総務門ろ(官規))より。

30　教育審議会特別委員会整理委員会(教育行政及財政)で「綜合視察」が審議に取上げられた際、下村市郎文部省督学官は「非常ナ多数デ……総テノ方面カラ見マスルノデ、ソレダケ視察ノ効果ガ挙ル」と答えているが、実際のところ、内務省が支配する府県の教育行政全般に対してどれほどの影響力を及ぼしえたのかは評価が分かれるところであろう(『教育審議会諮問第一号特別委員会整理委員会会議録』第二十輯、30頁)。なお、整理委員会は、文部省から特別委員会に提出された改革案(幹事試案)が「あまりに急進的なもの、現状からかけ離れたものであったので、……適当に之を修正する」ために設けられたという(相沢熙『日本教育百年史談』学習図書、1952年、458-459頁)。

31　長野県教育史刊行会編集・発行『長野県教育史』第3巻、1983年、1128頁。前掲『徳島県教育沿革誌』、304頁。群馬県教育史研究編さん委員会編『群馬県教育史』第4巻、群馬県教育委員会、1973年、203-205頁。山口県の綜合視察については、『教育週報』第801号(1940年9月21日)の記事より。

32　「地方に於ける国民精神総動員の概況」『文部時報』第603号、1937年11月21日、43頁。

33　「初等教育奨励会選奨」『文部時報』第617号、1938年4月21日、104-106頁。なお初等教育奨励会は1941年に「初等教育の実際に従事する人々の著作に係る図書」418冊を紹介する『初等教育者著書解題』を発刊しており、選定書の著者の一部が選奨者と重なってはいるものの、選奨との関連についての言及はない。

34　吉見俊哉『「声」の資本主義』講談社、1995年、215頁。

35　昭和13年8月29日付普通学務局通牒発普140号「学校放送教師ノ時間ニ於ケル文部省示達聴取方ニ関スル件」。

36　『教養放送学校放送号』第55号、1938年11月、23頁。NHK放送博物館所蔵。第55号は『教養放送』の通号では第56号にあたる。以後、『教養放送』の通号数は(　)内に記載する。

37　「ラヂオで国民学校放送」『教育週報』第790号、1940年7月6日、2頁。

38　『教養放送学校放送号』第74号(87号)、1940年7月、1頁。『同』第75号

（89号）、1940年8月、16頁。
39　西本三十二「学校放送と教育新体制」『日本教育』第1巻第3号、1941年6月、94頁。西本の努力の甲斐もあって、「国民学校令」施行規則第41条でラジオ放送の授業利用が認められ、9月2日付文部省告示で4番組の利用が正式に認可された（佐藤卓巳『テレビ的教養』NTT出版、2008年、39-40頁）。
40　百田宗治「学校放送に関して」『学校放送研究』第2巻第3号、1940年4月、1-2頁。
41　滝口剛「『官界新体制』の政治過程」『近畿大学法学』第42巻第3・4号、1995年、95頁。
42　『日本教育』第3巻第11号、1944年3月、2-48頁。とはいえ、実践例を紹介するだけでなく、中央から派遣された図書監修官や教育学者が、県当局の選定したモデル校を文部行政の立場から、時に批評を加えながら記述している点には、力関係の変化が感じられる。
43　古川隆久『昭和戦中期の議会と行政』吉川弘文館、2005年、285-291頁。
44　占領下の学校放送については佐藤卓巳前掲書、47-65頁に詳しい。
45　日本放送協会編集・発行『放送五十年史』、1977年、217頁。ただし、番組「再開後まもなく、内容に問題があるとして総司令部から放送中止が命じられ」、ようやく再開されたのは1ヵ月後になってからのことであった。
46　「調査指定校設置要綱」『文部時報』第837号、1947年2月、22頁。
47　2000年より研究開発学校制度を中央主導型（文科省がテーマを決め、都道府県教委の推薦を促したうえで学校を指定する方式）から公募型に変更するなど、ようやく最近になって文部科学省は統制手法を見直し始めた。
48　松田宏一郎「戦間期の法思想と『団体』の理論構成」猪木武徳編著『戦間期日本の社会集団とネットワーク』NTT出版、2008年、230頁。
49　海後宗臣「国民教育の地域性」『日本教育』第2巻第2号、1942年5月、27頁。

中国における「民工子弟学校」の設置の意義

黄　敏

はじめに

　本論文で対象とする「民工子弟学校」とは、中華人民共和国（以降、中国と略記）の都市にいる民工児童（日本の児童福祉では満18歳未満を児童という）を対象とし、民間によって自発的に設置・経営された学校である。今日存在している「民工子弟学校」の大半は、政府から認可と援助を得られていない小中学校である。「打工子弟学校」、「流動人口学校」、「民工学校」とも言われている。また、本論文で使う「民工」を次のように定義する。「民工」とは、中国の戸籍制度緩和と社会経済発展により、農村から城鎮（都市と町）へ移動し非農業に転職した農村余剰労働力であり、戸籍上の身分は農民であるにもかかわらず土地を離れ、郷土の農業にほとんどあるいは全く従事せず、都市産業労働者予備軍と都市流民予備軍となった肉体労働者である。

　これまでに著者は、「民工子弟学校」が登場した2つの要因、すなわち自然災害・労働力の自由移動とかかわる社会的要因、原籍地管理を原則とする戸籍制度と居住地ではなく戸籍地に基づく義務教育制度という制度的要因を明らかにした[1]。

　「民工子弟学校」は、公立学校や法制上認められる私立学校（民営学校）とは異なり、その設置経緯、設置者および教学整備には、いくつかの特徴を見出すことができる。また、設置初期段階から発展段階に至り「民工子弟学校」の設置類型や教学整備の状況は大きく変化した。だが、「民工子弟学校」はどのような属性をもつのか、その設置と整備にはいかなる変化があったのかについ

て、先行研究の中で必ずしも十分明らかにされているとはいえない。

1990年代、「民工子弟学校」が登場した初期段階の設置経緯、設置実態及び教学整備に言及した先行研究は、上海では、劉翠蓮（Liu Cui lian）、李太彬、李軍の「太阳将同样璀璨——上海市西区部分民工子弟学校的调查研究」（华东师范大学、1997年）、北京では、赵树凯（Zhao Shu kai）の「边缘化的基础教育——北京外来人口子弟学校的初步调查」（『管理世界』第5期、2000年）——である。劉翠蓮らは13校、赵树凯は114校の「民工子弟学校」に対する調査結果に基づき、「民工子弟学校」の設置経緯、学校の設備、教員資格や経営のあり方を詳細に分析し、これらの学校のほとんどが経営・設備や教育カリキュラムの面で政府の基準を十分に満たしておらず、義務教育機関としての妥当性に問題があると指摘した。とはいえ、「民工子弟学校」は民工児童の就学問題の解決に貢献しており、過渡期の教育手段として、今後管理・監督を行った上で認めていくべきだとして、おおむね積極的に評価している。しかし、劉らと赵の研究は、その調査時期に問題を含んでいる。すなわち、劉らと赵の研究は「民工子弟学校」の誕生の過程と現状分析に止まっており、1998年前後にすでに現れていた「民工子弟学校」が急成長していく過程について触れられていない。

2000年代に入り、発展段階の「民工子弟学校」の設置類型および整備の実態に言及した先行研究として、山口真美の研究がある。山口の「『民工子弟学校』——上海における『民工』子女教育問題」（『中国研究月報』第631号、2000年）は、上海における「民工子弟学校」の施設設備、教員構成の現状、および「民工子弟学校」の校舎や学費徴収上のいくつかの特殊性を分析し、「民工子弟学校」をめぐる新しい動きを展望している。また、山口は、「民工子弟学校」の設置類型について分類しており、しかし、「民工子弟学校」の設置に秘められた設置者・設置主体[2]の地域的特性とでもいうべき、「地縁的[3]な特徴」に言及していない。

2009年に、「民工子弟学校」の設備、教員構成および経営実態に触れた最新の研究が出された。植村広美の『中国における「農民工子女」の教育機会に関する制度と実態』（風間書房、2009年）は、北京における「民工子弟学校」の実態を中心に実証的な研究を行っており、「民工子弟学校」の発展過程に現れた

変化や改善について丁寧に言及した秀作である。しかし、植村は、「民工子弟学校」の設置類型や学校整備に関する初期段階の状況を十分に考慮しておらず、変化の全貌や背景について、体系的な分析を行っていない。

本論文では、先行研究の成果を踏まえながら、「民工子弟学校」の設置類型を時期区分し、分類を行ったうえで、学校設置に秘められた「地縁的な特徴」、および教育委員会の役割の変化を解明する。また、初期・発展それぞれの段階における「民工子弟学校」の教員構成や施設設備の実態と改善の要因を明らかにし、中国における地域教育の展望を図る。

第1章 「民工子弟学校」の設置類型

「民工子弟学校」の設置目的は、民工児童の教育問題の解決と利益の追求にあった。けれども、設置目的によって「民工子弟学校」を類別することはできない。両者は、実際の経営においては、多様な形で並存しているのである。したがって、「民工子弟学校」の性格を理解するためには、その設置主体や学校の特徴から類別しなければならない。

1 初期段階——1998年3月まで

刘翠莲らの「太阳将同样璀璨—上海市西区部分民工子弟学校的调查研究」の中では、「民工子弟学校」を主に設置主体の面から以下の3種に分類している[4]。

①「民工」流出地の地方教育委員会や学校によって設置された学校。
②企業が自社社員及び労働者の子女教育問題の解決を目的として設置した学校。
③その他民間個人により設置された学校。

しかし、刘らは、学校ごとの性格と形態の違い、とくに授業のあり方、卒業資格などの状況について言及していない。これに対して山口は以下のように分類した[5]。

①創設時に民工送り出し地域の教育委員会が主導して設置したもの。現在、各学校と地方教育委員会とのつながりの強弱には学校ごとに差があるが、児童の卒業資格、授業カリキュラム等いくつかの面で地方教育委員会との連携関係がある。

②個人の発案により独自に始められたもの。これも、児童の卒業資格、授業カリキュラム等の点ではいずれかの地方教育委員会の協力を得ている。

③個人が経営し、私塾形式で最低限の授業が行なわれるのみの学校。児童の進級、卒業試験などは行なわれず、卒業証書も発行されない。

山口は授業と学籍の管理の違いに基づいて分類しているが、補充注を除き、刘らの分類と大きな違いはない。山口は①と②の学校は地方教育委員会とのつながりがあることを示しているが、流入地地方教育委員会（以降、流入地教委と略記）か流出地地方教育委員会（以降、流出地教委と略記）かのいずれかについて説明していない。また、①と②の「民工子弟学校」の一部が、流出地教委から「社会力量弁学許可証書」[6]をもらっていることについて言及していない。③の学校の中には、卒業証書を発行する学校が多いが、社会的に通用する効果はない。

そこで、本論文では、刘らと山口の分類を参考にし、初期段階の「民工子弟学校」の設置類型を以下のように分類する。

①流出地教委が主導して設置し、系統的な授業カリキュラムがあり、有効な卒業証書を発行する学校。

②流出地教委から「社会力量弁学許可証書」を得て、個人の発案により自主的に設置し、系統的な授業カリキュラムがあり、有効な卒業証書を発行する学校。

③弁学許可を得ていない個人が設置し、系統的な授業カリキュラムがなく、有効な卒業証書を発行できない学校。

①と②の「民工子弟学校」は、流出地教委の協力を得て児童の学籍管理をそれぞれの学校で行い、有効な卒業証書の発行も可能であることから、学校としての形態を有するものであるといえる。①の「民工子弟学校」の中には、経費に不足が生じた場合、流出地教委から補助を受けられるものが存在するが、そ

れはごく一部の事例である。①と②のほとんどの「民工子弟学校」では、設立の段階から、経費のすべては在籍する児童らの授業料で賄われ、流出地教委と財政上のつながりはまったくない。③の学校は学校としての形態を整えておらず、規模も小さい。また、営利目的で児童を集め、レベルの低い授業を行ったり、授業料を取り逃げたりする悪質な学校[7]も存在し、「民工子弟学校」に悪いイメージをもたらし、取締まりの対象となるものも存在する。

　以上のことを勘案すれば、学校設置時に、地方政府（教育・衛生管理部門等）に申請を出し、許可をもらうべきである。設置者は流入地での申請手続きが煩雑で、経費と時間がかかる一方、許可される可能性は低いと認識しているため、設置時に、流入地教委などの関係部門で申請手続きを取らず、流出地教委から「社会力量弁学許可証書」を取得するケースが多かった[8]。流出地教委は、民工の出稼ぎを支えるために、また民工児童の義務教育に対する責任を回避するために、詳細な審査を行わずに「社会力量弁学許可証書」を発行することが少なくないうえ、実効的な管理と監督を行っていない。

　それに対して、流入地教委は、流出地教委により発行された「社会力量弁学許可証書」の合法性を認めておらず、「民工子弟学校」の設置・経営を厳しく制限、監督し、大規模な取締まりを度々行っていた。「社会力量弁学許可証書」の発行と「民工子弟学校」の存在に対して、民工流出地と民工流入地教育委員会（政府）の思惑は平行線をたどっている。

　筆者は「民工子弟学校」の授業カリキュラムのあり方や卒業資格の状況をまとめたうえで、設置主体および「民工子弟学校」と流出地教委の関わりについて分類した。筆者の「民工子弟学校」に関する分類方法は、簡潔に実態を包括したものである。それは、「民工子弟学校」の公立学校とは異なる法制的性格を理解する上で重要である。

2　発展段階——1998年3月から

　初期段階の「民工子弟学校」の設置分類からは、流出地教委の役割および「民工子弟学校」との関わりが分かる。しかし、流入地教委との関係は明らかになっていない。植村広美は、流入地教委の関与に注目し、事例をあげて、以

下のように「民工子弟学校」の設置類型を分類した[9]。
　①学校所在地の教育行政機関による認可および指導を受けずして運営されている無認可校の形態。
　②農民工の流出地政府により流入地の既存の学校の分校として運営されている形態。
　③学校所在地の教育行政機関による学校運営の認可を受けてはいないが、指導や監督を受け運営されている形態。
　④学校所在地の教育行政機関による認可をうけて運営されている形態。

　植村は、「1990年代においては各都市により『民工子弟学校』は異なる性質をもっており、学校運営の主体に着目すると、四つの異なる形態に分類することができる」[10]と主張している。しかし、植村は、学校運営の主体より、「民工子弟学校」と流入地教委とのかかわりに注目している。また、植村は、「民工子弟学校」初期段階の設置実態を見逃し、90年代末の実態のみに注目しているので、「民工子弟学校」の設置・経営における地方教育委員会の役割の変化を見だすことができていない。

　植村の分類では、主として流入地教委が注目されている。このことについて、筆者は、制度変化と学校経営のニーズの二つの側面から、以下の通りに分析する。

　1998年3月、「流動児童少年就学暫行弁法」が正式に公布されるまで、流入地教委は民工児童に対して教育を行う義務と責任が制度上要請されていない。流入地教委にとって、「民工子弟学校」は指示の及ばない異質の制度（いわば「厄介者」）であり、その設置・経営に対しては、援助・協力措置を取るより、むしろ制限、監督が行われていた。

　しかし、「流動児童少年就学暫行弁法」は、「民工子弟学校」を流入地教委の公的な制度として認め、中央政府から流入地教委に対して、制度的課題設定が求められたことになる。このように、民営学校の設立条件を満たさない「民工子弟学校」は、依然として合法的な地位を得ていないにもかかわらず、各都市で急激な設置と競争が発生した。

　1998年3月の「流動児童少年就学暫行弁法」は、「民工子弟学校」が発展する大きな転換点となった。その後、2003年9月13日に、国務院弁工庁が「民

工子女義務教育工作を更なる向上する意見に関する通知」(以降、「意見」と略記)を発布すると、「民工子弟学校」に対する施策として、流入地教委は、取締まりに力をいれるだけではなく、扶助と整理を行うようになった。「民工子弟学校」の設置・経営に関与する行政主体は、流出地教委から流入地教委に移行したのである。

　流入地教委から「社会力量弁学許可証書」を得て合法的資格を取得するために、また流入地教委から補助金および施設設備の改善に関する寄付・援助を得るために、「民工子弟学校」は、流入地教委とのつながりをますます緊密にしていく。

　さらに、民工児童の卒業証書についても変化が現れた。卒業証書は、流出地教委の公印をもって有効とされてきたが、流入地教委の公印のあるものが発行されるようになったため、流出地教委の最も重要な役割が消失し、「民工子弟学校」と流出地教委との関わりが希薄になったのである[11]。

　「民工子弟学校」の設置・経営における流入地教委とのかかわりの緊密化は、「民工子弟学校」の発展段階の大きな特徴である。流入地公立学校の分校として設置された「民工子弟学校」が多数現れたのはこの時期である[12]。また、「民工子弟学校」が流入地教委から「社会力量弁学許可証書」を取得[13]できるようになったのもこの時期である。

　そこで、学校設置主体、学校の特徴および流入地教委の役割に着目し、筆者は発展段階の「民工子弟学校」の設置類型を以下のように分類した。

①流入地教委が主導して設置し、系統的な授業カリキュラムがあり、有効な卒業証書を発行する認可学校。

②流入地教委から「社会力量弁学許可証書」を得て、個人の発案により自主的に設置し、系統的な授業カリキュラムがあり、有効な卒業証書を発行する認可学校。

③流出地教委から「社会力量弁学許可証書」を得て、個人の発案により自主的に設置し、系統的な授業カリキュラムがあり、有効な卒業証書を発行する無認可学校。

④弁学許可を得ていない個人が設置し、系統的な授業カリキュラムがあり、有効な卒業証書を発行する無認可学校。

初期段階の分類と比べ、発展段階の分類には3つの特徴がある。①流出地教委が主導して、流出地公立学校の分校という形で設置された「民工子弟学校」の消失、②系統的な授業カリキュラムがなく、有効な卒業証書を発行できない「民工子弟学校」の消失、③認可校と無認可校の併存。その要因については、次のように説明できる。

①の要因は、「民工子弟学校」と流入地・流出地教委の関わりの変化である。流出地公立学校の分校という形で設置された「民工子弟学校」の大半は主に上海にあり、現籍地は安徽省である。2003年以降、これらの学校のほとんどは、個人による経営に転じ、流出地教委とのかかわりは希薄になり、代わって流入地教委の援助・管理を受けるようになった。

②の消失は、教育行政による長期に亘る整理や「民工子弟学校」間の激しい競争による。この種の「民工子弟学校」は存立する余地がなくなったのである。

③については、流入地教委による援助が挙げられる。初期段階の「民工子弟学校」のほとんどは無認可校であるが、発展段階の「民工子弟学校」には、「認可校」と「無認可校」の二通りが存在する。流入地教委は、民工児童の就学権益や就学安全を確保するために、法制上は認められない無認可校に対し、補助金の給付や寄付による財務支援や、教員研修を行っている。また、流入地教委は、民工児童の上級学校進学に支障を来さぬよう、無認可校の卒業証書の発行を認めるという柔軟な措置を取っている。

以上、「民工子弟学校」の設置類型を時期区分し分析してきた。注目すべきは、「民工子弟学校」の存立・発展のニーズに従い、1998年の「流動児童少年就学暫行弁法」成立を境にした二つの段階で、流出・流入地教委の役割が転換したことである。流入地教委の役割の強化、言い換えれば、流出地教委の使命の終焉は、「民工子弟学校」に関する制度・政策の形成および改善の結果であるとみることができる。流入地教委による援助は、民工児童の義務教育を担う「民工子弟学校」に対して、教育環境の質の確保、義務教育機関としての機能をもたらすための社会保障でもある。

第 2 章 「民工子弟学校」の設置者の属性

　「民工子弟学校」の設置者の属性を解明することは、「民工子弟学校」の経営主旨と将来性および「民工子弟学校」の「地縁的な特徴」を理解する上で不可欠である。設置者の出身地は、民工が多数流出した地域と一致している。この事実は「民工子弟学校」開設の経緯と深く関わっている。

　笠井曜子は、「民工子弟学校」設置者である李校長の出身地、学歴、教員経験と学校の設置過程を紹介した[14]。山口は、元小学校の朱校長と元公務員の汪校長を紹介し[15]、二人の異なる経歴を通して、「民工子弟学校」の設置と経営に至る経緯と目的の究明を図ったが、笠井と同様に、個別的な事例分析にとどまり、「民工子弟学校」設置者の全体像と「民工子弟学校」設置上の「地縁的な特徴」には触れていない。

　韓嘉玲は、設置者の経歴は「民工子弟学校」が設置されている都市以外の民弁教員[16]、公立学校教員、定年退職後の教員、地元の定年退職後の教員及び教員未経験者により構成されることを指摘した。また、出身地ごとに、ある業種を独占する民工の特徴が「民工子弟学校」の設置にもみられることに言及したが、より詳細なデータの収集と分析を行っていない。以上のことから、「民工子弟学校」設置者の全体的な経歴構成について分析することが必要である。

1　設置者の経歴

　趙樹凱らの北京の「民工子弟学校」114校に対する調査[17]から、「民工子弟学校」の設置者は、次の表1-1のように、大卒から非識字者にまでおよび、経歴構成が複雑であることが明らかになっている。

　1990年代は、「民工子弟学校」114校の設置者のうち、中等以上の教育を受けた者は81人で、71％を占めている。大専[19]及びそれ以上の学歴を持っているのは、16人にすぎず、高学歴者は極めて少ない。教員経験がある者は、79人（69.3％）で、元民弁教員、正式教員、企業の学校教員等は、それぞれ42人、30人、7人[20]となっている。

表1-1 北京「民工子弟学校」の設置者構成状況（1999年）

項目	学歴（114校）				教員経験（114校）			出身地（111校）	
	大専およびそれ以上	中専[18]・高卒	小・中学校	非識字者・不明	有	無	不明	河南省と河北省	北京、安徽など
人数	16人	65人	10人	23人	79人	30人	5人	94人	17人
比率	14.0%	57.0%	8.8%	20.2%	69.3%	26.3%	4.4%	84.7%	15.3%

〔註〕：学歴については、大専以上16人、中等師範27人、高卒36人、専門学校2人、中学校9人、小学校1人、非識字者2人、不明21人である。出身地については、河南省40人、河北省54人、北京5人、内蒙古4人、安徽3人、山東2人、湖北1人、四川1人、吉林1人である。出身地は、114校の内、幼稚園3校を除いた。趙樹凱「辺縁化的基礎教育——北京外来人口子弟学校的初歩調査」『管理世界』第5期、2000年、72～73頁より作成。

　表1-1から、教員経験者が多数を占めることが指摘できる。それは同郷人間の「共生」と「競争」という二つの特性を示している。「共生」とは、学校開設時に、同郷人の中で学歴が比較的高い者と教員経験者が民工から依頼を受け、学校経営を始めたケースである。「競争」とは、「民工子弟学校」を開設した同郷人の成功に刺激を受け、教員経験がある家族や知人を故郷から呼び寄せて、「民工子弟学校」の経営に加入した事例である[21]。また、民工児童就学市場の拡大に伴い、実力がある教員は同郷人の「民工子弟学校」から離れ、自ら「民工子弟学校」を設立した例も含む[22]。「不明」は、解答しなかった人たちで、学歴が低い、教員未経験者であると想定できる。28.8%を占める低学歴者及び非識字者の設置者は、ほとんどが豊富な財を得た元民工である[23]。

　2008年に筆者が行った「民工子弟学校」の設置者に関する調査結果を、表1-2のようにまとめた。

　表1-2によれば、調査対象となった「民工子弟学校」10校の設置者8人のうち、中専、大専、修士の学歴を持った設置者はそれぞれ1人、5人、2人となっており、1999年の調査結果と比べ、設置者の学歴構成は高いといえる。設置者が高い学歴を持つことは、「民工子弟学校」の発展と競争にとって有利な要素であるといえよう。また、設置者の年齢構成は38～55歳にあり、中年層に集中していることが明らかになった。さらに、「民工子弟学校」の設置初

表1－2　北京、上海における10つの「民工子弟学校」の設置者構成

項目＼学校	北京							上海		
	行知新公民学校	行知実験学校A	行知実験学校B	達龍武術院	華興実験学校	明圓学校	海清学校	富林文武学校	陽光学校	桃苑村学校
学校住所	大興区黄村鎮辛店村	海淀区四季青鎮龔村	海淀区四季青鎮双槐樹村	大興区旧宮鎮庑殿路	大興区旧宮鎮三村	海淀区圓明園西路	昌平区回龍観鎮	松江区広富林村	青浦区朱家角鎮	普陀区桃浦鎮春光村
設置時間（年）	2001	1994	1994	2005	2000	1995	2005	1996	2002	1998
設置者	黄鶴	李素梅	李素梅	赫全根	赫全根	張歌真	何永琼	徐士品	姚維勇	周三多
設置者年齢	42歳	45歳	45歳	44歳	44歳	45歳	38歳	55歳	42歳	45歳
設置者出身地	安徽	河南	河南	河南	河南	山東	河南	安徽	安徽	安徽
設置者学歴	修士	大専	大専	大専	大専	修士	大専	大専	大専	中専
校長	黄鶴	徐富徳	徐富徳	楊学斌	楊学斌	張樹軍	呉雲波	徐士品	高家軍	王建国
校長年齢	42歳	60歳	60歳	61歳	61歳	31歳	43歳	55歳	51歳	38歳
校長出身地	安徽	北京	北京	河北	河北	河南	河南	安徽	安徽	安徽
校長学歴	修士	大学	大学	大専	大専	大専	大専	大専	中専	大専
校長教員経験	15年	42年	42年	25年	25年	7年	28年	30年	20年	無
教頭	沈桂香	劉祥柱	任麗芳	董廷超	余義徳	劉萍	無	呉国平	周樹成	陳徳清

期段階と比べ、設置者は校長職や教頭職に就く事例は減少傾向にあり、教員経験や管理経験のある人物を招聘し、校長や教頭の仕事を任せることが一般的になった。設置者と、校長・教頭が、異なる人物によって務められることは、事務職の細分化と合理化傾向を示し、「民工子弟学校」の発展と規範化につながっている。

2　設置者の出身地

　民工には、出身地ごとにある業種を独占する特徴がある。例えば、河南省出身者は廃品回収業、河北省出身者は野菜の栽培と販売を独占しているといわれる。安徽省と四川省の女性民工は、家政婦の仕事をする者が多い[24]。「民工子弟学校」設置者の中にはそのような地縁的な繋がりと独占的な特徴も現れ[25]、主に安徽省、河南省、河北省と江西省などのいくつかの地域に集中している。

　上記の表1－1から、北京で河南省と河北省出身の「民工子弟学校」の設置者は、84.7％（94人）を占め、圧倒的に多いことが指摘できる。河南省設置者40人の内、37人は信陽地区の出身で、しかも、信陽の固始県の出身者が最も多く、23人を占めている。河北省の設置者54人は、全て張家口地区の出身であり、張家口の張北県（25人）が最も多い。すなわち北京の「民工子弟学校」設置者の出身地は、河南信陽地区と河北張家口地区に集中している。両地区の出身者が設置した「民工子弟学校」は、合わせて91校あり、北京の「民工子弟学校」の80％を占めている[26]。

　上海では、北京より独占的な傾向はやや弱いが、同様に「地縁的な特徴」を有する。1997年に、劉翠莲らが上海市西部の3つの区（徐匯区、長寧区、閔行区）で行った調査から、「民工子弟学校」13校の内、10校の設置者は、安徽省の出身である[27]ことが明らかになっている。また、張興瑞らの上海における26校の「民工子弟学校」に対する調査[28]では、49％の「民工子弟学校」の設置者は、安徽省出身であることが分かった[29]。上海では、安徽省のほか、江西省出身の「民工子弟学校」の設置者も多い。

　また、表1－2から、2008年現在、「民工子弟学校」設置者の出身地は、相変わらず北京では河南省、上海では安徽省に集中していることがわかる。

　「民工子弟学校」設置者の出身地がいくつかの地域に集中している理由としては、次の3点が考えられる。第一は、流出民工の出身地に関する特徴である。安徽省、江西省、河南省から、全国へ流出した民工数は、持続的に全国上位5位以内に入っている[30]。第二は、民工らの地元志向である。主に地縁・血縁関係者を頼んで農村から出てきた民工らは、部屋を借り「村落型居住」の形態をとる傾向がある。上海ではあまり目立たないが、北京市においては、「河

南村」「河北村」「浙江村」などと呼ばれる同郷出身の民工集中コミュニティが、10万人から数百人までの規模で点在している[31]。民工らが集中居住する地域で、民工適齢児童数の増加により学校の開設が必要となった際、外地の者より地元出身者が信頼され情報と優先権を獲得した。第三は、前述したような、同郷人の間の共生と競争である。

「民工子弟学校」の設置は、民工流出地と流出量の規模と深く関わっており、いくつかの特定地域出身者によって独占されていることが明らかになった。例えば、中国の北方では河南省と河北省、中部地域及び南方では安徽省と江西省出身の設置者が圧倒的に多い。

これらの流出地方政府にとって「民工子弟学校」の設置は、地元の民工児童の義務教育問題を解決し、「出稼ぎ経済」を支える役割を果たしている。「民工子弟学校」は、「煙のない工場」[32]と言われ、「民工子弟学校」の設置者は、同郷人や地元の教育委員会・政府から歓迎されている。「民工子弟学校」という学校形態は、中国経済を支える出稼ぎ労働と深く関連しているのである。

第3章　教員構成と改善

1　教員資格と学歴構成

「民工子弟学校」が誕生した段階で、低学歴教員と無資格教員が多数存在していた。このことは、流入地方政府が「民工子弟学校」の取締まりを行う要因となった。けれども社会からの要請により、学校の発展が推進されると、「民工子弟学校」の教員の学歴は高くなり、教育資格の問題解消に向けて改善が行われた[33]。

上海の場合

劉翠蓮らの調査対象となった上海の5つ（1997年）の「民工子弟学校」には、21人の授業担当教員が在籍していた。そのうち、師範中専卒（9人）と師範大専卒（4人）を加えた13人は正式の教員資格（61.9％）を持った教員であ

り、残り8人が低学歴の無資格教員となっていた[34]。

程例驄らの調査によると、2004年に、「民工子弟学校」の教員学歴は、大卒6%、大専卒40%、中専卒41%、高卒13%となっており[35]、大専およびそれ以上の学歴を持っている教員は46%を占め、1997年と比べ上海の「民工子弟学校」の教員学歴構成は、大きく改善された。上海公立小学校の80%と比較すると低いように見えるが、全国平均レベルである公立小学校の27.4%と比べれば、「民工子弟学校」の教員の学歴はずっと高い[36]といえる。

また、上海市松江区教育委員会の統計によれば、大専およびそれ以上の学歴を持った「民工子弟学校」教員の占める割合は、2006年9月54.8%、2007年3月52.9%となっており、教員の学歴は改善される傾向にある。また、教員資格を持った「民工子弟学校」教員の占める割合は、2006年9月93.2%、2007年3月96.4%、2008年9月89.7%[37]となっており、1997年と比べ著しく改善されたといえる[38]。

北京の場合

2002年7月、北京の「行知打工子弟学校」(2003年12月10日に、「行知実験学校」と改称した) 専任教員136人の学歴比率は、大専およびそれ以上78人 (57.4%)、中専と高卒58人 (42.6%) となっている。その中に高級教員[39]の名誉を得た教員は19人もいる。また、専任教員のほか、非常勤教員が9人 (外国人教員1人) おり、全員が大卒及びそれ以上の学歴を持っている[40]。「行知打工子弟学校」の教員の学歴構成は、優良校の代表的なものであり、「民工子弟学校」の今後の発展の方向性を示していると考えられる。

「行知打工子弟学校」の事例は一校に限定されており、北京における「民工子弟学校」の教員学歴および教員資格を総合的にみるために、趙学勤らの10校に対する調査結果を挙げてみよう。2000年では、これらの10校の「民工子弟学校」の教員 (144人) が、教員資格を有する比率はわずか2.08%となり、教員学歴の構成は、中卒5.56%、高校・中専82.64%、大専11.80%となっており[41]、かなり低いレベルである。

2004年に、植村は11校に対する調査結果をまとめた。植村によれば、調査対象となった「民工子弟学校」教員286人のうち、教員の80.07% (229

表1－3　北京における7つの「民工子弟学校」の教員資格・学歴構成（人）

学校名	教員数	男女比		教員資格あり	最終学歴				
		男性	女性		高校	中専	大専	大学	修士
行知新公民学校	44	8	36	38	0	2	5	34	3
行知実験学校A	32	12	20	25	0	11	18	3	0
行知実験学校B	37	10	27	32	0	9	24	4	0
達龍武術院	22	5	17	22	1	2	15	4	0
華興実験学校	45	6	39	30	1	5	37	2	0
明圓学校	16	4	12	10	0	2	11	2	1
海清学校	15	3	12	12	0	0	13	1	1
計（人/％）	211	48	163	169	2	31	123	50	5
	100	22.7	77.3	80.1	0.9	14.7	58.3	23.7	2.4

人）が教員資格を有している。教員学歴の構成は、中卒3.84％、高校・中専21.68％、大専53.15％、大卒21.33％となっている。また、その中で、認可校は4校あり、認可校の教員（144人）が教員資格を有する比率は100％で、教員学歴の構成は、高校・中専14.6％、大専59.7％、大卒25.7％となっている。無認可校は7校あり、無認可校の教員（142人）が教員資格を有する比率は59.86％で、教員学歴の構成は、中卒7.75％、高校・中専28.87％、大専46.48％、大卒16.90％となっている[42]。2000年と比べ、北京における「民工子弟学校」の教員構成はかなり改善されており、無認可学校の教員資格と学歴構成は、認可校と比べてかなり低いといえ、今後教育委員会からの支援と監督が強化されるだろう。

　2008年に、筆者は北京で7校に対し調査を行い、調査結果を表1－3のようにまとめている。偶然ながら、調査対象となった7校はすべて認可校である。教員資格を有する割合は80.1％で、学歴構成は、大専58.3％、大学23.7％、修士2.4％となっている。「民工子弟学校」教員の最終学歴は、主に大専・大卒に集中し、修士の学位を持った教員もあり、「民工子弟学校」教員の

高学歴化が顕著になった。

　以上のように、「民工子弟学校」における有資格教員は大幅に増加し、教員の学歴構成は大きく改善され、高学歴化したことが明らかになった。ここで、教員の質が改善されるプロセスや要因について、系統的な分析を試みることにする。

　「民工子弟学校」が設置された最初の段階では、授業の対象は低学年のみであるので、設置者及び設置者が故郷から呼び寄せた親戚と知人が教員になることが一般的であった。

　「民工子弟学校」規模の拡大に伴い、社会に対して公開招聘を行う必要が生じ、教員経験があるかどうかが大きなポイントになった。そこで、地方から来た民弁教員と流入地定年退職の教員が多数採用される[43]ことになった。

　「民工子弟学校」は発展段階に入った後、学校の更なる発展と合法的資格の獲得のために学歴や教員資格を有する者を求めるようになった。大都市の生活に憧れる中等師範学校、高等師範学校、大学の新卒者ら、および地方の公立学校で勤務経験をもつ教員らが「民工子弟学校」の教員を志願するようになったことによって、「民工子弟学校」の教員の学歴、資格構成の問題は、大きく改善されたのである。

2　年齢と性別構成

　初期段階の「民工子弟学校」教員の構成には、二つの特徴的なアンバランスがある。そのひとつは女性比率の多さ、もうひとつは年齢構成の不均等である。

　北京における「民工子弟学校」の女性教員は全体の70％以上を占め、男性教員よりずっと多いという現象がある。それは、女性教員は丁寧・親切で、低学年の教職にふさわしいという社会通念と、「民工子弟学校」の給料が高額でない[44]現実と関係がある。

　上述表1－3によれば、2008年に筆者の調査対象となった北京の「民工子弟学校」7校の男女教員の比率は、それぞれ22.7％と77.3％となっており、韓の先行研究と比べて、あまり変化はない。それに対して、筆者が2008年7月に訪問した上海における3つの「民工子弟学校」の男女教員の比率は、それぞ

れ47.5%と52.5%となっており、女性教員のほうがやや多いが、北京ほど顕著ではないことが分かった。

　流出地から若い教員と定年退職の教員、また流入地から定年退職の教員を招聘することは、「民工子弟学校」教員募集の主要な2つのルートであり、地元教員と現地教員の比率は2：1となっている[45]。20代の若い教員と定年退職の老教員が多く中年教員が不足していることは、「民工子弟学校」の教員年齢構成がアンバランスな状態であることを示している。

　「民工子弟学校」教員の学歴と能力が原籍地の公立学校の教員と比較して遜色がないことは、すでに山口、笠井と韓の先行研究の中で評価されている。しかし山口らは、中年教員の不足で「民工子弟学校」教員年齢の構成に欠陥があることについては言及していない。筆者は、以下のように先行研究の成果を踏まえ、さらに検討を行うことにする。

　前記上海の26校に対する調査から、「民工子弟学校」教員の年齢はほとんどが22～34歳と50～55歳の年齢にあり、若者のほうが多いことが明らかになっている。公立学校教員年齢図の太鼓型とは対照的に、「民工子弟学校」の教員年齢分布図はダンベル状を呈している。35～49歳の中年教員は不足[46]していて、「民工子弟学校」の共通の特徴的困難点となっている。

　定年退職の教員は豊かな教育経験をもつが、体力的に限界がある。若い教員は体力と融通能力は優れているが、教育と社会経験が乏しい。また、より条件の良い仕事が見つかると「民工子弟学校」から離れるのは、ほとんどが大専およびそれ以上の学歴を持っている若手教員である。能力と経験を兼備する中年教員の保有は、「民工子弟学校」の教育環境と教員構成の向上にとって、重要な課題である。しかし、招聘ルートと低い給料水準[47]の問題から「民工子弟学校」が中年教員を集めることはなかなか難しい。

　そこで、「行知実験学校」のように、毎年中小都市の中等師範学校の卒業生を募集して青年教員から養成するやり方は、「民工子弟学校」の中で多く見られる試みである。しかし、現段階で、「民工子弟学校」の教員にとっては、いくら意欲があり、仕事に優れていても、教育委員会から認められる職務昇級のチャンスがあるわけではない。それは、中年教員の育成と引き留めに、マイナス影響をもたらしているといわざるを得ない。「民工子弟学校」が養成してい

表1-4 北京における7つの「民工子弟学校」の教員年齢構成（人）

学校＼年齢	20歳以下	20～30歳	31～40歳	41～50歳	51～60歳	61歳およびそれ以上
行知新公民学校	0	35	3	5	1	0
行知実験学校A	0	15	13	2	2	0
行知実験学校B	0	19	12	2	4	0
達龍武術院	0	10	8	2	2	0
華興実験学校	0	30	10	5	0	0
明圓学校	1	2	12	0	0	1
海清学校	1	5	4	3	2	0
計	2	116	62	19	11	1
	0.9%	55.0%	29.4%	9.0%	5.2%	0.5%

る若手教員が、将来中堅になって「民工子弟学校」の教員として留まるかどうかが大きな課題となっていた。そのことを検証するために、筆者は独自の調査を行い、調査結果を表1-4のようにまとめた。

　2008年に、「民工子弟学校」7校の教員211人のうち、20～30歳の年齢層にある教員は116人で、55.0％を占めている。31～40歳の年齢層にある教員は62人で、29.4％を占めている。40代の教員を含み、中年教員の占める割合は93.4％に達し、2000年前後の教員の年齢構成と比べ、驚異的な変化である。「民工子弟学校」の中年教員チーム養成の戦略は成功し、教員の年齢構成が大きく改善されたといえよう。

第4章　施設設備整備の実態と新しい動向

1　従来のイメージ

　「民工子弟学校」は、すべての権限が設置者にあり自律的な学校経営を行え

るメリットがある一方、国から財政上の補助を得られないため、限られた収入の中で経営していかなければならない[48]。設置者は、学校経営のコストを減らすために、教員の昇給や施設設備への投資を控えることが一般的である。

1）校舎の実態

「民工子弟学校」校舎の保有状態が多様になっている。現状では、賃貸によって建築物の利用権を得る「民工子弟学校」が大半である。大部分の「民工子弟学校」の校舎は粗末であるが、安全面でかなりの改善を遂げたことは否定できない。

「民工子弟学校」が登場した初期のころは、民家や閉鎖工場を借用したり、自力で作った掘建て小屋を校舎として使っていた。粗末な校舎に対する政府の取締まりが厳しくなったため、掘建て小屋で授業を行う「民工子弟学校」は見られなくなった。民工児童の就学を支援するために、流入地教委は廃校された公立学校の校舎を賃貸することを認めるようになり、学校統廃合により廃校となった校舎や、児童数の減少による空き教室を借りる「民工子弟学校」が増えた。また、有志が寄付した校舎や、企業が出資して新築した「民工子弟学校」の校舎[49]もある。

2000年に、韓嘉玲は北京市海淀区、朝陽区、豊台区、石景区に立地する「民工子弟学校」50校を対象とした調査を行った。その大半は瓦礫やベニヤ板で建てられたプレハブのような建物を校舎として使用している。また、一部の学校においてはガレージを改築し教室として使用する例がある[50]。資金不足の問題や法的地位の不安定性から、投資額を抑えるために民家や閉鎖工場を借りて校舎として使う「民工子弟学校」は、相変わらず大半を占めている[51]。民家と工場の構造は教室として設計したものではなく、窓の位置と数、部屋の広さと長さは改築できないところが多い[52]。元工場であった建築物の階段の段差は、小学生にとって高すぎる場合があり、開校時間帯に教員が見守らなければならない[53]。

「民工子弟学校」の教室は狭く、採光・換気条件は悪く、学校としての条件を満たしていないことは、すでに笠井、山口、韓等の先行研究の中で指摘されている。筆者は、次に「民工子弟学校」校舎の流動性について、検討する。

「民工子弟学校」は校舎が粗末な上、移転の機会が多いため、高い流動性から生まれる様々な弱点がある。「民工子弟学校」が頻繁に移転する原因については、次の4点にまとめることができる。①児童の郊外への移動[54]と児童の急増により生ずる校舎の移転[55]、②既存施設の再利用をめぐる、持ち主とのトラブルによる校舎の移転、③学校収入にかかわる校舎の移転[56]、④都市建設の拡大に伴う立ち退きによる校舎の移転である。

　「民工子弟学校」のほとんどは、固定資産としての校地と校舎をもたないため、所在地の移転が頻繁にある。頻繁な引越しは経営コストを高め、校舎の修繕と改善に困難をもたらすばかりでない。流入地教委が定期的な安全検査を行えないため、「民工子弟学校」が流入地教委から弁学許可を得られない主要な要因にもなっている。

2）施設設備の実態

　「民工子弟学校」は、学級規模、図書館の整備や運動場の保有などの面で、学校設置の最低基準を満たしていない所が多い。

　「民工子弟学校」の中には、わずか約50平方メートルの教室に80人を超える児童らが詰め込まれ、机の間を教員が歩くのも難しい[57]巨大学級も存在している。また、一番前の児童と黒板とが0.5メートルから1メートルしか離れていない、二人用の机を三人で使っている、風邪をひいた児童がいればクラス中に感染が広まるなどの現象は、「民工子弟学校」ではよくあることである[58]。

　資金不足のために、設備が古いものと最低限のものしかない学校が多い。山口はこれについて、「ほとんどの『民工子弟学校』で公立学校から譲り受けた中古の机や椅子を使用しているが、これらは一部安価で購入したもの、一部は寄付されたもの」である[59]と指摘している。また、同じ教室の中で形や高さが違う机と椅子が並んでいることは「民工子弟学校」ではよくある光景である。テープレコーダー・映写機・コンピューター（一部は寄付されたもの）とスクールバスはほとんど中古市場から買ってきたものである[60]。実験器具・模型などの教材は「民工子弟学校」ではあまり見られない贅沢品である。近年、援助を獲得した「民工子弟学校」と経済力のある学校では、新しい設備を購入する傾向があり、児童を喜ばせると同時に、学校としての競争力を高めること

になった。

　図書館（閲覧室）、適当なサイズの運動場と医務室のどれか一つでも整備している学校は「民工子弟学校」の中で多くはない。いずれも揃っている「民工子弟学校」は珍しい。

　程俐驄らによる上海の26校に対する調査では、38.5％の「民工子弟学校」に閲覧室があった。53.8％の「民工子弟学校」には閲覧室がなく、残り7.7％の「民工子弟学校」が明確に答えていないことが明らかになっている。閲覧室の蔵書と使用状況から見れば、「民工子弟学校」のほとんどが新書の購入や定期的に図書を更新する余裕がない。閲覧室にある雑誌や図書の種類は少なく、寄付されたものがほとんどである。また、閲覧室は毎日児童に開放するものではなく、使用率は低い[61]と言えよう。

　運動場の面積が極端に小さい学校と運動場がない学校は、「民工子弟学校」の中で多く見られる。体操の時間帯に教室の中や廊下、或いは校外の大通りで体を鍛えることは、「民工子弟学校」の児童にとって珍しいことではない。資金がないため、学校に空きスペースがあってもグラウンドとして整備することなくそのまま運動場として使う場合もある。一部分の「民工子弟学校」には卓球とバスケットボールのような簡便な体育用具がある。用具が簡易で古くても、高学年の男子児童にとって、それは放課後の最高の楽しみである[62]。

　「民工子弟学校」の中に医務室はほとんどない。そこで学校は、予防接種と病気になった児童の治療は、すべて連携関係がある地域の病院に任せている。学校側は、風邪薬、解熱剤、消炎水、赤チン、包帯などの医療用品を常備し、教員たちは風邪や皮膚の小さい怪我に対して治療を施している[63]。

2　施設設備の新しい動向

　筆者は、先行研究の中で描かれる「民工子弟学校」をイメージしながら、北京の8校、上海の3校の「民工子弟学校」を訪問した。その中の1校はアンケート調査に協力を得られなかったため、残り10校の整備実態についてアンケート調査を行った結果を表1－5に示す。表1－5に基づいて、認可校の「民工子弟学校」の新しい動向を見てみよう。

表1-5　北京、上海における「民工子弟学校」10校の整備実態

項目＼学校		北京							上海		
		行知新公民学校	行知実験学校A	行知実験学校B	達龍武術院	華興実験学校	明圓学校	海清学校	富林文武学校	陽光学校	桃苑村学校
学級数		23	18	20	11	26	10	12	7	10	30
学校面積（㎡）		不明	3000	4648	100,000	5000	不明	4000	3700	8000	5360
運動場（㎡）		有	500	600	600	600	150	400	1400	3000	2800
教室数（間）		30	18	20	33	36	11	48	15	12	27
図書室（部屋）		2	1	1	無	有	1	無	1	1	1
実験室（部屋）		3	無	無	無	1	無	無	1	無	無
医務室		有	無	有	無	無	無	無	有	有	有
医療用品の用意		有	無	有	無	有	無	無	有	無	有
コンピューター教室（台数）		30台	30台	30台	100台	30台	14台	無	45台	22台	40台
校舎賃金（万元／年）		30	18	8.6	0	30	17	16	4	2	25
衛生・安全状況	衛生	普通	普通	普通	良い	普通	普通	良い	普通	良い	良い
	トイレ	3ヵ所	1ヵ所	1ヵ所	10ヵ所	2ヵ所	1ヵ所	1ヵ所	1ヵ所	1ヵ所	1ヵ所
	電線線路	安全	安全	安全	安全	安全	安全	安全	安全	安全	安全

1）校舎について

　先行研究と比較すると、表1-5の「民工子弟学校」の校舎や施設設備には新しい動向を見ることができる。10校のうち、達龍武術院と海清学校は、自ら校舎を新築し、明圓学校は元レストランのビルを借り、桃苑村学校は新築の団地の建物を借りており、他の6校はすべて廃校になった元公立学校の校舎を利用している。

　明圓学校の採光と階段の段差にはやや問題がある。採光の問題は照明によって補うことができるが、校長によれば、段差の問題については教員から児童に常に注意を呼び掛けるしかないということだった。その他の9校（校舎が古く見えるのは2校である）は、採光・換気および安全面では問題がなく、都市戸

籍の児童が通う公立学校と比較はできないが、校舎としての設備は整っている。ただし、トイレが1つしかない「民工子弟学校」は7校あり、児童が利用する際に不便であるし、また、衛生面で改善すべき余地がある。

上海の3校の校舎はすべてビルであるが、北京の「民工子弟学校」はかつて村の小学校だった平屋校舎が多く、「行知新公民学校」、「行知実験学校AとB」、「華興実験学校」、「海清学校」および学校の整備実態に関する調査に協力してくれなかった「栄乾学校」の6校の校舎はすべて平屋である。その原因は、都市化の範囲拡大にある。北京は特に拡大規模が大きく、郊外に広がるかつての農村地域にまで都市化が及び、そのような地域に多くの民工が居住するためである。

廃校公立学校の校舎の賃貸料金については、北京と上海の間でかなりの差がある。北京の「行知新公民学校」、「行知実験学校A」と「華興実験学校」の賃貸料金は、毎年それぞれ30万元、18万元と36万元となっている。それに対して、同じく廃校公立学校の校舎を利用する上海の「富林文武学校」と「陽光学校」の校舎の賃貸料金は、毎年それぞれ4万元と2万元にすぎない。北京の各教育委員会は民間人に負けないほど高額な賃貸料金を徴収していることが明らかになっている。

大半の「民工子弟学校」は、廃校公立学校の校舎を利用しており、流入地教委が民工子女の就学安全問題を解決する重要な施策である。これは、流入地教委が、「民工子弟学校」の改修あたって工事費の援助を行うという新しい施策が生まれた背景を理解するうえで重要である。

2) 施設設備について

2008年に至り、「民工子弟学校」の施設設備は大きく改善された。同じ教室の中で形や高さが違う机と椅子が並んでいる光景は見られなくなり、1つの教室の中に扇風機を2台備え付けることもごく普通になった。また、教学道具や模型が揃うようになり、ピアノや電気ボートを保有する学校が増加し、体育用具の種類や数も増えた。無料でお茶・お水を提供する学校も散見された。

最も大きな変化は二つ挙げられる。一つ目は、調査対象となった「民工子弟学校」のすべてが運動場を持つようになったことである。その中で、「行知新

公民学校」と「桃苑村学校」は、都市公立学校に負けない、プラスチック製トラックを含む立派なグラウンドを建設した。いま一つは、ほとんどの「民工子弟学校」がコンピューター教室を設置し、授業を行うようになったことである。ただし、教員が不足しており、コンピューターの授業は順調に行うことができない場合もある。それにもかかわらず、粗末な学校から近代的な学校に転換することは、これからの「民工子弟学校」の趨勢であり、存立していくための必要条件であるといえる。

　図書室と医務室が設置される「民工子弟学校」は増えつつあり、10校のうち、図書室を有するのは8校、医務室を有するのは5校ある。北京も上海もすべての民工児童は無料で予防接種、健康診断を受けており、その経費は流入地地方政府が負担する。しかし、教員の健康診断については、地方政府は負担していない。

　校舎や施設設備について、先行研究の中で言及されていた劣悪な環境は、筆者の調査対象となった10校には見られなかった。「民工子弟学校」は、ハード面で改善と充実を図る方向に向かっているといえる。

　このような環境改善をもたらした要因について植村は、地方政府の意図によるメディア報道をあげている。2003年の「意見」の第9条に基づき、地方政府は各種メディアに「民工子弟学校」を取り上げさせ、積極的に資金や物品の支援を呼びかけるよう報道された結果、社会から寄付金や寄付物品が集められ、施設設備が以前よりも充実したという[64]。

　社会寄付の恩恵を受けた「民工子弟学校」は確かにある。しかし、それが唯一の原因ではないと指摘したい。なぜなら、筆者の調査対象となった10校のうち、社会寄付が要因と考えられるのは「行知新公民学校」、「行知実験学校AとB」、「明圓学校」と「富林文武学校」の5校で、残りの5校は、社会寄付をそれほど得ていないにもかかわらず成長を遂げたのである。上海では、民工児童に対する物品・金銭の寄付は許されているが、学校に対する金銭的な寄付は制限されており、富林文武学校は松江区教育委員会の命令で、シティバンクから受けた寄付金を返金したケースがある。

　以上のことから、「民工子弟学校」のハード面の改善と充実の要因として、筆者は次の4点、すなわち①廃校された公立学校の校舎の利用、②2003年以

降、流入地教委によって「民工子弟学校」の一部に出されるようになった補助金、③学校経営による利益の設備への投資、④社会からの寄付金や寄付物品、をあげる。①によって校舎に対する費用負担や環境整備の負担が軽減し、②の補助金や③の利益を設備の改善に当てることができる。競争と取締まりからの生き残りを懸け、設置者は、学校経営によって得た利益を学校設備の改善に投資し続けるようになった。4つの要因は、いずれも「民工子弟学校」の学校設備の改善と充実に寄与していると考えられる。

第5章 「民工子弟学校」への評価

　民工らは、自らの経験を通して教養の大切さ、学歴の重要さを実感した。民工児童の教育に対する期待は高まり、その点に関して都市市民との差はほとんどない。笠井などの先行研究の中で、調査対象となった民工児童のほとんどは「大学へ行きたい」と考えており、民工保護者の期待も民工児童の思いとそう大きくかけ離れてはいない[65]。民工家庭の、教育に対する期待の高さと現実は解消できない矛盾を孕んでいる。

　安い学費で民工児童を就学させる「民工子弟学校」に対して、民工から学校に出される要望は、主に学校の学習環境や授業内容の改善要求である。民工らは、教育行政から要求された施設設備面の更新と改善についてはそれほど強く求めていない。学費と施設設備の問題について、民工と「民工子弟学校」は互いに妥協と協力の姿勢を示している。

　「民工子弟学校」の教員は、公立学校の教員より仕事の負担がずっと重い。それにもかかわらず、彼らは民工児童の教育と生活の両方に行き届いた関心と配慮を寄せている。「民工子弟学校」の教員は、民工と民工児童に尊敬され高く評価されている。「民工子弟学校」の児童間の関係もとても親密であり、「民工子弟学校」での就学について、「楽しい」という意思を表明している[66]。

　「民工子弟学校」と比較すると、公立学校の学校環境、設備と教員学歴は優位であるといわざるを得ない。しかし家計負担が大きいため、公立学校に入学した民工児童が差別視された事件がしばしば起こっている[67]。もともと「民工

子弟学校」に対する期待感と都市公立学校に対する期待感に温度差があるということも要因となり、民工児童及びその保護者の「民工子弟学校」に対する評価は、「公立学校」に対する評価よりも高いという現象が起こった。

程俐驄らの、上海における「民工子弟学校」26校に対する調査によれば、現在の学校及び教員と児童の人間関係に好意的な児童は、それぞれ65.6％、78.8％と54.9％を占めている[68]。大半の民工児童が「民工子弟学校」での勉強と生活に満足していることが窺える。

王滌らの中国流動人口子女教育問題研究組は、2003年3月に、浙江省の4つの都市で調査を行った。調査対象となった595人の外来流動児童の中で、農村戸籍の児童（民工児童）は496人（83.36％）、都市戸籍の児童は58人（9.75％）を占めている。都市戸籍の児童は主に公立学校に属し、「民工子弟学校」に属する児童はほとんどいない。次の表1－6のデータから、外来流動児童の学校に対する満足度は「民工子弟学校」と公立学校両方とも高いことが明らかになっている。不満の比率については、「民工子弟学校」より公立学校のほうが高いといえる。

「民工子弟学校」の施設設備は、国の標準に達していない場合が多い。公立学校のような広い運動場や花壇、芝生などは見られない。そうであるにもかかわらず、「とても満足である」と答える者が63.83％を占め、公立学校の32.79％よりずっと高い。各項目についてみると、教学条件（「民工子弟学校」：公立学校＝73.79％：33.33％）、学風状況（同59.95％：21.86％）、学校管理（同68.93％：34.43％）と費用徴収（同62.86％：22.40％）に関しては、「民工子弟学校」に対する「とても満足」の比率がいずれも60％を超えた。「民工子弟学校」に対する評価が公立学校に対する評価より高いことは明らかである。

「民工子弟学校」の条件は公立学校よりも劣悪だが、学校に対する評判は良い[69]。このような結果から2つのことが指摘できる。1つ目は、「民工子弟学校」では、民工家庭のニーズに合致した教育が「民工子弟学校」教職員によって熱意を持って行われていること、2つ目は、民工児童を含む外来流動児童に対する、公立学校の対応に改善すべき所が多いということである。

表1－6　外来流動児童の学校に対する評価（2003年）

分類	学校性質	学校環境		教学条件		学風状況		学校管理		費用徴収	
		人数	%	人数	%	人数	%	人数	%	人数	%
とても満足	公立学校	60	32.79	61	33.33	40	21.86	63	34.43	41	22.40
	民工子弟学校	263	63.83	304	73.79	247	59.95	284	68.93	259	62.86
満足	公立学校	112	61.20	98	53.55	89	48.63	83	45.36	84	45.90
	民工子弟学校	125	30.34	85	20.63	102	24.76	87	21.12	91	22.09
不満足	公立学校	3	1.64	15	8.20	33	18.03	25	13.66	29	15.85
	民工子弟学校	10	2.43	6	1.46	28	6.80	9	2.18	22	5.34
とても不満足	公立学校	1	0.55	0	0	6	3.28	6	3.28	8	4.37
	民工子弟学校	0	0	2	0.49	1	0.24	7	1.70	2	0.49
その他	公立学校	7	3.83	9	4.92	15	8.20	6	3.28	21	11.48
	民工子弟学校	14	3.40	15	3.64	34	8.25	25	6.07	38	9.22

〔註〕：公立学校4校の183人及び「民工子弟学校」4校に在籍する412人の外来流動児童が調査対象となった。王滌等『中国流動人口子女教育調査与研究』経済科学出版社、2005年、31頁をもとに作成。

おわりに

「民工子弟学校」の設置と経営は、設立当初の段階では、民工を送り出す地方社会および地方社会の人間関係と結びついており、「地縁的な特徴」を持っている。

初期段階の「民工子弟学校」は、校舎が粗末であること、教員構成に非合理的な側面があること、施設設備が整備されていないことなどから、非合法的な存在となり、度々取締まりの対象となった。しかし、その後、社会からの要請による「民工子弟学校」の発展に伴い、教員構成や施設設備は大きな改善を遂げた。

設置初期段階と発展段階で「民工子弟学校」に関与する地方教育委員会の主

体および役割に転換が見られた。流入地教委の役割の強化は、「民工子弟学校」に関する制度・政策形成の結果である。戸籍地に基づいて就学区を決める中国義務教育システムは事実上崩壊し、現住所重視原則に転換し始めた。このことは、民間によって自発的に設立された「民工子弟学校」が、公的な制度の一端を担うものとして保障されつつあることを意味する。

都市で誕生し、あるいは育った民工児童は将来の都市市民であり、生活意識も都市戸籍者と変わらない。既に彼らは、都市社会で生活していくための価値観が形成されていると考えられる。民工児童は「都市戸籍」がないことで、長期的に都市教育、医療、福祉システムから排除される。これは都市の今後の経済と文化の発展にとって不利なことであり、反社会的、抵抗思考が醸成され、社会的・政治的に不安定要素になりかねない。

そのため、「民工子弟学校」の発生と存立の歴史的意義は、先行研究では、将来の市民である民工児童の義務教育に大きく貢献すると評価されている。しかし、現代中国の首都と沿岸部の大都市では、安価な民工労働力をあてにしなければ、経済力を維持できない現実があることを考え、筆者は就労と就学の統合を達成させるという視点から、さらに次のように指摘する。「民工子弟学校」の社会的機能は、中国における労働力の自由移動と労働力市場の形成・維持に果たした経済的機能を有し、また、社会転換期において、国の対応が遅れた教育現場で、法的欠陥を修正する時間と空間を与え、社会システムに蓄積された緊張を緩和する社会維持的機能を果たしたのである。

「民工子弟学校」は、都市部公立学校義務教育の補完として、長く存続していくと考える。今後教育行政は、「民工子弟学校」の教育条件整備の支援と居住地変動にかかわる人権保障について、どのように制度整備を行っていくのかが重要な課題になるであろう。

〔註〕

1　黄敏「中国における民工子弟の就学問題――『民工子弟学校』の歴史分析から――」神戸大学大学院人間発達環境学研究科研究紀要第1巻第2号、2008年、81〜94頁。
2　本論文では、個人の場合を設置者、組織・団体をも含む場合は設置主体という。

3　地縁とは、「住む土地に基づく縁故関係」（広辞苑より）である。本論文では原籍地を共有することによる縁故関係、同郷のよしみを含み、地域民の全体的な社会生活を支える対外的団体活動という特性を持っている。

4　刘翠莲、李太彬、李军「太阳将同样璀璨——上海市西区部分民工子弟学校的调查研究」华东师范大学、1997年（「第5届全国大学生课外学术科技作品竞赛」参加論文）、4頁。山口真美「『民工子弟学校』——上海における『民工』子女教育問題」『中国研究月報』第631号、2000年、16頁を参照した。

5　山口、前掲論文（4）、5頁。

6　個人あるいは民間団体が、自ら学校を設立し、学習機会の提供を行うことを許可する証書。ここで問題になるのは、流出地教委が発行した「社会力量弁学許可証書」は、そのほとんどが流入地教委に認められないことである。

7　註（5）に同じ。

8　「民工子弟学校」設置時に、流入地教委の正式な認可を得られなかったため、「民工子弟学校」のほとんどが無認可校となった。2003年10月から2004年5月まで、上海で、同済大学、華東師範大学、水産大学、復旦大学の4校の大学生計200人は、上海における26校の「民工子弟学校」に対して調査を行った。26校のうち、個人により設置された学校は23校（88.5％）、地方政府と個人が連携して設置された学校は2校、もう1校は不明となっている。26校のうち、2003年までに、わずかに30.8％の「民工子弟学校」が上海市教育委員会に申請手続きを出したにすぎない。（程俐骢、张兴瑞「上海市民工子女教育状況調査」『城市管理』第6期、2004年、42頁。）

9　植村広美『中国における「農民工子女」の教育機会に関する制度と実態』風間書房、2009年、56頁。

10　同上。

11　筆者は2008年6月下旬から7月中旬まで、上海3つ、北京7つの「民工子弟学校」に対して、アンケートと聞き取り調査を行った。その結果、10校のうち、わずか1校が民工児童の転校について流出地教委との連絡を行っているにすぎない。それに対して、これら10校は、すべて流入地教委と緊密に連絡し、毎月流入地教委が開催される例会に参加する。流入地教委のメンバーは、事前に連絡せず突然視察に来ることも多い。

12 植村、前掲書（9）、61〜64頁、194頁。

13 同上。

14 笠井曜子「民工子女教育に見る『民間活力』の挑戦——浙江省寧波市における民工子女教育の現場とその取り組みを通して」『境界を越えて』第3巻、2003年、145〜147頁。

15 山口、前掲論文（4）、6頁。

16 中国の農村部で、公的な教員が不足する地区では、教員資格がない知識人や学識経験者を招いて、小中学校（小学校を主とし）の授業を行う。それらの人は、教員資格を持っておらず、国の教員編制内にも含まれていない。「民弁教師」と呼ばれている。顧明遠主編『教育大辞典』上海教育出版社、1999年を参照した。

17 1998年9月から1999年10月まで、赵树凯（国務院発展中心研究員）、呂紹青（農業部農村経済研究中心研究員）、白文宇（北京師範大学教育専攻修士）、徐伟（北京師範大学哲学専攻修士）などは、北京にある「民工子弟学校」に対して、大規模な調査を行った。赵树凯「边缘化的基础教育——北京外来人口子弟学校的初步调查」『管理世界』第5期、2000年、70頁を参照した。

18 中等師範学校及び専門学校（筆者註）。

19 高校卒業後に進学する2〜4年の専門学校および大学（筆者註）。

20 赵树凯、前掲論文（17）、73頁。

21 韩嘉玲「北京市『打工子弟学校』的形成、发展和未来」『中国民办教育組織和制度研究』中国青年出版社、2003年、406頁。

22 同上。

23 註（20）に同じ。

24 註（21）に同じ。

25 同上

26 赵树凯、前掲論文（17）、72頁。

27 刘翠莲ら、前掲論文（4）、4頁。山口、前掲論文（4）、7頁を参照した。

28 註（8）に同じ。

29 张兴瑞「上海市民工子女义务教育现状研究」上海市流動人口子女義務教育調査研究課題組、2004年、4頁。

30 若林敬子『中国の人口問題と社会的現実』ミネルヴァ書房、2005年、261頁。

2001年の中国農業部サンプル調査を参照した。

31　西田幸信『北京市における漢族出稼ぎ労働者の集住と就業──「民工潮」をめぐる凝集と差別』『現代中国』第76号、2002年、191頁。

32　『中国統計年鑑』(2002年)、392頁より、2002年の民工の農村送金総額が3,274億元となっている。農家固定資産原値が2001年末で4,884億元しかないので、出稼ぎ経済が農村をいかに潤しているかは十分に推測できる。「民工子弟学校」は、地元の出稼ぎ経済を支えているのであり、工場と共に利益を創出しているのである。

33　中国では、一般公立学校の教員の学歴面での資格要件として、小学校教員の場合は後期中等学校レベルの師範系中等専門学校、初級中学教員の場合は短期の後期教育機関である専科レベルの師範学校卒であることが求められる。植村、前掲書(9)、230頁を参照した。

34　山口、前掲論文(4)、10頁。
　　劉翠莲ら、前掲論文(4)、13頁。

35　註(8)に同じ。

36　同上。

37　教員資格を持った教員の占める割合が急減する要因は、流入地における定年退職教師の採用減少にある。

38　筆者は、2008年7月、上海市松江区広富林村に設置されている「富林文武学校」、普陀区桃浦鎮春光村桃苑団地内に設置されている「桃苑村小学校」、青浦区朱家角に設置されている「陽光学校」の3校を訪問し、インタビュー調査、参与観察および撮影を行った。調査によれば、「富林文武学校」と「陽光学校」の教員32人は全員教員資格を持っていた。大専およびそれ以上の学歴を持っている教員の占める割合は65.6％(大卒9.4％)を占めている。

39　中国では、教職に対して高級、一級、二級とランク付けを行っている。高級教師の資格を得た教員の比率は低い。仕事に抜群の能力を持っているだけではなく、人格など、の面でも優れた人でなければならない(筆者註)。

40　李祎「在合理性与合法性之間──対一所打工子弟学校尋求合法性的過程分析」孫立平、林彬、劉世定、鄭也夫編『北大清華人大社会学修士論文選編(2002〜2003)』山東人民出版社、2004年、302頁。

41 趙学勤、何光峰、杜文平「北京市流动人口子女就学问题研究报告」『改善城市流动人口子女教育研究报告集』北京教育科学院編、2001年、5頁。

42 植村、前掲書（9）、200～201頁。

43 上海市松江区教育委員会の統計データによれば、松江区における「民工子弟学校」の流入地定年退職教師の採用は、2006年9月18.1％、2007年3月16.7％、2008年9月12％となっており、かなり多い。その割合が2008年に減少する主因は、学校数に関係している。松江区における「民工子弟学校」数は2006年の46校、2007年の47校から2008年には32校に激減し、経済的に問題がない流入地の定年退職教師は、自宅から遠い学校への勤務は敬遠するのである。

44 韩嘉玲、前掲論文（21）、409頁。

45 註（8）に同じ。

46 同上。

47 「民工子弟学校」教員の平均月給は、民工と同程度の600～800元となっており、上海市戸籍市民の平均給料の1／3しかない。「民工子弟学校」が徴収した授業料は低く、教員給料を圧縮しなければ、利益が得られないと言われている。张兴瑞、前掲論文（29）を参照した。

48 近年、流入地教委が主導して設置された「民工子弟学校」や認可校の「民工子弟学校」の一部は、流入地地方政府から小額の補助金を得られるケースがあるが、全体的に言えば、そのような事例はそう多くない。2008年に、上海市は、在学中の児童の人数に応じて「民工子弟学校」に補助金を出す政策を決定したが、実行されるまでに時間を要する。

49 山口、前掲論文（4）、12頁。

50 韩嘉玲「城市边缘群体教育问题研究――北京市流动儿童义务教育状况调查报告」李培林他『农民工 中国进城农民工的经济社会分析』社会科学文献出版社、2003年、214～215頁。

51 程俐驄ら、前掲論文（8）、43頁。

52 韩嘉玲、前掲論文（21）、407頁。笠井、前掲論文（14）、149頁。

53 张兴瑞、前掲論文（29）、5～6頁。

54 経済の発展による都市中心区域の拡大が続いている。民工児童の集中居住地域は、どんどん郊外へ移動する傾向がある。民工児童の居住地域の変動に伴い、

「民工子弟学校」も郊外へ移動しつづけている。また、民工児童数の増加に伴い、既存施設が受け入れられなくなる場合、学校の移転が発生するケースが多い（筆者註）。

55 韓嘉玲、前掲論文（21）、407頁。
56 賃貸料の値上げが要求され、校舎の持ち主とのトラブルが度々発生する。また、民工児童数の少ない地域から、民工児童数の多い地域への移動は、設置者にとって、学校経営と収益を考えればやむを得ない選択である（筆者註）。
57 『朝日新聞』2006年11月7日付。
58 韓嘉玲、前掲論文（21）、406～407頁。
59 山口、前掲論文（4）、8頁。
60 韓嘉玲、前掲論文（21）、406頁、412頁。
61 程俐驄ら、前掲論文（8）、43頁。
62 註（52）に同じ。
63 張興瑞、前掲論文（29）、8～9頁。
64 植村、前掲書（9）、198頁。
65 笠井、前掲論文（14）、169頁。
66 韓嘉玲、前掲論文（21）、410～411頁。
67 趙樹凱、前掲論文（17）、74頁。
68 程俐驄ら、前掲論文（8）、43頁。
69 王滌等『中国流动人口子女教育调查与研究』经济科学出版社、2005年、30頁。

教員養成における地域

―― 日本の地域教師教育機構（構想）と
　　イギリスの地域教員養成機構 Area Training Organizations ――

　　　　　　　　　　　　　　　　　　　　　　　　　　　高野　和子

はじめに

　日本において教員養成と地域との関係――教員養成機関の地域的支持基盤の問題――は、長らく、国立教員養成系大学・学部の教員養成を想定した議論としてなされることがほとんどであった。明治期の公立師範学校以来、戦時期に官立専門学校としての格付け、戦後の「一府県一大学」「各都道府県には必ず教養及び教職に関する学部若しくは部を置く」という原則[1]での国立大学化と変化したものの、「地域への教員の供給は、原則として一貫して地元に所在する教員養成の学校・大学が担当し続けてきた」[2]というように、それは、主として義務教育学校の教員供給についての（期待される）役割に規定されてのことであった。1958年の中央教育審議会答申以来の「目的的計画養成」政策のなかで、この国立教員養成系大学・学部と地域の関係が強まる。かたや一般大学による教員養成については「補完」的・「任意的」なものとみなされ[3]、地域との関係が政策側から注目されることはなかった。

　しかし、一般大学自身が、教員養成と地域との関係について提起した事例がある。全国私立大学教職課程研究連絡協議会（以下、全私教協）[4]が1986年に提案した「地域教師教育機構構想」である[5]。

　本稿は、全私教協構想と、同構想が着想を得ているイギリスの地域教員養成機構（Area Training Organization, 以下ATO）とを、それぞれが前提とする「地域」"area" に注目して対比してみることで、教員養成と地域との関係に表れる日本

的特徴を明らかにしようとするものである。主流である国立教員養成系大学・学部を直接に扱うものではなく、また、対象が過去の構想・制度であるので、「教員養成における地域」の問題を包括的に検討できてはいない。が、「補完」的位置づけをされていた一般大学の構想に表れる日本的特徴は、日本の実態を自覚化・相対化し、今後の教員養成における地域を考える前提を提供しうると考える。

1 日本の地域教師教育機構構想における「地域」

（1）全国私立大学教職課程研究連絡協議会の「地域教師教育機構構想」

　全私教協による「教師教育システム開発の基本構想――大学の自治と教職の自律のための第一次提案」と題された構想は、概略以下のような内容である。
　「教師教育（養成と研修）の内容、方法、機会の提供に関する研究開発と、教師のリクルートに関する研究と協議」を主たる目的として、都道府県および政令指定都市を「基礎的単位」にして機構を組織する。「構成する成員」は基礎単位内の「大学、短期大学およびその他の課程認定機関」「各学校」「教育研究所、教育センター等」「教育行政当局（教育委員会）」「教員団体」「教育研究団体」である。行う事業は、「1．教師教育プログラムの研究と開発、2．教育実習の管理と実施、3．教師研修プログラムの研究と開発、4．教師採用方法の研究と開発、5．就学人口動態の予測に基づく教師リクルート計画についての調査、および連絡調整、6．地域教師教育機構相互の情報交換および連絡調整、7．その他目的の実現に関連する基本的事項についての調査、研究、連絡および協議」である。
　さらに、基礎単位の機構が集まって「広領域機構」（たとえば関東教師教育機構）を構成する、とされた。

（2）自治のためのフォーラム

　この地域教師教育機構構想が想定する「地域」は、行政区画としての都道府

県および政令指定都市である。同構想がめざしたのは、そうして都道府県および政令指定都市を「基礎的単位」とする機構に集まった関係者の、協議に基づく自治である。地域教師教育機構の可能性をタイトルとしたシンポジウムのサブタイトルが、「管理から自治へ」となっていた[6]ことは、この構想に込められた期待を端的に表している。

さらに、機構構想に将来的に託されていたのは、事業に列挙されている、養成・研修・採用・需給計画といった教師教育に直接に関わる事柄だけではない。「……地域教師教育機構という制度装置は、将来教職に就こうとする青年と、そのような若者を教職に迎えようとする教職者と、例えば学校で学ぶ生徒児童（子ども）と、その監護者（ふつうは子どもの親）と、大学や短期大学で将来教職に就く若者を教育している人々と、加えて、当該地域の教育行政に携わる人々、地域の産業や教育に高い関心を抱く方々の代表に参加してもらって、教師教育・教員採用・教員研修、そして、将来可能ならば、地域別教科書採択や教育内容開発の自治的機構になることを目指した組織なのです」[7]というように、多様な主体でより広い領域に及んで、教育における地域自治を実現することへの希望が込められていた。

（3）イギリス研究との接点

ところで、地域教師教育機構構想は、イギリスの地域教員養成機構ATOからその着想の一端が得られている。全私教協の提案は、直接的には協議会の実際の活動経験——例えば、京都地区では、大学・教育委員会・校長会・教員組合の四者による協議会方式が成立していた——から発想されたものであるが、「遠くはイングランドの教師教育制度改革を参考にしながら構想されている一面もある」[8]、「内発的に関係者の協議体制がつくられつつあった状況下で、ATOが先例としてヒントになったことは確か」[9]というようにである。

"地域を基礎に関係者を組織して教師教育に関わる事項を協議する"という構想を提案したのは、全私教協のみではない。大田堯は、採用・研修について「いままでのように、すべて教育行政当局が主導して、ことをすすめる方向は、あらためられなくてはなりません」として、「教師教育地域機構をつくれ……

行政と大学と、教員組合をふくむ教師の研究団体などの代表によって……地域地域に、教育実習、採用、研修を管理、運営する協議体を中心に教師教育地域機構を創出する必要があります」という提案を行っている[10]。また大田が日本教職員組合からの委嘱で会長を務めた第二次教育制度検討委員会の報告書[11]、及び同じく大田が日本教育学会会長であった時期に組織された同学会教師教育に関する研究委員会報告書[12]にも、教育実習や教員採用の問題について、都道府県（政令市・市町村）ごとに関係者で組織を設けて対応するという提案が見られる。大田は、これらの提案とイギリスのATOとの関係について「日本の状況・事情の中で常にイギリスに関心を持ち続け、教師が過半数を占めるというSchools Councilを訪問するなどした。同じ文脈でATOにも関心を持ったが模倣したという意識ではない」と回想している[13]。

　大田がATOに明示的に言及したのは、いわゆる「家永教科書裁判控訴審」で国側から提出された証拠文書[14]に対して反論を試みた論文の中においてである。「教育カレッジのカリキュラムやそれにもとづく教員資格の実質上の認定（試験）（形式的手続きとしては文部大臣の承認を経るのだが）などアカデミックな分野の管理運営は実質的には地域の大学と密接に結びつけられており、その結合機構が全国で二〇を数える地域教員養成機構（Area Training Organisation）である。A.T.O.sと略称されるこの機関は、多くのばあい大学がイニシアをとってはいるが、その他教育カレッジ、地方教育当局（教育・科学省の補佐官を含む）教員団体の代表からつくられている機構である。つまり日本のように、文部当局が国立のいわゆる教員養成大学の教育課程の組み方にたいしてまで、研究に力点をおいた一般大学の講座制にたいして、学科課程制を省令によって一方的に強制するなどの統制をあらわに加えるというようなことは、とうてい考えられないことなのであり、その運営の性格に著しいちがいがあるのである」と述べられている[15]。

　このように、ATOを、教員養成におけるパートナーシップを担保し、教員養成への国家介入を抑制して自律を可能とする装置とするとらえ方は、その後の日本のイギリス研究にも引き続き見られる。例えば、三笠乙彦は1996年に「教育のイギリス・モデルは、戦後のわが国の教育がくぐってきた現実との対比で、いわば理想への讃仰にも似た感情をわれわれに生じさせるていのもので

あった」[16]、(地域教員養成機構では)「教員養成カレッジは、このように地域という原則にもとづき、教員養成関係者とともに団体をつくり、教員養成機関の管理・運営においてみずからの自律を保持しました」[17]と書き、日本において教員養成を担当する側と教員採用を行う側のパートナーシップが欠落していることを批判していた。

全私教協が自治のためのフォーラムとして地域教師教育機構を提案する背景には、教師の教育権をめぐって文部省・教育委員会と教員・教員組合の間に厳しい対立状況が続いてきたなかで、イギリスの教育・教育課程行政についての日本での研究がこのような評価を一般的としていたことを見落としてはならない[18]。

(4) 教員の資質向上連絡協議会

この全私教協の提案の直後、1987年度予算において、文部省は、新規事業として「教員の資質向上連絡協議会」の開催に要する経費を確保した。

教員の資質向上連絡協議会は、「大学、教育委員会、学校の間の連携、協力をより緊密なものとするため、教員の養成・採用・研修に係る……協議課題について定期的に協議し、教員の資質・能力の向上に資する」ことを趣旨とし、各都道府県を単位とする「都道府県連絡協議会」、及び全国を五ブロックに区分して開催する「地区連絡協議会」からなる。構成するのは、「地域内の大学、教育委員会及び小・中・高等学校関係者」である。協議課題は、「①大学の教員養成に係る諸問題（教育内容の改善等）、②教育実習に係る諸問題（大学と実習校間の連携等）、③教員の採用に係る諸問題（採用方法の改善等）、④教員研修の内容、方法に係る諸問題（研修における大学院修士課程の適切な位置づけ等）、⑤その他教員の資質向上に係る諸問題」である。[19]

教員の資質向上連絡協議会は、都道府県を単位とする組織を基礎としてその上に広域の組織をおくこと；基礎単位内の教師教育の関係者を構成メンバーとすること；教員養成・採用・研修といった広範な事項を取り扱う機構として提案されていること、という三点で全私教協の地域教師教育機構構想と相似形となっている。

教員の資質向上連絡協議会に対して、全私教協は、自らの地域教師教育機構構想の「原則的な趣旨・全体計画に照らして、文部省主導の協議機構の意味・限界・問題点などを及ぶ限り明らかにし、批判すべきことは批判し、私たちが準備すべきことは準備するようにしなければならない」という構えをとり、五ブロックの地区協議会に私立大学側代表者を推薦することにした[20]。推薦を受けて資質向上連絡協議会に参加した代表者による全ブロックの会議の記録と感想が『会報』に収録され、問題点・課題の検討も試みられた。全私教協は資質向上連絡協議会を地域教師教育機構構想への発展契機と位置づけようとしていたといえる[21]。

　しかしながら、資質向上連絡協議会では、ブロックごとの地区連絡協議会が地域内の幹事県の教育委員会におかれ[22]、開催される地区連絡協議会では、教員養成・教員採用・現職研修・免許法認定講習等といった事項についての議事が「文部省説明の後、参加教育委員会からの基調報告を踏まえて協議」するパターンで進められる[23]。全私教協の代表出席者からは、当初から、話が一方通行的で協議の中から新しい方向性を見いだすようなことは不可能であり、「教師教育の国家統制の危惧」すらあると指摘されていた[24]。

　国立大学が県（教育委員会）との密接な関係を維持してきたのに対し、私立大学は「（教員供給の実態からみれば――引用者注）開放的制度のもとでの大学における教員養成の実態を成り立たせているのは、私立大学における教員養成である」[25]という教員供給実績を持ちながらも、なかなか政策担当者との協議の機会を保障されてこなかった。県レベルの教育エスタブリッシュメントから疎外されることの多かった私立大学であるからこそ、既得権益者を超えた多様な関係者の組織化による自治の機構を構想したとも考えられる。

　教員の資質向上連絡会によって、関係者が一つのテーブルについて協議を進めるという形が実現したこと、私立大学の教員養成担当者が県・広域レベルの協議の場において確実に発言の場を得たことは前進ではある。しかし、地域教師教育機構構想が、理念の異なる教員の資質向上連絡協議会にからめとられていったという傾向は否定できないだろう。その際、環になったのは、行政区画としての都道府県を基礎単位として「地域」を措定し、その域内の教師教育関

係者を集める、という共通の形態であった。

2　イギリスの地域教員養成機構
Area Training Organizations における地域 "area"

（1）ATO とは

　ATO（地域教員養成機構）は、第二次世界大戦後の教育改革の中で設立され、その後のイギリスに約30年間存在した[26]教師教育の管理・運営機構である。

　ATO は、地域 "area" の大学（university）、準大学（university college）、教員養成カレッジ[27]及びその地域にかかわる地方教育当局の代表が構成メンバーとなって組織される[28]。各 ATO の地域 "area" と、構成メンバーとなる教員養成カレッジについては、文部大臣の承認を得なければならない[29]。

　ATO の機能は、①地域内のカレッジ間の協同を監督 supervise・保証すること、②地域内の教育学研究 the study of education の促進、③教員養成課程修了学生で有資格教員 qualified teachers として承認するのに適切であると判断した者の氏名を文部大臣に提出すること、である[30]。

　各教員養成カレッジの教育内容については、「ATO の監督の下で、教員養成カレッジの当局が確定し運営する」[31]。有資格教員資格取得の前提としての試験実施と、そのためのシラバス作成を、ATO において構成メンバーが協同で行うことを通して、地域内の教員養成の内容に対する実質的な基準がつくられる。教員養成の内容を国が直接規制せず、この ATO の存在によって養成機関の自主性が尊重されている[32]と紹介されるゆえんである。

（2）設立と戦後初期の状況

　表1は戦後初期に設立された17のATOの一覧である。ATO は、戦後の教員養成制度改革について検討したマックネア委員会報告書[33]が、教員養成の関係者で構成される組織を地域に（area basis）設けるべきである、という提案

を行ったことを受けて導入されることになったものである。しかし、マックネア委員会内で、この地域組織と大学との関係について合意が得られなかったため、報告書には2つの案が併記された。教育制度全体の中での大学の位置と責任、初等中等学校教員に求められるものと大学の本来的仕事との関係、について、意見が割れたのである[34]。実際に設立されたATOにもふたつの型が存在した。表1で「型」と表しているうち、Aは、教員養成の地域機構を大学の内部部局として設立し、大学が地域の教員養成に責任を負うことを明確にしたもの。Cは、大学とは別の独立した組織として設立されたものである。

設立に際しては、どこか（例えば文部省）で、全国を地域"area"に分ける

表1　設立期のATO一覧

No.	名称（設立年）	型（大学との関係）
1	University of Birmingham Institute of Education(1947-)	A
2	University of Bristol Institute of Education(1947-)	A
3	University of Durham Institute of Education(1947-)	A
4	University of Exeter Institute of Education(1948-)	A
5	University College of Hull Institute of Education(1947-)	A
6	University of Leeds Institute of Education(1948-)	A
7	University College of Leicester Institute of Education(1948-)	A
8	University of London Institute of Education(1948-)	A
9	University of Manchester School of Education(1948-)	A
10	University of Nottingham Institute of Education(1947-)	A
11	University of Oxford Institute of Education(1951-)	A
12	University of Sheffield Institute of Education(1948-)	A
13	University of Southampton Institute of Education(1947-)	A
14	University of Wales Institute of Education(1948-)	A
15	Cambridge Institute of Education(1949-)	C
16	Liverpool Institute of Education(1949-)	C → 1954年にAに移行
17	Reading Institute of Education(1948-)	C → 1955年にAに移行

（NA, ED159 Ministry of Education: Teachers Branch: Area Training Organization, Registered Files (RV Series) 1947-1963 より作成。）

という計画がなされたわけではなく、まず各大学が設置するか否か、どのような型の機構とするかを検討・決定し、その後、どの教員養成カレッジや地方教育当局が構成メンバーになるかが文部省とのやりとりの中で決まっていく。大学の発意によって形を成していく制度であり、文部省の指示が前面に出ることはなかったが、実際には勅任視学官が状況把握と判断に最も重要な役割を果たした[35]。文部省は各大学での議論の進行状況を集約しようとするが、事態が流動するため、省内では繰り返し、縦に大学名、横に構成メンバーの種類や人数を記入する一覧表を作成・修正して全体像を把握しようとしていた[36]。

当初、C型の組織としてスタートしたリヴァプール（16——以下、括弧内の数字は表のNo.を示す）、レディング（17）のATOは1950年代半ばにあいついでA型に移行した。このため、ケンブリッジ（15）以外のATOはすべて、評議員会（Senate）の下におかれる大学の内部組織となり、大学がATOを通じて当該地域の教員養成に責任を負うシステムとなった。

（3）1970年代初頭における状況

その後、大学が教員養成に責任を負うことに対して、教員養成の内容面、とくに教職教養的な内容やその運営について、アカデミズムに傾斜して実践的でないなど、様々な問題点が指摘され、高等教育が大学セクターと継続教育セクターで構成されるいわゆる二元制で拡充されていったこととも関わって、1960年代後半から教師教育の全般的な見直しの気運が高まった。ATO——大学が地域の教員養成に対して責任を持つシステム——の将来をどうするかをも含め、1970年2月に教育科学大臣から、その後、保守党への政権交代後、1971年1月には教師教育検討のために大臣が任命したジェームズ委員会から、各ATOに対し、実態調査報告書の作成が依頼された。

表2は、これらの依頼が発送された宛先の一覧である。17までが戦後初期設立のATOで、18以降がその後の増加に関わるものである。キール（18）・ニューカッスル（19）が1963年に設立され、1967年にはランカスター（21）、1970年にはサセックス（20）と、新しく大学が設立されるのにともなって、新たなATOが生まれていることがわかる。

表2　1970年代初頭における状況

No.	名称（下線部は表1の時点からの変更部分）
1	University of Birmingham <u>School</u> of Education
2	University of Bristol <u>School</u> of Education
3	University of Durham Institute of Education
4	University of Exeter Institute of Education
5	<u>University of Hull</u> Institute of Education
6	University of Leeds Institute of Education
7	<u>University of Leicester</u> Institute of Education
8	University of London Institute of Education
9	University of Manchester School of Education
10	University of Nottingham <u>School</u> of Education
11	University of Oxford <u>Delegacy for Educational Studies</u>
12	University of Sheffield Institute of Education
13	University of Southampton <u>School</u> of Education
14	University of Wales Institute of Education
15	Cambridge(<u>University Department of Education and</u> Institute of Education)
16	<u>University of</u> Liverpool Institute of Education
17	<u>University of</u> Reading School of Education
18	University of Keele Institute of Education
19	University of Newcastle-upon-Tyne Institute of Education
20	University of Sussex School of Education
21	University of Lancaster School of Education
22	University of Warwick
23	University of Aston in Birmingham
24	Brunel University Department of Education
25	Loughborough University of Technology
26	Bath University of Technology School of Education

（NA, ED145 Committee of Inquiry into Teacher Training (James Committee): Minutes, Papers and Report 1971-1972 より作成。）

しかし、高等教育の拡充によって大学の数が増えるにしたがい、状況は複雑になっている。どこのATOにも属しておらず今後も独立してやっていくとい

うブルネル（24）[37]、独自の ATO を設立することも近隣のブリストル（2）の構成メンバーになることもしていないバス（26）[38]、というように、地域の教員養成における大学の立ち位置を表現するものであった ATO というシステム自体の不安定化は明らかであった。また、"ATO や教員養成にはまったく関係がないので、当該地域のことはバーミンガム（3）に問い合わせてほしい"[39]と返答したアストン（23）のように、教育科学省が ATO システムの全体状況を十分に把握できていなかったことを疑わせる例も含まれている。

（4）つくり出される地域 "area"

表1・表2はいずれも公文書館のファイルがどのような名称で分類されているかを示す表でもある。ATO は大学名を標識（タグ）として把握される組織である。大学が増えて新しい ATO が設立されるという場合、それは、地域"area"が新たに設定されるということなのである。

ATO は、地域 "area" を区分してその中の関係者を集めるという組織の仕方ではなく、まず中心に大学があって、それに対して教員養成カレッジや地方教育当局が繋がっていく、という組織のされ方をした。そのため、次のような特徴が生じることになった。

第一は、地域 "area" は行政区画とおよその対応関係をもつものの、明確に境界線で線引き・区分できるとは限らないということである。同一の地方教育当局や教員養成カレッジが複数の ATO の構成メンバーになっている場合がある。例えば、戦後改革期、レスター地方教育当局はバーミンガム（1）とレスター（7）の両方の文書に構成メンバーとして掲載されていた[40]。また、同一地方教育当局の中にある教育カレッジが同じ ATO に属するとは限らず、複数の ATO に分かれて所属する場合がある。例えば、1973 年の早い時点で、ランカシャー地方教育当局の維持管理するパドゲイト教育カレッジはマンチェスター（9）に、エッジ・ヒル教育カレッジとマーシュ体育教育カレッジはリバプール（16）に、チョーリーとプルトン・ル・ファイドはランカスター（21）に分かれていた[41]。

第二は、上記第一点の原因ともなることであるが、教員養成カレッジが自

らの意思で所属先のATOを選択・変更する場合があるということである。レディングATOの年報が「教員養成カレッジ当局が自由選択権を行使した結果」、同ATOを構成する教員養成カレッジの分布がいびつになったと指摘している[42]ように、特に戦後初期、制度の確立期には教員養成カレッジが別のATOに移動することは珍しくなかった[43]。また、その後も移動は生じており[44]、例えば、上記のエッジ・ヒル教育カレッジは、1973年9月にリバプール（16）からランカスター（21）に移っている[45]。移動は、地理的なアクセスの問題を要因とする場合もあるが、ATOに責任を負っている大学の教員養成に対する態度や学風を教員養成カレッジ（教育カレッジ）が選ぶという意味合いが大きい。

地域 "area" は所与の行政区画をそのまま意味するものではなく、また教員養成カレッジや地方教育当局にとっては、所在地によって所属ATOが決まるとは限らないのである。

3　それぞれの「地域」の背景

日本の地域機構構想における「地域」とイギリスのATOにおける地域 "area" がそれぞれ上述のようなものであった背景には、主としてふたつのことがあるだろう。

第一は、イギリスにおいては大学の数は長らくきわめて限定的で、教員養成カレッジを含む他の中等後教育機関との間には、圧倒的なステータスの違いがあったことである。国家と対抗しうるのは少数の大学のみという状況下で、ATOは、教員養成の管理・運営機構を学位授与権（チャータリング）・人事権を有する大学の内部組織として設置し、大学の学問水準と自治によって教員養成の水準と自律性を保証するしくみとなりえる。この意味で、ATOは、関係者の協議による地域自治の機構であるよりは、まず、中心となる大学の大学自治に依存するものであった。この点が、戦後改革時に、多様な教育機関が（実体的な格差・差別の存在は残るものの）制度的には「大学」格を有することになった日本とは、議論の前提が異なっている。

第二は、教員の人事行政が異なることである。日本では、現在のところ、公立学校教員に関わる諸権限（採用・配置・昇任・研修・分限等）が都道府県教育委員会に集中していることが顕著な特徴である。しかも、教員採用試験以後、教職キャリアを一つの雇用主の下で送る教師が大部分であるから、都道府県教育委員会、行政単位としての県のもつ意味合いはきわめて大きい。これは、地方教育当局が教員確保のためにプール制をとることはあったものの、個々人が新聞広告で次の勤務校を探して学校と新たな雇用契約を結ぶという教員就職方法が基本であったイギリスとは大きく異なるところである。

　教育を含めて地方行財政が県域をベースにしていること。教師教育については、採用・研修（の大部分）が都道府県教育委員会の側にあり、採用されなければ取得した教員免許状は実効性を発揮しないという関係の下に大学が行う教員養成がおかれているのであれば、所与の行政単位である都道府県が「地域」として措定されるのはごく自然な発想となる。ここでは、構成メンバーの意思的な選択によってつくりだされるという「地域」観は生まれない。

　これらは、もちろん、日本の地域機構構想がイギリスのATOに比べて劣っていたということを意味するものではない。イギリスで意思的な選択を支えた上記第一の要因は、大学が家父長制的な大学自治のもとに地域内の教員養成カレッジ（教育カレッジ）を保護するという性格をATOにもたせるものでもあった。高等教育機関として成長していく教育カレッジにとってこれが桎梏となる場合もあったことが、ATOを大学自治を超えた地域自治の基盤として発展させきれないまま消滅させた一因ともなっていたのである。

おわりに

2000年代に入って、大学の地域貢献、地域社会との連携・交流が強調されている[46]。それは国立大学にとっては「スクラップ・アンド・ビルド」で「県域を越えた大学・学部の再編・統合」が言われる[47]など、行政上の単位であった「県」がもはや「一府県一大学」といった形で大学設置の単位ではなくなって

きたことの中で生じている事態である。「一府県一大学」原則を体現するような存在であった地方国立大学の教員養成系学部にとっては、再編統合の動きはとりわけ厳しい[48]。そして、学部の存続が問われる状況になる中で、統合反対の根拠として「地域への貢献」「地域との連携」の歴史と実績が改めてクローズアップされてもいる[49]。

注意を要するのは、教育分野では、大学と「地域」との連携が、大学と「教育委員会」との連携として進められてきたことである[50]。1（4）でとりあげた教員の資質向上連絡協議会は、このなかで、全私教協がめざしたような地域を基礎にした関係者の自治になることのないまま、「大学と教育委員会等との連携」として吸収されてしまう[51]。

「連携」のとりくみは、国立大学の独立法人化（2004年4月）以降、いっそう活発化している観があるが、「地域」を自覚化した先進的な試みを早くから継続している例[52]や「地域」の単位を市町村とするものなど、多様な性格のものが混在している状況である。

全私教協が、全国から中退・不登校生を受け入れてきた北星余市高校にとっての「地域」が多面的な概念であることを手がかりに、教員養成の正統性の根拠を県域に限定されない多層的な「地域」とのかかわりで再構成しようとするシンポジウムを開催したこと[53]も注目される。

いま、改めて、教員養成という公共性をもつべきいとなみにおいて、「地域」をどうとらえ、どのように関係を結んでいくのかを再考する必要がある。これは「国家権力との対抗としての学区」[54]を教師教育の領域で構想することでもあろう。

〔註〕

1　文部省、新制国立大学実施要綱「国立大学設置の11原則」1948年6月22日。
2　溝口謙三「大学の地域的機能──教育学部における教員養成の機能を中心として──」『山形大学紀要（教育科学）』第6巻（第2号）、1975年、92頁。
3　岡本洋三『開放制教員養成制度論』大空社、1997年、262頁。
4　全私教協は「私立大学における教師教育の社会的責務とその重要性にかんがみ、相互に研究を深め、協力することによって、開放制免許制度の下における

教師教育の充実に寄与すること」を目的として 1980 年 5 月に設立された（全国私立大学教職課程研究連絡協議会『私立大学の教師教育改革——十年のあゆみ——資料編』1992 年、2-13 頁）。

5　第 6 次態度表明『臨時教育審議会第二次答申と政策動向について——特に教師教育の面から考える』（1986 年 12 月 20 日）の「5．教師教育システム開発の基本構想——大学の自治と教職の自律のための第一次提案」（注 4 に同じ。605-608 頁）。なお、すでに第 2 次態度表明で協議会内部向けの提案を行っていたという（全私教協『私立大学の教師教育改革——十年のあゆみ——本編』1994 年、114 頁）。

6　「シンポジウム：地域教師教育機構の可能性 ——管理から自治へ——」『教師教育研究』第 1 号、1989 年、127 頁。

7　鈴木慎一「全国私立大学教職課程研究連絡協議会の遺産と課題：21 世紀の教師教育の観点から——地域教師教育機構の開発が持つ可能性——」『教師教育研究』第 17 号、2004 年、4-5 頁。

8　鈴木慎一「日本における地域教師教育機構の可能性——協議会活動の経験から——」『教育学研究』54（3）、1987 年、50 頁。

9　2008 年 12 月 9 日付鈴木慎一氏より筆者宛のメール。鈴木は地域教師教育機構構想を提案した際の全私教協事務局長であった（事務局長在任は、創設時の 1980 年から 1996 年まで）。

10　大田堯『私たちののぞむ教育改革　選抜から選択への転換を』岩波ブックレット No.31、1984 年、53 頁。

11　『第二次教育制度検討委員会報告書——現代日本の教育改革』勁草書房、1983 年 9 月、224-234 頁。なお、梅根悟会長時代（大田は委員のひとり）の教育制度検討委員会第二次報告書『日本の教育をどう改めるべきか』（勁草書房、1972 年 7 月）において、すでに「地域ぐるみのすぐれた教師養成の制度機構が、地教委、大学、および地域の教師の代表によって編成されることが望ましい」という提案がなされている（126 頁）。

12　日本教育学会教師教育に関する研究委員会編『教師教育の課題——すぐれた教師を育てるために』明治図書、1983 年。

13　筆者の問い合わせに対して、2008 年 12 月 7 日談。

14 市川昭午「イギリスの教育課程行政——教師の自由とその条件」『教育委員会月報』第249号、昭和46年5月号、1971年、12-35頁。

15 大田堯「教師の自由とその条件（二）——教科書裁判《乙号第一二七号証》の問題点——」教育科学研究会編『教育』第24巻第11号、1974年10月号、87頁。

16 三笠乙彦（1996）「『秘密の花園』を暴いた後に——イギリス教員養成が直面する問題について」『小学校教員養成の制度とカリキュラムに関する国際比較研究』東京学芸大学教育学研究室、45頁。

17 三笠、同論文、50頁。

18 ATOの実態が地域の自主的運営であることを認めつつ、その設立を教員養成における統一的な国家的制度の実現を意味するものととらえた研究もあった。松本尚家「イギリスにおける1944年の教育改革と教員養成の最近の動向」『東京外国語大学六十周年記念論文集』（1958年）は「地域教員養成組織の実施は、EnglandとWalesにおける教員養成の国家的制度（national system）の実現を意味するもので、戦後の教員養成の注目すべき方向を示唆している。しかし注目すべきことは、文部大臣は、この事業を直接コントロールせずに、各地域の当事者の自由を尊重し、組織の自主的運営によって地域的特性を生かすとともにそれぞれの養成機関、それぞれの地域機構の自主的協力を通じて、教員養成活動の国家的統一を方向付けていることである」と述べている（321頁）。1944年教育法（バトラー法）の基本的性格をめぐる研究動向と関わって、検討を要する点である。

19 古寺雅男「提案その3」『教師教育研究』第2号、1990年に紹介されている「昭和62年度「教員の資質向上連絡協議会」実施要項」による。

20 1987年第二回代議員会の決定（全国私立大学教職課程研究連絡協議会『会報』No.15（1988.4.15））。

21 山田昇「地域教師教育機構の今後の可能性」『教師教育研究』第8号、1995年、22頁。また、例えば、「1987年度第三回代議員会記録」では「「教員の資質向上連絡協議会」について」は「地域教師教育機構関連事項」の項目として記録されている（全私教協『会報』No.17（1989.3.10））。

22 註19に同じ。

23 教職員課「解説 教員の資質向上連絡協議会の実施について」文部省初等中等教育局地方課『教育委員会月報』第47巻第3号、1995年。

24 岡田忠男「提案その2」『教師教育研究』第2号、1990年。

25 註21の山田昇論文、17頁。

26 法令上の根拠規程は1975年に消滅したが、ATOの業務は実際にはその後も長く大学によって担われた。

27 高等教育に関するロビンズ委員会報告書(1963年)の提案を受けて、training college 教員養成カレッジがcollege of education 教育カレッジに名称変更された。本稿では対象となる時期によって二つの用語を使用しているが、引用文のなかの用語は原典通りである。

28 The Training of Teachers Grant Regulations 1947, Reg.4 (a).

29 *Ibid.*, Reg.4 (d).

30 *Ibid.*, Reg.4 (b) (c).

31 *Ibid.*, Reg.11 (1).

32 中島太郎編『教員養成の研究』第一法規、1961年、361-362頁。

33 *Teachers and Youth Leaders-Report of the Committee appointed by the President of the Board of Education to consider the Supply, Recruitment and Training of Teachers and Youth Leaders*,1944.

34 詳しくは、拙稿「教員養成における大学の役割――イギリス戦後改革の再検討(その3)――」『明治大学人文科学研究所紀要』第56冊、2005年を参照。

35 これらについては、Kazuko Takano (2009), 'The Significance and Limitations of Area Training Organizations - a Japanese Perspective', *History of Education Researcher,* No.84を参照。なお、本稿はこの論文及び拙稿「教師教育改革と教員養成の専門家集団としての大学」『日本教師教育学会年報』第16号、2007年と内容的に重複するところがある。

36 National Archive (NA), ED86/193には、この種の一覧表が大量に保存されている。

37 1971年3月5日付、副総長J. Toppingからジェームズ委員会宛手紙(NA, ED 145/30)。

38 ただし、1971年8月1日からはブリストルと合同ATOとなる予定であるとい

う (ATO Review: Report from Bath University School of Education to the Secretary of State for Education and Science (NA, ED145/29)).

39　1971年3月17日付、副総長 J. A.Popeからジェームズ委員会宛手紙(NA,ED145/28).

40　NA, ED159/1（バーミンガム）と NA, ED159/43（レスター）の資料のつきあわせによる。

41　Berry, M. (1973). *Teacher Training Institutions in England and Wales: a bibliographical guide to their history*. London, Society for Research into Higher Education.

42　Reading Institute of Education, *Annual Report 1949-1950*, pp.6-7.

43　W.R.Niblett, D.W.Humphreys, J.R.Fairhurst (1975), *The university connection*, National Foundation for Educational Research, pp.158-183. 及び D.R.Crook (1975), 'The Reconstruction of Teacher Education and Training 1941-54, with Particular Reference to the McNair Committee' (unpublished PhD., University of Wales, Swansea), pp. 226-238. にケース・スタディがある。

44　Berry, M., *op.cit.*, p.42.

45　McClintock, M. (1974), *University of Lancaster:Quest for Innovation-a history of the first ten years,1964-1974,* The University of Lancaster, p.189.

46　例えば、国立大学の特に優れた地域貢献を重点的に支援する「地域貢献特別支援事業」の創設（2002年度）。

47　文部科学省「大学（国立大学）の構造改革の方針」（2001年6月）。

48　国立の教員養成系大学・学部の在り方に関する懇談会（2002年11月）『今後の国立の教員養成系大学・学部のあり方について』。

49　例えば、埼玉大学との統合問題が群馬大学教育学部と県教育界にもたらした事態の報告として森部英生「大学統合と教員養成学部──「パワーアップ」と「地域貢献」の狭間で──」『教育学研究』第69巻第4号、2002年。

50　教育職員養成審議会「養成と採用・研修との連携の円滑化について（第三次答申）」（1999年12月10日）の「Ⅴ．大学と教育委員会等との連携方策の充実」。また、文部科学省初等中等教育局教職員課（2001年8月）「教員養成等における大学と教育委員会の連携の促進に向けて──手を結ぼう、大学・学校・教育委員会──（教員養成等における大学と教育委員会の連携の在り方に関する調査

研究報告書)」。

51 注50の教養審第三次答申では、大学と教育委員会等との連携の今後の方向として、教員の資質向上連絡協議会を、これまでの情報交換を中心としたものから、「教員の養成・採用・研修の改善を図るための具体策を策定・実施する取組を通じて一層連携を深める方策を、都道府県段階等で検討する」場とすること、「その際，教育委員会は，教員養成大学・学部だけでなく，一般大学との連携方策についても検討することが必要」「さらに，都道府県レベルの範囲を越えて，広域的な範囲で大学と教育委員会との連携についても検討することが必要」としている。

52 例えば、福井大学教育地域科学部（寺岡英男「「地域」を軸にした教員養成系学部の再編」日本教育学会第63回大会特別課題研究「教師教育の再編動向と教育学の課題」報告他、2004年)。

53 「第21回研究大会　公開シンポジウム　地域に求められる魅力ある教師とは（2001年5月19日開催)」『教師教育研究』第15号.

54 三上和夫『学区制度と住民の権利』、大月書店、1988年、p.84

在日外国人児童生徒に対する地域教育の将来像
―― 中国帰国児童の保護者への調査を通して ――

于　涛

　本研究では、中国帰国者が集住する地域にあるＡ公立小学校に在籍する中国帰国児童とその保護者に対するインタビュー調査を通して、地域教育のあり方を検討する。在日外国人児童・生徒の実態を概観したうえで、中国帰国児童に焦点を当て、その家族的背景を明らかにし、中国帰国者が集住する地域における地域教育の将来像を展望する。

1　在日外国人児童・生徒の実態

　在日外国人が増加していった過程を時期区分すれば、次の3つに区分できることが駒井洋によって指摘されている[1]。第1期は、1970年代末から1980年代前半までである。この時期はフィリピン女性を初めとする風俗産業に従事する女性の外国人労働者に「興行」[2]の在留資格が多用されている。次いで、インドシナ難民、中国帰国者二世・三世、欧米系ビジネスマン等である。第2期は、1980年代後半からバブル経済が崩壊する1990年代初頭で、資格外就労者及び超過滞在者からなる非正規外国人労働者、ラテンアメリカからの日系人である。第3期は、1990年代初頭以降で、国際結婚と日系企業の国際進出に伴って外国人雇用という形態が生み出されつつあった。とりわけ第3期の1990年代初頭以降では、1989年に「入管法」が改正され、翌年施行されたことが増加の要因として挙げられる。これにより、日系ブラジル人や中国帰国者の増加が目立つようになった。日系ブラジル人、日系ペルー人、中国帰国者二世・三

世の在留資格の特徴は、在留期間の活動の制限がないことである。彼らはほとんど半熟練労働に従事し、核家族の単位で生活を送り、夫婦共働きが多い。

このような「日系出稼ぎ者」の増加に伴って、同伴する学齢期の児童・生徒も増加することとなった。また、1990年代初頭に来日した日系人の若い年齢層が日本で結婚し、日本生まれ・日本育ちの日系二世も増えつつある。

現在日本の公立小・中学校に在籍している外国人児童・生徒は、滞日期間によって2種類に分けることができる。まず第1に、来日して日が浅い外国人児童・生徒である。第2には、日本生まれや幼少期に来日した外国人児童・生徒である。外国人児童・生徒が増加したことに鑑み、1991年度から文部科学省は、日本語指導を必要とする外国人児童・生徒の人数を把握するために調査を開始した。表1-1は1991年度から2008年度まで学校種別にまとめた「日本語指導が必要な外国人児童・生徒」数である。1991年度から「日本語指導が必要な外国人児童・生徒」が急増し、1991年度では小・中学校合計5,462人であったが、1993年度は10,450人になり、1991年度より倍増した。1997年度の小・中学校の合計人数は1991年度の約3倍の16,825人となった。2008年度の小・中学校合計人数は1991年度の5,462人に比べて約5倍の27,080人となった。

また、「日本語指導が必要な外国人児童・生徒」の母語別在籍状況を見ると、ポルトガルを母語とする子どもたち（そのほとんどはブラジル出身の日系人）の数は小・中学校を合わせると11,176人で、全体の41.3％で最も多い。次いで中国語が5,164人であり、全体の19.1％となっている。スペイン語は（ペルーをはじめとする中南米出身の日系人）3,465人であり、全体の12.8％となっている。これらの3言語を母語とする子どもたちが全体の7割以上を占めている（表1-2参照）。

文部科学省の調査では、「日本語指導が必要な外国人児童・生徒」の数をある程度把握することができたが、日本生まれや幼少期に来日し、日常生活言語に支障がなく学習思考言語に問題を感じる児童・生徒の数を反映していない。また、文部科学省の調査は明確な基準がなく、調査対象校に判断を任せ、日常生活言語が不自由な児童・生徒に偏る傾向がある。

近年、日本の公立小・中学校に日本生まれや幼少期に来日した外国人児童・生徒の増加が目立っている。筆者は2008年9月から2009年10月まで中国帰

国者が集住する地域にある A 公立小学校で参与観察調査を行い、次の2点を明らかにした。

まず、A 公立小学校に在籍している外国人児童の9割以上は日本生まれか幼少期に来日している[3]。日本生まれや幼少期に来日した子どもたちのほとんどは、日本語指導を受けておらず、原学級で日本人の子どもたちと同じように授業を受けている。担任の教師は彼らに対してどのように対応すればよいのかの戸惑いが多く見られた。

次に、親子の教育経験の相違や国際移動による家族の異文化適応のストレス、親の言語能力の欠如によって、親子の間に持つ共通言語の質と量の制限があることである。

さらに筆者は、中国帰国児童の保護者の17家族に対してインタビュー調査を行った。中国帰国児童とは、太平洋戦争直後の中国から日本への帰還時に何らかの理由で中国に残らざるを得なかった日本人およびその家族の子弟である。対象としてあげた理由は、他の在日外国人とは異なり、日本国籍を有していた者およびその家族であり、日本人と同質かそれに近い属性を持った存在とみなされながらも、言語や生活習慣においては日本人とは異なった存在とみなされているからである。近代以降の国民国家において、彼らはまさに国家間の狭間におかれているがために、国民統合や同化政策、それに対向する多文化共生社会を考えるうえで、欠かせぬ存在であると考えるからである。

この17家族の内訳は次の通りである。14家族が永住の在留資格であり、また1家族が現在永住在留資格の申請中で、残りの2家族とも定住ビザである。17家族のうち3家族は一戸建を購入し、購入する予定がある家庭も多数ある。これらのことから、彼らの日本への定住傾向が強いことが指摘できる。

しかし、現実日本の学校に在籍している外国人児童・生徒の多くは、学習の面で何らかの課題を抱えており、学校の日常生活が成り立たず学校適応に困難が生じている。外国人児童・生徒が持つ異文化・異言語を支援し、二言語教育を保障し、外国人児童・生徒に対して教育の質の平等を提供するような体制を構想していくことが早急の課題になっている。そこで、外国人児童・生徒の一種類である中国帰国児童に光を当て、彼らの家族的背景を明らかにし、中国帰国児童をめぐる教育課題の実態を探り、それらを踏まえて今後の地域教育のあ

り方について検討していくことにしたい。

表1－1　「日本語指導が必要な外国人児童・生徒」数

(各年9月1日現在)

年度	小学校	中学校	計
平成3（1991）	3,978	1,484	5,462
平成5（1993）	7,569	2,881	10,450
平成7（1995）	8,192	3,350	11,542
平成9（1997）	12,302	4,523	16,825
平成11（1999）	12,383	5,250	17,633
平成12（2000）	12,240	5,203	17,443
平成13（2001）	12,468	5,694	18,162
平成14（2002）	12,046	5,507	17,553
平成15（2003）	12,523	5,317	17,840
平成16（2004）	13,307	5,097	18,404
平成17（2005）	14,281	5,076	19,357
平成18（2006）	15,946	5,246	21,192
平成19（2007）	18,142	5,978	24,120
平成20（2008）	19,504	7,576	27,080

文部科学省のホームページにより作成

表1－2「日本語指導が必要な外国人児童・生徒」の母語別在籍状況

(2008年9月1日現在)

学校種別 言語	小学校		中学校		計	
	人数	構成比	人数	構成比	人数	構成比
ポルトガル語	8,816	45.2%	2,360	31.2%	11,176	41.3%
中国語	2,757	14.1%	2,407	31.8%	5,164	19.1%
スペイン語	2,640	13.5%	825	10.9%	3,465	12.8%
フィリピン語	2,199	11.3%	947	12.5%	3,146	11.6%
ベトナム語	650	3.3%	240	3.2%	890	3.3%
韓国・朝鮮語	566	2.9%	293	3.9%	859	3.2%

英語	475	2.4%	105	1.4%	580	2.1%
その他	1,401	7.2%	399	5.3%	1,800	6.6%
合計	19,504	100%	7,576	100%	27,080	100%

文部科学省のホームページにより作成

2 中国帰国児童の家族的背景
── 17家族への調査を通して ──

　1980年代から中国帰国児童・生徒は日本の公立小・中学校に途中編入をし始め、さらに1990年代の入管法改正によって、その数は毎年増えつつある。日本の公立小・中学校に突然日本語ができない子どもたちがやってきたことで、学校の教師はその対応に困惑した。これらの状況を受けて1990年代、外国人児童・生徒の研究が盛んになり、教育社会学や社会学、教育行政学、多文化教育学、異文化間教育学、言語学の視点に立ち実証的に研究した先行研究が多くある。
　これらの先行研究は外国人児童・生徒が抱えている教育課題をいくつか挙げている。例えば、佐藤郡衛は日本の外国人児童・生徒教育は「同化教育」であり、このような教育方針は日本の教育システムへの「統合」[4]を意味し、「分離主義」の結果に繋がってしまうと指摘し、外国人児童・生徒教育は「共生」に向けた教育を志向すべきだと主張した[5]。そしてこの「共生」を前提とした外国人児童・生徒教育の課題を「学習保障」「二言語教育」「異文化共生の教育」の3つに分けて論述した[6]。また志水宏吉はニューカマーの子どもたちをめぐる問題を「適応の問題」、「言語の問題」、「学力の問題」、「アイデンティティの問題」に分けて論を展開している[7]。そして、梶田孝道、太田晴雄、宮島喬等も外国人児童・生徒の母語保障の問題や適応の問題、アイデンティティの問題について述べている。
　しかし、これらの先行研究は、学校で教師──生徒間の活動に注目する傾向があった。2000年になって、子どもたちの教育達成と家族的背景の関係を探るために学校と家庭の2つの場に焦点を当て、外国人児童・生徒の家族的背景と学校適応や不就学の問題との関連性についての調査研究が見られるようになった。外国人児童・生徒の家族的背景について言及した研究者に、宮島喬、

志水宏吉、清水睦美、児島明等がいる。これらの先行諸研究は外国人児童・生徒を学校における自らの適応過程、学校の受け入れ方、教師の対応に関して詳細に記述し、日本の学校文化の特徴として同化教育、奪文化化教育を指摘した。また、それぞれの先行研究は外国人児童・生徒の家庭に関しても調査を行った。たとえば志水は外国人児童・生徒の家族関係や来日の歴史、社会的背景、家族を「資源系」として見る見方で「家族の物語」を設定し、「家族の物語」と保護者が持つ教育戦略や外国人児童・生徒の学校適応の関係性を指摘した[8]。また、宮島は外国人児童・生徒の就学問題の構造を解明するため、その家族的背景に注目した。宮島は在日ブラジル人の子どもたちを中心に調査研究を行い、彼らを取り巻く環境やその生活実態について明らかにした。これらの先行研究は在日ブラジル人やインドシナ系の子どもたちを中心としてその家族的背景を明らかにした[9]が、中国帰国児童に関しては触れることが少なかった。

　第1節の「日本語指導が必要な外国人児童・生徒」の母語別在籍を見てみると、在日ブラジル人の子どもたちは全体の4割以上を占めるが、それに対して中国語を母語とする子どもたちも全体の2割ほどを占めている（表1-2を参照）。したがって、本研究は中国帰国児童と呼ばれる中国語を母語とする子どもたち[10]を中心に、その家族的背景に関して調査を行い、彼らを取り巻く環境を明らかにしたい。

　J・S・コールマンはアメリカで4,000の学校を対象に、六つの人種・民族グループの教育機会・学校成績を比較調査した1960年代の有名な「コールマン・レポート」で、「子どもの教育達成は家族的背景と強力な関係がある」ということを提起した。すなわち、親の学歴、家庭の構造的統合度、家庭内の文字文化の有無、親の関心と教育への希望といった項目に注目したのである[11]。

　ここで、中国帰国児童の家族的背景を分析するに当たっては、P．ブルデューの「文化資本」、「社会関係資本」の理論概念を援用し、彼らの「文化資本」と「社会関係資本」の特徴を論述することを試みる。『ディスタンクシオンⅠ』によると、「文化資本（capital culturel）は広い意味での文化に関わる有形・無形の所有物の総体を指す。具体的には、家庭環境や学校教育を通して各個人のうちに蓄積されたもろもろの知識・教養・技能・趣味・感性など（身

体化された文化資本)、書物・絵画・道具・機械のように、物質として所有可能な文化的財物(客体化された文化資本)、学校制度やさまざまな試験によって賦与された学歴・資格など(制度化された文化資本)の3種類に分けられる」[12]。「社会関係資本 (capital social) はさまざまな集団に属することによって得られる人間関係の総体。家族、友人、上司、同僚、先輩、同窓生、仕事上の知人などいろいろあるが、そのつながりによって何らかの利益が得られる場合に用いられる」[13]。また『遺産相続者たち』が、「文化資本」の(身体化された文化資本)とよばれる教養が豊かであるかどうかは、家庭環境に強い関係があり、家庭での直接経験は、両親の豊富な読書、映画鑑賞、史跡めぐりの旅行、家庭での会話等を通して獲得され、学問的文化の獲得に有利な予備知識となると指摘している[14]。本研究では、これらの概念を手がかりにして、17の中国帰国児童の家族の事例分析を行う。

(1) 17家族のプロフィール

①来日前の生活史

まず、生活史の調査を通して、中国帰国者二世・三世及びその配偶者の中国国内での社会階層を明らかにすることを試みたい(表1-3を参照)。

対象となった17家族の年齢層は30代・40代である。出身地域は中国の黒龍江省と吉林省の2省の農村部と小都市部に集中し、とりわけ中国残留孤児・婦人が多く滞在している黒龍江省方正県の出身が最も多い。その内訳は方正県出身が9家族である(そのうちの8家族が方正県農村部の出身である)。他の8家族の内訳は、4家族が黒龍江省五常県と五常市の農村部の出身である。1家族は黒龍江省チチハル市出身であり、1家族は黒龍江省双城県農村部出身である。残りの2家族は吉林省の延辺市と延辺自治州の農村部出身である。

次いで調査対象者と中国残留孤児・婦人との関係は、三世及び三世の配偶者は11家族であり、二世及び二世の配偶者は6家族である。調査対象者本人の両親の職業について尋ねた結果は、両親とも農業に従事している人は半分以上を占めており(9人)、農業を除いて父親は公務員、経理、工員、警備員、運転手という職業に分かれている。母親は農業を除き無職が目立ち、その他は工

員、エンジニア、経理の職業が少数ながらいる。本人の最終学歴は母国で高校以上（あるいは高卒に相当する中専と技術学校[15]を含む）の教育経験がある者は5人しかなく、残りの12人は中学校卒業か、中学校中退、小学校卒業である。中国で最初就いた職業は無職を除いて、工員と販売員の職種に偏り、会社員、教師、農業などもある。来日直前の職業を見てみると、無職（5人）、工員（4人）、自営業（3人）、販売員（2人）、農業（2人）、教師（1人）の順である。来日直前の職業と最初についた職業を比較してみてもほとんど職業階層の移行が見られず、ブルーカラー層が多いことが分かる。

　17家族の来日前の生活史調査を通して次のようなことが言える。まず、中国帰国者二世・三世及びその配偶者は大学卒業から小学校卒業という学歴の差が大きく、中学校卒業以下は70％以上を占め、全体として学校経験が乏しい。また、両親の職業は農業を中心に、工員、警備員、運転手、公務員、経理、エンジニア等の職業階層の格差が見られながら、ブルーカラー層が7割以上を占める。このように、親子の2世代にわたってブルーカラー色の濃い職業に従事していた人が多い。

表1-3　来日前の生活史

NO	年齢	出身地	中国帰国者何世	父の職業	母の職業	本人の学歴	最初の職業	来日直前の職業
1	35	方正県農村	3世	農業	農業	中卒	販売員	自営業
2	31	五常市	3世の配偶者	経理	経理	大卒	なし	
3	34	五常市	3世の配偶者	運転手	無職	高卒	販売員	販売員
4	35	チチハル市	3世の配偶者	工員	工員	中卒	自営業	販売員
5	36	方正県農村	3世の配偶者	農業	農業	中卒	会社員	農業
6	44	延辺自治州農村	2世	農業	農業	大専卒	中学校教員	中学校教員
7	33	方正県農村	3世の配偶者	農業	農業	中卒	工員	工員
8	46	方正県農村	2世の配偶者	公務員	無職	中卒	工員	工員
9	42	延辺市	2世	中学校の校長	エンジニア	技術学校卒	工員	工員
10	34	方正県農村	3世の配偶者	警備員	無職	中卒	なし	
11	30	双城県農村	2世	農業	農業	中卒	農業	農業

12	41	方正県農村	2世の配偶者	農業	農業	小卒	なし	
13	30	方正県農村	3世の配偶者	農業	農業	中卒	工員	工員
14	34	方正県農村	3世の配偶者	農業	農業	中卒	なし	
15	33	五常市農村	2世	公務員	無職	高卒	会社員	自営業
16	34	方正県	3世の配偶者	工員	工員	中卒	販売員	自営業
17	37	五常市農村	3世	農業	農業	中学中退	なし	

（生活史調査より作成）

②来日をめぐって

17家族のすべては1990年の入管法改正以降の来日であり、そのうち2000年以降の来日は3割以上を占め、来日の旅費は全員自費である。また、「誰と一緒に来日したのか」と「来日の費用負担は誰なのか」という質問項目を合わせてみると、一人で来日した人のほとんど（6人）は在日中国帰国者二世・三世との結婚や再婚によって呼び寄せられ、来日の旅費負担はすべて配偶者となっている。残りの11人は家族と一緒に来日し、旅費の負担は両親からか自らの貯金や借金、土地の売買等である。来日の旅費についていくつかを紹介する。

> 「旅費は自分たちの貯金もあるが、足りなくて親戚から借金もした。」
> 「両親が旅費を出してくれたが、家も余裕をもっていなかったから、土地や住んだ家を売って、また親戚に借りた。」
> 「自分たちの貯金で足りなかったが、親戚から少し調達し、経営していた店も売った。」
> 「来日の旅費は二人が仕事で貯めた給料で足りた。」
> 「来日の旅費はすべて自分の給料から貯めたもので借金をしたことがなかった。旅費はたいした問題じゃなかった。」

そして、調査対象家族は来日当初両親、兄弟の大家族と一緒に住居を構える場合と、夫婦のみあるいは夫婦と子どもで住む場合がそれぞれ5割を占める。来日後の引っ越し回数を見ると2回以上引っ越したのは8割以上を占め、そのうち4回もの引っ越し経験を持つのは2割以上を占めた。つまり、彼らは中国での財産

を来日の旅費や来日後短期間の生活費に当て、来日後の生活費を節約するため、来日当初両親を中心に大家族で暮らすのが普通であり、家族と一緒に来日する中国帰国者家族ほどその傾向が強い。来日当初両親や大家族と一緒に住居を構えた人がその後引越しした典型的な事例は次である。

> 「来日してすぐ義理の両親と義理の弟5人で一緒に暮して、妊娠してあまり不便だからアパートを探した。みんなが一緒に住むと家賃も安いし、日本語が分からなくても安心ができるから。」
> 「転々して4回も引っ越した。二人で生活した最初のアパートはネズミやゴキブリがいて浴室もないから、3年で引っ越した。その後マンションに引っ越したが、2年ぐらい住んで家賃が高くて引っ越した。公営団地に引っ越したのは、義理の両親も居るし、仕事も近いから。」
> 「最初（来日当初）は義理の両親と兄弟の10数人家族の3世代でアパートに住んだ。その後は義理の両親と同居し公営住宅に引っ越した。高い家賃を払ったことがなかった、日本に来てお金もあまりなかったからみんなで一緒に暮した方が節約になる。」

次いで、彼らはどのような来日目的をもっていたのかを見てみよう。まず、来日の目的をいくつかに分類した。ア在日の中国帰国者二世・三世との結婚によって呼び寄せられた、イ両親によって呼び寄せられた、ウ単純な出稼ぎ[16]、エ家族に付いてきた。

ア在日中国帰国者二世・三世との結婚によって呼び寄せられた人々は結婚や再婚が第一次目的である。第一次目的以外にほとんどの人は第二次目的を持っている。その第二次目的として挙げられるのは、出稼ぎや視野を広げるため、違う暮らしをしてみたかったなどである。ここでいくつかの例を挙げてみたい。

> 「再婚で日本に来た。でも、日本に来る前から計画したのは日本に行ってお金を貯めて、たくさん貯めたら中国に戻ろうと思ったが、なかなかお金（予定額）を貯められず中国に戻ることもできない。」
> 「結婚は第一の理由。それ以外には、自分の叔母はすでに日本に数年間

も居たので、中国に戻るたびに大金を持っていたり高いお買い物をしたりするのを見てうらやましかった。自分も日本に行ってたくさんお金を稼げたらなあと思って、その時、日本はまるで天国のように思った。」
「夫との結婚が一つ目の理由。周りの人が日本に行き始めた時期で、知り合いや同級生も日本に行く人が多かった時期だった。自分も行きたいと思った。日本はきっと天国のようないいところで、視野を広げたいと思った。」
「夫との結婚で日本に来た。もう一つ……日本はいいところと聞いたから、どんな所なのかを自分の目で見てみたかった。」

イ両親によって呼び寄せられた人は、アと同じく第二次目的を持っている。第二次目的としては出稼ぎや視野を広げるため、外国に行くのが流行等挙げることができる。

「日本はどんな国なのかをみてみたかったし、その時期に地元で外国にいくのはファッションだった。出稼ぎもしたかった。日本に行って少しお金を貯められたらと思って来た。」
「両親は５年前に来日した。両親が中国の実家に帰るたびに日本の生活は裕福でお金を稼ぎやすいと聞いた。（中略）お金を稼ぎたいとも考えたが、違う暮らしをしてみたいとも考えた（下略）。」
「家族はみんな日本に来たから、自分もいずれ日本に行くと思った。日本は外国なので、外国はどんなところなのか好奇心が強かった（下略）。」

ウ単純な出稼ぎはアとイの人たちと違って出稼ぎが唯一の目的である。

「（前略）日本さえ来れば、お金がたくさん稼げると思った。中国の農民はお金を稼ぐことは一番難しい。また友達が羨ましかった。」
「日本に居る親戚に日本はお金を稼ぎやすいと言われたので、日本に来てお金を稼ぎたかった。」
「日本はとてもお金を稼ぎやすいと聞いたから日本に来てお金を貯めて、

短期間にたくさん貯めて帰ると思ったので、日本語を勉強しなくてもいいと思った（下略）。」

エ家族に付いて来た人は、ア、イ、ウより来日の目的が受動的で、家族の来日に関して少し不満を持つ人もいる。

「家族がみんな来るから自分は家族に付いて来ただけ。」
「夫と一緒に日本で暮らすため、夫の母親と一緒に来た。日本に来るのに不安がいっぱいだった。実家と離れて夫と2人切りで生活するのは大丈夫なのかとか、給料で生活をしていけるかどうかとか、喧嘩になると誰に相談するかとか心配なことがいっぱいだった。」
「自分は日本に来たくなかった。夫の家族はみんな日本に行くといったから自分も付いて来ただけ。言葉も分からないし、自分の叔母から日本の仕事はとてもしんどいと聞いた。来てみて叔母の言うとおりだった。」

このようにほとんどの調査対象は結婚や再婚、両親によって呼び寄せられたという第一次目的を挙げながら、第二次目的として出稼ぎや視野を広げるため、違う暮らしをしてみたかったなどを挙げており、この第二次目的から読めるのは彼らの来日は受動的なものではなく積極性があり能動的とも言えるものである。次の節では、中国帰国者二世・三世及びその配偶者の生活実態をまとめてみたい。

③生活実態

中国帰国者二世・三世及びその配偶者の住環境や収入、職業経歴、現在の職業に注目し、彼らの生活実態を明らかにする（表1-4生活状況を参照）。
調査対象の中国帰国者のすべては現在核家族の単位で暮らし、ほとんどの家族は公営住宅に住んでいるが、マイホームを購入した家庭も少数ながらいる。次いで夫婦共働きの家庭がほとんどであって、女性の職種は工場内の軽作業を中心とし、男性の職種は鉄工所や塗装、溶接等の危険な職場の環境が悪い仕事に従事する人が多い。また雇用形態は女性がほとんどパート雇用であるのに対して、男性の雇用形態は自営業の2人を除いて、正社員とパートそれぞれ半

分ずつである。また、調査対象者本人（妻がほとんど）の転職歴を聞いてみると、2回以上転職歴を持つ人は17人のうち10いる。そのうち4回も転職を経験している人は4人もいる。仕事の紹介役のほとんどは同郷か同じ団地の友人や親戚である。「仕事で何か問題がありましたか」の質問に次のように答えている（複数回答で、その選択の多い順）。賃金が低い（8人）、仕事がきつい（8人）、仕事が単純でつまらない（7人）、日本語がわからない（7人）、正社員になれない（4人）、仕事のやり方、考え方が中国と違う（4人）、職場で日本人に差別される（3人）、専門技術が活かせない（3人）、仕事が少ない（3人）、仕事内容が難しい（3人）などである。つまり、調査対象者のほとんどは、来日後の職探しは中国での専門技術を活かせず、日本語が分からなくてもこなせる賃金が低くきつい単純労働に従事している。また彼らは日本語によるコミュニケーション能力が欠けていることによって、時々職場で日本人に差別されることもある。さらに職場で日本語の問題を感じながらも現在ほとんど日本語の勉強をしていない。

　次に、「将来どんな仕事に就きたいですか」の質問に対しては、自由回答でほとんどの人は高賃金と差別がない職場環境という条件を取り上げた。また、職場の清潔な環境も必要と数人の回答があった。その回答は次のようである。

　　「賃金が少し高い仕事に就きたい。」
　　「一番大事なのは職場の人間関係。差別のない職場がいい。賃金も少し高いのがいい。過去の仕事では750円の時給ばかりで、800円を超えたことがない。」
　　「将来探すなら給料が高いのがいい。あまり期待できないと思う。」
　　「日本の仕事は自分で選択する自由がまったくない。日本語も上手じゃないから、面接してとってくれればそれでいい。仕事を選択することは贅沢。希望として言うならば差別がなく、環境がいい会社（清潔さをさしている）で、人が優しくて賃金も高めのがいい。」
　　「給料が高くて、日本人も中国人も平等に扱って、環境もきれいな職場を希望する。」

最後に調査対象者の収入や経済の満足度についてまとめてみた。対象家族全体の月収は手取りで30万円以上がほとんどであり、その内訳は妻の手取りは10万円以下に止まり、夫の手取りは20万円から30万円までのひらきが見られる。またほとんどの家庭は賃金が主な収入源である。次いで現在の経済状況に対する満足度は、「やや満足」と答えたのは7人に対して、「どちらとも言えない」は5人がいる。「やや苦しい」と答えたのは5人がいる。すなわちほとんどの調査対象者は、現在の経済状況に対して満足できず生活がやや苦しいと感じる人も少なからずいる。生計を維持するためには経済状況がやや苦しいと感じる人は次のように話した。

　　「毎月の生活費は赤字だ。国民健康保険の料金だけでは3万5千円もかかる。」
　　「貯金するどころか、月々が足りればそれでいいほうだ。」
　　「子どもが大きくなったからお金を使うところが多くなって節約の節約。」

　前述したように、彼らは親子2世代にわたって職業階層が低く、経済的不自由な状況にあり、中国国内での階層移動が困難である。これらは彼らの来日のプッシュ要因でもある。来日の目的は結婚や再婚によって呼び寄せられたり、在日の両親に呼び寄せられたりするように受動的に見えながらも、出稼ぎや視野を広げるためなど積極的な来日の目的も見られた。ほとんどの家族は来日目的の一つとして出稼ぎを取り上げたが、単純な出稼ぎを目的とする家族は少ない。また現在家族全体の収入は30～40万円（手取りでの収入）の間に止まり、平成20年厚生労働省の国民生活基礎調査の世帯全体の月の所得平均額46万3千円（年所得の556万2千円割る12か月）[17]より低く、4人家族で国民平均額の半分の20数万円で生活をしている家族さえいる。しかし、安定した収入を得ながらも現在の生活をやや苦しく感じる人は、収入が低いという以外にも要因があるようである。その他の要因は来日後中国にいる両親や兄弟のために送金をしていたり、医療費を出してあげたりするなどである。前述したように調査対象者の両親の職業階層が低く、母親の無職が目立っていること、また比較的農村部に居住している人が多いことがその背景となっているのであろう。

このように、調査対象者は日本での生活を成り立たせる以外に、中国に居住している両親や兄弟の面倒も見なければならないため、月30万円以上の収入を得てもなかなか貯金を増やせずやや苦しく感じる人が多い。

表1-4　現在の生活状況

NO	同居人数	現在の住居	本人の職種と雇用形態	配偶者の職種と雇用形態	本人の転職歴	ご自身の収入	家族全体の月収
1	4人	持ち家	検品,パート	鉄工所,正社員	3回	3~5万円	30~40万円
2	3人	公営住宅	検品,パート	プラスチック成型,パート	0回	10万円	35万円未満
3	3人	公営住宅	鉄工所,パート	検品,パート	0回	23,4万円	40~45万円
4	4人	持ち家	検品,パート	鉄工所,正社員	2回	10万円	30~35万円
5	4人	公営住宅	組立て,パート	鉄工所,正社員	1回	11万円	30~35万円
6	4人	公営住宅	検品,パート	溶接,正社員	2回	6,7万円	25万円
7	4人	公営住宅	箱詰め,パート	塗装,パート	4回	10万円	30~35万円
8	4人	公営住宅	検品,パート	塗装,パート	2回	5,6万円	30万円未満
9	3人	公営住宅	プラスチック成型,パート	塗装,パート	4回	8,9万円	35万円
10	4人	公営住宅	塗装,パート	無職	2回	4,5万円	25万円
11	5人	公営住宅	工芸業,パート	塗装,正社員	4回	10万円	30~40万円
12	3人	持ち家	箱詰め,パート	溶接,正社員	1回	10万円	30~40万円
13	4人	公営住宅	リフォーム作業員,パート	無職（年金）	1回	22万円	30~35万円
14	4人	公営住宅	無職	塗装,パート	0回	0円	25,6万円
15	3人	公営住宅	自営業	自営業	3回	10万円	20~30万円
16	4人	公営住宅	検品,パート	自営業	1回	5,6万円	20~25万円
17	4人	公営住宅	検品,パート	鉄工所,正社員	4回	21,2万円	40~45万円

（生活実態調査より作成、表1-3とNOが不統一）

（2）中国帰国者をめぐる諸問題

①言葉の壁

日本語能力については調査対象者本人とその配偶者に対して聞き取り調査を

行った。本人と配偶者の日本語能力は、「聞く、話す、読む、書く」という4つの能力に分けて「よくできる◎、できる○、少しできる△、ほとんどできない×」という自己申告の形式で評価し、また言語能力に対して自由に話してもらった。その結果は本人と配偶者のいずれも聞くと話す能力は書くと読む能力より高い。聞くと話す能力は「よくできる、できる」と回答した人が半数ほどいるのに対して、読むと書くになると約2割の人が「よくできる、できる」と回答した。日本語能力についての自由回答を見てみよう。

「来日8年
　本人：聞くと話すことは簡単なものならなんとかできるが、日本語の言い回しは難しくて出来ない。
　配偶者：話すことすらできない。簡単な挨拶なら言えるが、会社に休みを取りたいようなことも言えない。読むと書くならほとんどできない。」
「来日8年
　本人：聞くのは少しできるが話すになると難しくて出来ない。平仮名なら少し書けるがカタカナになるとほとんどできない。
　配偶者：顔と顔を合わせて会話するなら何とか意思疎通ができるが、電話とか仕事場で早口の指示は難しくて聞き取れない。」
「来日13年
　本人：仕事に関する指示や簡単な挨拶なら聞き取れるが、市役所で何かの手続きをするとき、ほとんど聞き取れない。話す事も同じで言えても文法がめちゃくちゃで意思の疎通がほとんどできない。読むと書くは漢字も平仮名、カタカナもあるから難しくて出来ない。」
「来日12年以上
　本人：聞く時は仕事に関する簡単な指示なら聞き取れるが、病院に行くと医療の専門用語はほとんど聞き取れない。話す時は、なかなか自分の意思が通じなくて、敬語も使えないから失礼にあたることが多い。平仮名は読めるが、文書の意味はよく分からない。」
「来日15年
　本人：工場での日本語はほとんど大丈夫、少し高度で抽象的なものにな

ると聞き取れない。話す時も単語と単語を繋いで話しているような感じ。文法がほとんどわからないから読むことと書くことも出来ない。」

　このように来日10年以上の人でも日本語の聞く・話す能力は、職場でよく使う言葉に限定され、日本人とコミュニケーションをとることが困難であり、読む・書くことはほとんどできない。このような状況からは日本語による情報入手がほとんど不可能になることが予測される。また調査者のすべては学齢期の子どもを抱え、学校と関わりを持たないことは出来ないはずであるが、このような言語状況なら、学校の教師とコミュニケーションをとることは言うまでもなく子どもへの学習支援はなおさら困難だろう。

　②「文化資本」の欠如
　本調査は学歴、日本の学校への通学経験、読書、映画の鑑賞、娯楽趣味、図書館や公共施設へ通う頻度等の調査項目を通して調査対象者の「文化資本」の特徴を明らかにしたい。学歴については（1）の①ですでに整理し、調査対象者の学校経験の乏しさが明らかになった。また日本の学校に通った経験があるかどうかについては、すべての対象者は「ない」という回答だったが、ただし日本語を勉強するため、夜間中学校に過去を含めて1年以上通ったことがある人は17人中5人いた。このような結果から彼らの中国と日本の両国での学校経験の乏しさを再確認することができるだろう。
　次いで、彼らの小さい頃は両親からの読み聞かせや口頭で物語をかたってもらった経験がほとんどなく、両親とも非識字者か母親が非識字者であるという回答もたくさんあった。また彼らが読書の有無やどんなジャンルの本を読んだあるいは読んでいるのかについて聞いた。彼らは中国で読書をしていた人が多く、読書のジャンルは国内の名作や恋愛小説、推理小説、娯楽の雑誌、新聞、週刊誌など幅広いことが分かった。しかし、来日後彼らはほとんど読書をしておらず、「読書をしている」と答えた人の多くは日本語を学ぶ教科書や中文導報[18]に限られている。例の一部は次のようである。

在日外国人児童生徒に対する地域教育の将来像

「中文導報を週1回読む。日本の情報や国内の情報をまとめて知ることができる。」
「今読んでいるのは中文導報だけ。家に中国の小説は置いてあるが、仕事が忙しくて読む時間も取れない。」
「日本語を勉強する本なら時々読むが、中国語の小説はほとんど読まないし、読む時間もない。」

これに対して、現在全く本を読んでいない人は次のように話した。

「本を読む気が全くしない、精神状態があまりよくない。」
「時間がないから読書もしないし、テレビも見ない。」
「一人の時間を作れないから本や雑誌を読む時間がとれない。長い間本を読んでいないからなかなか集中できない。」

このように、現在読書をしない人のほとんどは読書の習慣がないからというより本を読む時間が取れなかったり、精神的な状態が不安定で集中できなかったりするような理由であって、また日本語ができないことも大きな理由であろう。一方、本を読んでいる人のほとんどが日本語の教科書や両国に関する最低限の情報を得るための週間新聞誌のようなものであり、国内での読書ジャンルより随分幅が狭くなった。

読書と同じように映画の鑑賞も来日後映画を見たことがないとの回答がほとんどであり、その理由の多くは日本語ができないから見ても意味が分からない、またもう一つの理由としてはお金が掛かるからというのである。中国で2、3ヶ月に1回映画を見る人が多かったが、日本では一度も見たことがなく、映画館の場所さえ知らない人も多く存在している。

趣味と娯楽については、中国では踊りやトランプ・マージャンが一番多く、カラオケ、スポーツ、ラジオを聴くことなども多かったのに対して、来日後の趣味、娯楽は特にないとの回答がほとんどである。但し、本調査の対象は母親が多く、彼女たちは育児や家事、仕事等によって多忙であるという理由が無視できない。

最後に図書館や博物館、美術館、歴史資料館に行ったことがあるかどうか、その頻度について聞いてみると、半数以上の人は行ったことがないと回答した。4つの中で図書館は一番多く通っている公共施設であるが、多い人はこれまで3回程度である。行かない人に理由を聞いてみると、ほとんどの人の回答は時間がない、日本語が分からない、場所を知らない、興味を持っていないなどである。特に美術館や博物館に対してほとんどの人は美術品の価値が分からない、日本の歴史が分からないから博物館に行っても展示しているものの価値が分からないなどであった。
　以上の調査結果から調査対象者の「文化資本」が不足していることが明らかである。彼らは日本に移住することによって、乏しかった「文化資本」はさらに乏しくなり、子どもに継承できる「文化資本」はかなり少なく、親から子どもに伝達できる社会経験も限られることが十分に予測される。

③閉鎖的な社会関係
　本節では調査対象者の移住前と移住後の「社会関係諸資本」の変化に着目し、移住後の「社会関係諸資本」の特徴を明らかにする。中国での「社会関係諸資本」と日本での「社会関係諸資本」の2つに分けて調査を行い、また来日後中国にいる家族、親戚、友人との交流の状況に関しても聞き取り調査を行った。調査対象者の「社会関係諸資本」は中国と日本の両国において異なる。
　まず、彼らの中国での「社会関係諸資本」を見てみよう。彼らの中国での「社会関係諸資本」は近隣の幼馴染や同級生を中心に閉鎖的なネットワークを持ち、友人との交流を頻繁に行い、悩みの相談相手になることが特徴である。そのような強いネットワークは来日しても維持し続けている。彼らは中国に一時帰国するたびに、友人との宴会を楽しみそのような「社会関係諸資本」を維持しさらに強めようとしている。

> 「中国に幼なじみは4人ぐらいいる。今でも交流をしている。中国に帰るとみんなで食事をしたりカラオケに行ったりする。幼なじみは一番大事だと思う。うれしくないことがあったら遠慮なしでいえるし、悩みがあったら一緒に考えてくれる。この夏でも中国に帰って友達が集まって

宴会をした。幼なじみだけじゃなくて同級生とも会って、宴会はほぼ毎日のようにしてとても楽しかった。日本では友達がほとんどいなくて寂しい。日本ではなかなか中国にいる友人と同じように付き合えないように感じる。(日本では)純粋な情がないように思って、中国なら同郷なら郷情があって、恋人なら純粋な愛情があって、家族なら切っても切れない親情があるのに、日本にはない。」

「友人はみんな同じ村の人で幼馴染み、私たちは帰るたびにみんな集まって宴会をしたり、同級生の間で名刺を作り電話番号を交換したりすることもあった(下略)。」

「友達と今でも連絡を取り合っている。中国に帰るたびに、同窓会のようにみんな集まって食事をしてお酒もたくさん飲んで気持ちいい。」

但し、彼らは中国での「社会関係諸資本」を維持しながらも、日本への移住に伴って、文化と価値観の葛藤が生じ、友人との交流や中国に戻ってみて感じたことの中で文化葛藤が見られた(事例の一部に限る)。

「(中国に)帰って友人たちに食事に呼ばれるが、話題がほとんどなくて、昔の私はどうだった以外の話題はほとんど合わない。私にとってはお金を稼ぐことが忙しいのに、中国の友達はみんなお金がないことに困っている。」

「地元の変化は大きいよ、マンションがたくさん建築されたし、車も増えて街もきれいになってほしいものもすぐ買えるが、みんなのマナーが悪くて、治安もあまりよくない、サービスも日本より悪い。」

「食べ物の安全性がかけていて、どんなおいしいものを食べていても不安。サービスも悪くて周りの人はマナーも守らないし、教養がないように感じた。」

「マンションがどんどん建てられてきれいになったが、どうも自分たちに合わなくて、なれないというのか、日本に戻りたくなるような感じ。街も広くなってデパートもできてきれいになったが、自分の故郷ではなくなったような感じをする。」

このように彼らは中国で幼なじみや同級生を中心に強いネットワークを形成していたが、中国への一時帰国はこのようなネットワークを維持しさらに強めるきっかけとなった。しかし、同じ村や同じ町に限っての付合いであり、ネットワークの閉鎖性が見られた。また平均10年以上の移住歴を持つことで、彼らの文化や価値観に変容が生じ、中国に戻るたびに戸惑いが多く見られた。

　次に、彼らの日本での「社会関係諸資本」についてみてみよう。彼らは日本人との関係が希薄で、中国国内の閉鎖的な社会関係より一層閉鎖的になっていることが特徴である。その一例としては調査対象者に現在の友人の人数や友人との関係性について聞いてみた。現在の友人数は0から数人と答えた人がすべてであり、友人との関係は中国人の友人がすべてであり、9割以上は同郷の人や近所の中国人、職場の同僚、日本語教室での知り合いであり、後の1割は子どもの保育所の送り迎えで知り合った中国人である。また、すべては日本人の友人を持っていない。そして、緊急時に子どもは誰に頼むかの回答でもその8割は別居の親戚（姑や親戚）、また同じ団地の中国人の友人である。

　以上のように、彼らは中国においては地域性のある閉鎖的なネットワークが特徴であり、日本においては「社会関係諸資本」は中国帰国者が集住する地域に限定され、中国人同士に限られるような閉鎖的な社会関係である。すなわち中国帰国者の多くは、地域性の強い閉鎖的な中国人世界に生き、日本人社会から離れ自らの原理や将来展望を持っている。

3　中国帰国児童をめぐる教育課題

　筆者が学校参与観察を通して見えた中国帰国児童の教育課題は先行諸研究ですでに論じられた課題に似ている。中国帰国児童に対しての早急な教育課題は「学習保障」と「母語・母文化保障」であるように筆者は感じた。本節では中国帰国児童の家族的背景を把握した上で、中国帰国児童をめぐる教育課題について検討していくことにする。

(1) 学習保障

　筆者が参与観察を行った学校に在籍している中国帰国児童の9割以上は、日本生まれか幼少期に来日した子どもたちである。彼らは普通の日本人児童と同じように学校生活を送っていながらも、学力の伸び悩みや学習姿勢の面で課題が見られる。しかし、学校の教師は彼らの学力の伸び悩みや学習姿勢の課題はしばしば個人の努力問題だと指摘している。彼らの家族的背景や言語背景を配慮し個別支援をするような教育システムがほとんどできていない。これらの課題は筆者の目によれば、完全な個人責任ではなく、子どもが学習思考言語を理解できないことや親が学習支援ができないこと、教育カリキュラムの不適切であること、教師が多忙により個別支援ができないという多重構造になっている。

　また、文部科学省の外国人児童・生徒の受け入れ方針は授業料の免除、教科書の無償給与など、日本人児童生徒と同様に取り扱うことである[19]。この受け入れ方針は表向きは外国人児童・生徒に対しても「教育機会の平等」を提供することをうたっている。しかし、「教育機会の平等」だけでは「教育の平等」とは言えず、「教育機会」と「教育の質」の両方の平等を揃えることによって始めて教育の平等と言えるであろう。ここでいう「教育の質」の平等とは日本語による授業では外国人児童・生徒が参加でき、理解できること。また日本の歴史や文化に関する授業では外国人児童・生徒が日本人児童・生徒と同じように予備知識を持ち、抽象的な歴史専門用語に対して日本人児童・生徒と同じように理解し身につけることである。しかし、残念ながら日本の公立小・中学校に在籍している外国人児童・生徒の多くは、日本人児童・生徒と同じような日本語による授業内容を十分に理解することができず、学習保障の面において問題があるように筆者は感じた。

　佐藤は「外国人児童生徒の学習を保障するために、独自のカリキュラム開発が必要になる」[20]と述べている。筆者も外国人児童・生徒に対して適切なカリキュラムの開発が必要との主張に同感であるが、但し日本生まれや幼少期に来日した中国帰国児童とは、母語が形成された後に来日した外国人児童・生徒とは学習支援の方法が異なるのではないだろうか。中国帰国児童の多くは母語が形成されないまま、第二言語を習得しあるいは母語と第二言語を混用しどちらの言語も上達

せず、思考や感情を表すのにどちらの言語でも困難を感じるような「セミリンガル」[21]である。

「セミリンガル」の中国帰国児童の学習を保障するためには、新たなカリキュラムを開発する必要がある。また、彼らの日本語能力を測定するための試験を設け、それぞれの言語能力によって、少人数クラスに分け、参加型の学習方法を取り入れるべきだと筆者は考える。

(2) 母語・母文化保障

日本の学校は多民族化、多国籍化の進行とともに、多文化教育を促進する教育が課題となっている。また他国籍の児童・生徒が持つ母語・母文化を尊重しアイデンティティ形成の観点で母語・母文化を保障する必要がある。特に中国帰国児童は来日の経緯や祖父母の世代に日本人と血縁関係にあることなどによって、彼らのアイデンティティは混乱しやすくなる。また母語の喪失はアイデンティティ形成にマイナスの影響を与えてしまう。中島和子も「母語の形成は自己のアデンティティの形成に影響を与える」ことを指摘している[22]。このようにアイデンティティと母語・母文化とはきわめて強い関係がある。したがってアイデンティティ形成の面では母語・母文化の保障が必要である。

また、親子コミュニケーションの面でも、母語・母文化の保障が必要である。母語を喪失しつつある中国帰国児童の多くは、親とのコミュニケーションの媒体は中国語であるが、日本語混じりの不十分な言語である。子どもたちは、保育所や小学校への入学によって日本語の言語環境にいる時間が長くなり、また学校での共通言語が日本語に限定されることによって、子どもたちの多くは日本語の優位性を感じてしまう。彼らは家に戻ると違う言語環境に切り替えなければならないが、母語を喪失しつつあることによって、親とのコミュニケーションが次第に取れなくなり、親子の価値観のズレが生じ、親子の間に葛藤や戸惑いが起きてしまうケースが多く見られた。

アイデンティティの形成と親子コミュニケーションの保障の観点だけでも母語・母文化の保障は早急な課題である。

4 地域教育の将来像

　本研究では、中国帰国児童の保護者である中国帰国者二世・三世及びその配偶者の17家族に対してインタビュー調査を行い、彼らの来日までの生活史、来日の経緯、目的、現在の生活実態等を通して、彼らの社会階層、「文化資本」、「社会関係諸資本」の特徴を明らかにすることができた。また、中国帰国児童をめぐる教育課題としては「学習保障」と「母語・母文化の保障」を指摘した。この調査結果を踏まえて、外国人児童・生徒に対する教育行政学の視点に立ち地域教育の将来像を論じてみたい。

　第一に、教育行政レベルについては、地域社会にある「文化資本」を外国人児童・生徒の学習保障に活用すること、外国人が集住する地域社会において、家族のネットワークを構築すること、学校、地域、家庭を連携し子どもたちの「文化資本」を増大することという三つの政策を提言しておきたい。

　まず、2で論じたように中国帰国児童の保護者は子どもたちに継承できる「文化資本」が乏しく、現在の「社会関係諸資本」が閉鎖的である。また日本語による親子の交流が困難であり、教育に関して断片的な情報しか得られず、親は子どもへの学習支援が困難な状態にある。財政難により公教育費の増大が困難な現在において、外国人児童・生徒の学習をサポートする教員の増員は困難であろう。しかし学校教育の現状を維持しながら外国人児童・生徒の学習保障を図るための方法は地域社会にあるのではないかと筆者は考える。外国人児童・生徒が取り巻く環境を少しでも改善するためには、外国人が集住する地域社会において外国人の文化背景や言語に理解を持つ地域住民を活用することである。地域社会において、外国人児童・生徒の学習サポート体制を構築し、学校以外の場所で外国人児童・生徒の学習をサポートし、学習保障を図ることである。地域社会の構成員である外国人の有識者や両言語とも十分な能力を持っている外国人住民、日本人住民が、地域の外国人児童・生徒の学習支援を行い教育に関する情報を与え、地域と学校で彼らの学習保障を図るのである。例えば地域社会の公民館や集会所、青少年会館等の施設を利用し、地域住民が外国人児童・生徒に対して放課後学習を行うことを提案する。また、土曜日・日曜日の学習

教室を設置し、地域の外国人大学生や社会人によって、彼らと一緒に学校での学習内容を復習したり宿題をサポートしたりすることも考えられる。さらに地域社会の「文化資本」である外国人大学生や職に就いた社会人は、外国人児童・生徒の学習保障以外に今後のモデルとしても期待することができよう。
　第二に、外国人が集住する地域社会において、家族のネットワークを構築することについて、2の調査を通して中国帰国児童の保護者の「社会関係諸資本」が乏しく閉鎖的であることを指摘したい。地域社会においては、外国人児童・生徒の親たちのネットワーク作りや外国人保護者と日本人保護者のネットワークを作る必要がある。現在、地域社会において外国人住民は地域でお客さん扱いされ、地域で顔が見えながらも理解可能な相手となっていない状況である。外国人児童・生徒の家族のネットワークを構築することによって、外国人の交流に限らず地域の日本人住民とも交流が可能となり、地域の孤立状態から脱却することができる。また何より就学する子どもたちを持つ外国人の間で交流することができ、子どもたちに対して母国語・母文化の保持ができ、子どもたちのアイデンティティの形成にプラスの影響を与える。さらに、このようなネットワークによって地域の住民が外国語や外国文化に触れ合うことができ、地域の国際共生にとっても大きな意味を持つと考える。このような家族のネットワークは互いの「家族」間の「社会関係諸資本」を豊かにすることもできる。
　第三として学校、地域、家庭と連携し子どもたちの「文化資本」を増大させる方途については、前述のように中国帰国児童の保護者が、「身体化された文化資本」、「客体化された文化資本」、「制度化された文化資本」のいずれもが乏しいことを踏まえる必要がある。前述のように、「文化資本」の乏しさは子どもたちの教科学習にマイナスの影響を与える。「文化資本」の増大を家庭に期待するだけではなく、学校と地域の役割も問うべき課題である。学校、地域、家庭が連携し、外国人児童・生徒の社会諸経験を豊かにさせ、家庭で継承できない日本の歴史や文化に関しては学校や地域の活動を通して身につけさせ、「文化資本」の増大を図る必要があろう。例えば、地域の老人会を利用し、外国人児童・生徒に日本の民話や伝説を中心に読み聞かせ会を開き、子どもたちが家庭での乏しい読書経験を補い、学校の教科学習の予備知識を蓄積する。また、学校と地域が連携し、地域にある工場や企業を見学し、外国人児童・生徒の社

会経験を豊かにさせる。さらに、学校、地域、家庭との連携を通して、家族の「文化資本」を豊かにさせ、家庭で親子の交流を維持することも可能になる。

以上、地域社会を中心に、学校と家庭に焦点をあて、外国人児童・生徒に対する地域教育の有り方を検討した。日本の公立小・中学校はこれまで外国人児童・生徒（中国帰国児童・生徒を含める）に対する日本語指導や母語保障の面において一定の成果を挙げている。しかし、公教育費の増大が困難な時代においては、学校以外の場で外国人児童・生徒の教育支援体制が必要である。中国帰国児童の家族的背景の分析を通して、外国人児童・生徒には、教養、学力、社会経験、「文化資本」の蓄積が必要であると考えるのである。

〔註〕

1　駒井洋（1997）12頁〜15頁。
2　『出入国管理及び難民認定法　逐条解説〔改正第三版〕』（平成19年）の逐条解説第一章の第二条の二の十五「興行」の在留資格は、国民に娯楽を提供する芸能人、プロスポーツ選手等を外国から受け入れるために設けられたものである。外国人が就労活動を行うことができる在留資格である。この在留資格に該当する活動は、興行の形態で行われる演劇、演芸、歌謡、舞踊、演奏、スポーツ、商品の宣伝のためのショー等に係る活動及び興行以外の形態で行われる芸能活動である。在留期間は、一年、六ヶ月、三ヶ月又は十五日である。
3　A小学校の2008年6月27日の日本語学級児童名簿による。
4　佐藤郡衛は「統合」とは日本の受け入れ側を固定化し、外国人児童・生徒の一方的な譲歩を要求することであり、それが「分離主義」を押し進める結果と繋がる（『トランスカルチュラリズムの研究』489頁）。
5　佐藤郡衛（1998）「在日外国人児童・生徒の異文化適応とその教育」、江淵一公『トランスカルチュラリズムの研究』（1998）に所収、489頁。
6　前掲書（佐藤、1998）、490頁〜496頁。
7　志水宏吉（2001）15頁〜23頁。
8　志水宏吉（2001）191頁〜197頁。
9　宮島喬研究代表の研究報告書（平成19）。
10　「中国語を母語とする中国帰国児童」とは彼等は家庭での言語環境は中国語に

あり、中国帰国者である保護者から中国語を相続する言語とすることである。コリン・ベーカー（1996）や中島和子（1998）は「母語」が「相続言語」、「継承語」と定義する。

11　宮島喬（1999）116頁。
12　ピエール・ブルデュー（1990）v頁。
13　前掲書（ブルデュー、1990）vi頁。
14　石井洋二郎訳（ブルデュー、1997）36頁～38頁。
15　「中専」とは中等専門学校の略称であり、中学校を卒業して受ける専門学校であり、3年制が多い。「技術学校」とは中学校を卒業して一つ以上の技術を学ぶ中等技術学校であり、3年制である。
16　駒井洋は「出稼ぎ」とは、本来的には確固とした生活の本拠地があって、そこから他の土地にカネを稼ぎにいくことを意味している（2006、103頁）
17　厚生労働省による平成20年国民生活基礎調査
　　http://www.mhlw.go.jp/toukei/saikin/hw/k-tyosa/k-tyosa08/2-2.html
18　中国版の新聞であるが、1週間に1回出版され、日中両国の1週間のニュースを中心に載せていて、日本に滞在している日本語に不自由を感じる中国人が多く読まれる新聞である。
19　http://www.mext.go.jp/a_menu/shotou/clarinet/03082702.htm,2008.9.13
20　前掲書（佐藤、1998）490頁。また氏はコリン・ベーカーの「バイリンガル教育のカリキュラム」の理論を援用し、初期日本語カリキュラム、教科学習への橋渡しとしての総合的な学習のカリキュラム、教科学習のカリキュラムの三層構造として提示している。
21　コリン・ベーカー（1996）18頁。
22　中島和子は「2言語の力がどのぐらい伸びるかが、自己のアイデンティティに影響を与える。母語が優位な主要言語の場合はアイデンティティが肯定的になりアディティブ・バイリンガルになるが、劣位の少数言語の場合は、否定的になりサブトラクティブ・バイリンガルになる」と述べている（1998、187頁～189頁）。

主要参考文献
『出入国管理及び難民認定法　逐条解説〔改正第三版〕』平成19年

志水宏吉・清水睦美 2001 『ニューカマーと教育』明石書店
清水睦美 2006 『ニューカマーの子どもたち』頸草書房
太田晴雄 2000 『ニューカマーの子どもと日本の学校』国際書院
原田琢也 2007 『アイデンティティと学力に関する研究』批評社
池田寛 2000 『学力と自己概念―人権教育・解放教育の新たなパラダイム』部落
　解放・人権研究所
宮島喬 平成19 『外国人児童・生徒の就学問題の家族的背景と就学支援ネットワー
　クの研究〈研究報告書〉』法政大学
宮島喬 1994 『文化的再生産の社会学―ブルデュー理論からの展開』藤原書店
宮島喬・石井洋二郎 2003 『文化の権力』藤原書店
宮島喬 2003 『共に生きられる日本へ―外国人施策とその課題』有斐閣
宮島喬・太田晴雄 2005 『外国人の子どもと日本の教育』東京出版会
江淵一公 1998 『トランスカルチュラリズムの研究』明石書店
浅野慎一 1997 『日本で学ぶアジア系外国人』大学教育出版
児島明 2006 『ニューカマーの子どもたちと学校文化』頸草書房
ピエール・ブルデュー　石井洋二郎訳 1990 『ディスタンクシオンⅠ』藤原書店
ピエール・ブルデュー　石井洋二郎訳 1997 『遺産相続者たち―学生と文化』藤原書店
ピエール・ブルデュー　宮島喬訳 1991 『再生産』藤原書店
コリン・ベーカー、岡秀夫編 1996 『バイリンガル教育と第二言語習得』大修館書店
中島和子 1998 『言語と教育』財団法人海外子女教育振興財団
三上和夫 1987 『これからの教育を読む』労働旬報社
新海英行他 2001 『在日外国人の教育保障』大学教育出版
佐久間孝正 2006 『外国人の子どもの不就学』頸草書房
于涛 2008 「Y市における外国人児童生徒に対する教育支援体制に関する考察」
　神戸大学大学院人間発達環境学研究紀要　第2巻第1号所収
駒井洋 2006 『グローバル化時代の日本型多文化共生社会』明石書店
駒井洋 1997 『新来定住外国人わかる事典』明石書店
梶田孝道・丹野清人 2005 『顔の見えない定住化』名古屋大学出版会

高等学校無償化政策の制度的課題と若年層の教育機会

末冨　芳

1　問題設定

「家庭の状況にかかわらず、全ての意志ある高校生・大学生が安心して勉学に打ち込める社会をつくる」（民主党2009、17頁）という政策目的のもとで民主党の打ち出した公立高校の実質無償化政策と、私立高校生や高等専門学校、中等教育学校後期課程、特別支援学校、専修学校高等課程等の学費負担軽減策（以下、政策を高等学校無償化政策と総称する）は、中等教育における教育の機会均等策として教育費政策の将来を検討するうえできわめて重要な方針といえる。

すでに民主党は2009（平成21）年3月の第171国会において「国公立の高等学校における教育の実質的無償化の推進及び私立の高等学校等における教育に関わる負担の軽減のための高等学校等就学支援金等の支給等に関する法律」案（以下、高等学校等就学支援金法案）を提出しており、今回の高等学校無償化政策はこの法案を踏襲していると考えられる。

高等学校無償化政策は、「公立高校生のいる世帯に対し、授業料相当額を助成し、実質的に授業料を無料とする」、「私立高校生のいる世帯に対し、年額12万円（低所得世帯は24万円）の助成を行う」という2つの方針から成る。民主党マニフェストには明記されていないが、高等学校等就学支援金法案にのっとれば、専修学校等の非1条校の生徒も助成対象となる可能性は高い。また高校生を含んだ「大学などの学生に、希望者全員が受けられる奨学金制度を創設する」という奨学金政策についても、関連施策として方針が明示されてい

る。財源は、高等学校無償化政策と奨学金政策で9000億円程度が見込まれている。

　ここに示される高等学校無償化政策は、家計の所得制限を設けない形での普遍的給付型の補助が前提とされている。その後の文部科学大臣による指示書では「世帯の学費負担軽減という本来の政策目的を実現するため、受給権の濫用を未然に防止」するために「学校設置者などが、世帯の受給権を代理行使し、助成金を代理受領できるスキームをたたき台として検討する」方針が示されている（文部科学省　2009a）。すなわち、家計への直接給付ではなく、高等学校が「代理受領」をすることが大臣方針として示されているが、これは教育機関や自治体に対する間接給付方式は、あくまで代替的手法であり、教育を受ける権利の保障のための家計に対する直接給付を制度的前提としている点に政権政党としてのこだわりが置かれているためと考えられる。

　こうした構想に対して、厳しい財政状況や教育格差の縮減を考えた場合には、普遍的給付にこだわらず低所得家計を重点的に支援することが適当ではないか、また学校や自治体の事務量や給付金を家計が他の使途に用いないように、給付方法は間接給付方式のほうが現実的ではないか、公立高校の無償化に対し私立高校では有償部分が残ることで私学経営が圧迫されないよう財政措置が必要であるなどの、政策的な論点が示されている（寺倉・黒川2009、9頁）。

　また関係団体からは次のような論点が提示されている（文部科学省　2009b）。その主なものは(1)国庫負担による財源保障の必要性、(2)自治体や学校への「間接支給」方式への支持、(3)事務量負担の軽減、(4)無償の範囲、(5)教育機関による授業料格差への対応、である。(1)〜(3)は、自治体、高等学校関連団体、専修学校関連団体に共通のものであり、高等学校無償化政策の制度運用を支えるうえでの現実的な要望といえる。

　これに対し、(4)と(5)は、若年層の教育機会の保障という意味での本質的論点を含んでいる。具体的には(4)については、2つの論点が提示されている。①高等学校授業料のみを無償とするだけではなく、中等教育学校後期課程や専修学校高等課程、各種学校、高等専門学校なども無償の対象とするのかどうかについての論点が示されている（愛知県、全国専修学校各種学校総連合会、全国高等専修学校協会）。②授業料無償のみではなく教材費や実習費などへの経

済的支援の必要性も指摘されている（日本高等学校教職員組合、全日本教職員連盟）。また高等学校で授業料以外への経済的支援が行われる場合、授業料無償原則のもとで国庫負担が行われている義務教育の無料化の範囲についても再検討される必要性が指摘されている（全日本教職員連盟）。

（5）については、高等学校より高く設定されている高等専門学校の授業料に対する支援の必要性（全国公立高等専門学校協会）、学校間の授業料格差への対応（日本私立高等専門学校協会）などが指摘されている。

このように多様な論点を含んだ高等学校無償化政策であるが、本稿では、現在検討されている普遍的給付型の高等学校無償化政策が、若年層の教育機会に対し、どのような機能を果たし、またいかなる課題を有するのかを検討する。

結論をやや先取りするならば、普遍的給付型の高等学校無償化政策は、若年層の包括的な教育機会の均等化という意味では不十分な政策であるが、教育費スポンサーたる家計に対しこれまで以上の学校選択の可能性を確保するという意味では一定の機能を果たすと考えられる。しかしながら、私立学校の都市部偏在という課題を考えた場合に、民主党の示した私立高校生のいる世帯への12万円（低所得世帯は24万円）という水準が妥当なものであるのかどうかについては、量的にも制度的にも疑問が提示される。また、より大きな課題は、高等学校に限定されない多様な義務教育後の包括的な教育機会を教育政策としてどのように捕捉し機会均等化を行うのか、授業料の無償化対象が拡大した場合、政府による公教育費投入とくに非政府立教育機関へのガバナンスやコントロールとをどのように想定するのかという2点に集約される。

以上の論点への検討を通じて、制度的な側面から高等学校無償化政策の機能と課題を概括的に検討していく。

2　高等学校無償化政策の制度的課題

2.1　高等学校制度、専修学校制度と制度外の若年層

まず、義務教育終了後の若年層と教育制度との関わりについて文部科学省

『学校基本調査』を中心にその概略を把握しておく（図1）。

　2005（平成17）年度の中学校卒業者を例にとって、義務教育終了後の若年層が教育制度の内外にどのように分散していくのかの状況を把握する。

　2005（平成17）年度中学校卒業者の約121万人のうち、高等学校に進学した者は97.7％にあたる約118万人である。同世代のほぼ全員が進学するという意味では、全入に近い状況の高等学校生徒に対し経済的支援をすることは、教育政策の上から見ればターゲット効率性は高い。

　しかしながら、この時点ですでに教育制度から離脱する若年者が少数ながら存在することも忘れるべきではない。2005年度中学卒業者の0.7％に相当する7573人が就職、またそれ以外に分類され事実上の進路把握が困難であった者が1万4457人（1.2％）存在する。

　さらに、2005（平成17）年度中学校卒業者が高等学校を卒業した年度の状況を把握するために、2008（平成20）年度『学校基本調査』を確認する。

　特筆すべきであるのは、2005年度の高等学校進学者約118万人に対し、高等学校卒業者が約108万人と10万人程度減少していることである。これにはいくつかの理由が考えられ、まず4年制の定時制課程を含む数値のために定時制課程の卒業者数が1年遅れでしか反映されないことも原因の1つである。しかし、より大きな理由は、やはり中途退学や長期欠席による原級留置により、高等学校入学者のうち相当数が3年間に卒業に至らないケースである。1981（昭和56）年と1997（平成9）年の高校生意識調査を比較した尾嶋（2001、06、208頁）では「学校の生徒に対する『拘束力』の低下」の中で、「『縛り』と『目標』を失った生徒たちは、将来のジェンダー状況にも、また労働市場の状況にも明確な見通しを持てなくなり、『浮動票的』あるいは『判断留保的』傾向を強めている」として指摘されている。こうした状況は現在の高等学校の状況にも継続しており、高校生活からリタイヤする生徒層を一定数形成する基盤となっていると考えられるのである。

　文部科学省の2008（平成20）年度『児童生徒の問題行動等生徒指導上の諸問題に関する調査』では2008（平成20）年度の高校中退者数は6万6226人となっている。過去5年の数値を確認すると7万人程度、中途退学率はほぼ2％で推移している。これは在籍者全体から中退に至った生徒の数を把握したもの

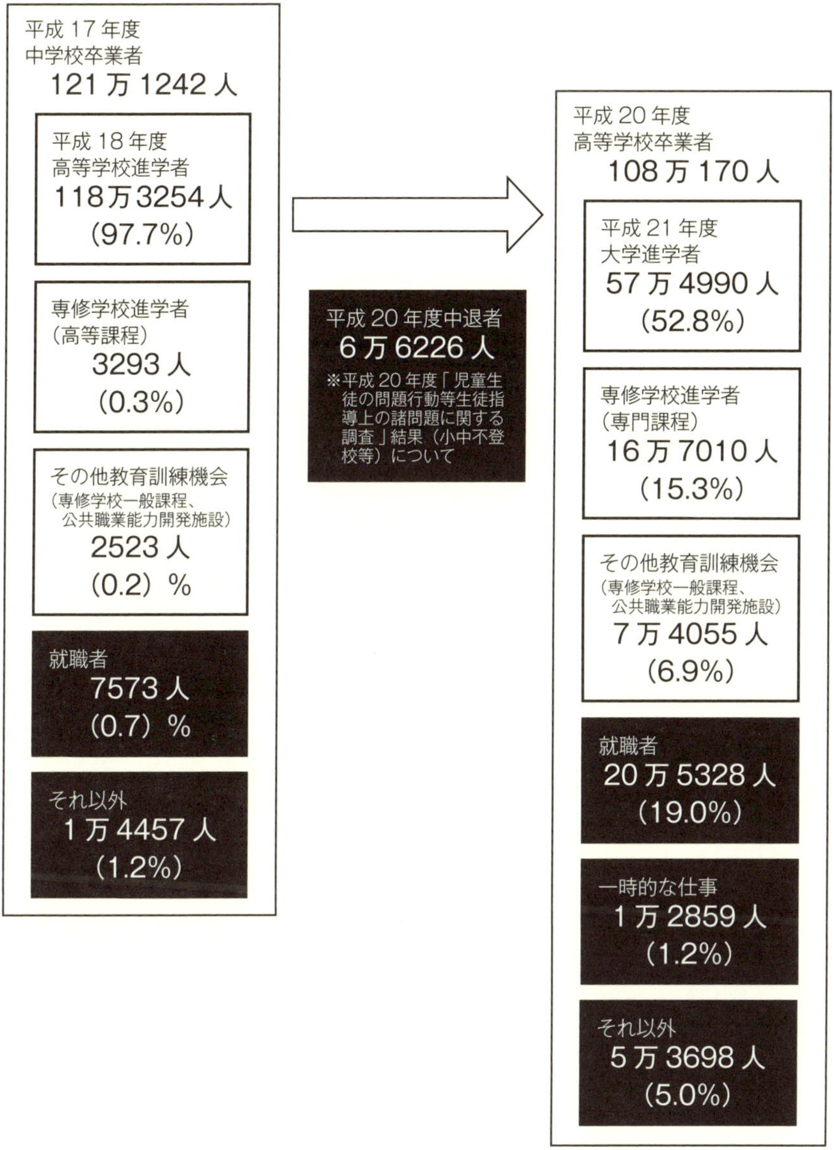

```
平成17年度
中学校卒業者
121万1242人
├─ 平成18年度
│  高等学校進学者
│  118万3254人
│  (97.7%)
├─ 専修学校進学者
│  (高等課程)
│  3293人
│  (0.3%)
├─ その他教育訓練機会
│  (専修学校一般課程、
│  公共職業能力開発施設)
│  2523人
│  (0.2)%
├─ 就職者
│  7573人
│  (0.7)%
└─ それ以外
   1万4457人
   (1.2%)
```

平成20年度中退者
6万6226人
※平成20年度「児童生徒の問題行動等生徒指導上の諸問題に関する調査」結果（小中不登校等）について

```
平成20年度
高等学校卒業者
108万170人
├─ 平成21年度
│  大学進学者
│  57万4990人
│  (52.8%)
├─ 専修学校進学者
│  (専門課程)
│  16万7010人
│  (15.3%)
├─ その他教育訓練機会
│  (専修学校一般課程、
│  公共職業能力開発施設)
│  7万4055人
│  (6.9%)
├─ 就職者
│  20万5328人
│  (19.0%)
├─ 一時的な仕事
│  1万2859人
│  (1.2%)
└─ それ以外
   5万3698人
   (5.0%)
```

2005（平成17）年度と2008（平成20）年度『学校基本調査』をもとに筆者作成

図1　15〜18歳の若年層と教育制度

であり、2005（平成17）年度中学校卒業者からの中退者に限定した数値ではないことに留意しておく必要がある。ここで確認しておくべきは、高等学校の間に教育制度の外に退出する生徒も相当数いるという事実である。

さて高等学校無償化政策の機能を検討する場合、高校無償化によって軽減されるはずの家計負担が大学や専修学校への進学行動に影響を及ぼすかどうかの可能性についても視野に入れておく必要がある。

そのため2008（平成20）年度高等学校卒業者の進路を確認すると、大学進学者が約57万人（2008年度高等学校卒業者の52.8%）、専修学校（専門課程）進学者が約17万人（15.3%）となっている。また高等学校の時点での就職者が約21万人（19.0%）、一時的な仕事に就いた者が1万2859人（1.2%）、それ以外の進路が補足できない者が5万3698人（5.0%）となっている。

ここで2005（平成17）年度中学校卒業者と2008（平成20）年度高等学校卒業者のうち、正確な数値の補足できない高等学校中途退学者を除いて、教育制度の外に分散した若年者数（就職者、一時的な仕事、それ以外）を単純に積算すると8万8817人となり2005（平成17）年度中学校卒業者に対する比率は7.3%となる。これに、年間7万人程度の中退者を加えると、少なく見積もっても同一学年の1割程度は、中等教育の時点で教育制度の外に分散していくという概要が把握できる。

高等学校無償化政策は、100%「近い」若年層の授業料を公教育費により保障することで、家計の負担を軽減し、大学、専修学校への進学行動に対し正の効果をもたらす可能性は高い。現時点では不確定であるが、専修学校の高等課程や高等専門学校前期課程も無償化対象に含まれれば、その捕捉率はより上昇し、大学や専修学校への進路をより多くの若年層に開いてくはずである。

ただし、中学校卒業時点もしくは高等学校の在学中や卒業時点で、教育制度から離脱し労働市場へ移行する、あるいは教育制度の外に退出した生徒に対する公的支援については検討対象とはなっていない。

高等学校無償化政策は、現在の教育制度に適応した生徒に対する給付という意味で限定性を持っており、その枠組みの外にある若年層への支援や、就職し納税者としての義務を果たす者へのその後の学習機会の保障といった点では、相当に成熟の余地のある制度設計しか行われていないと指摘できるのである。

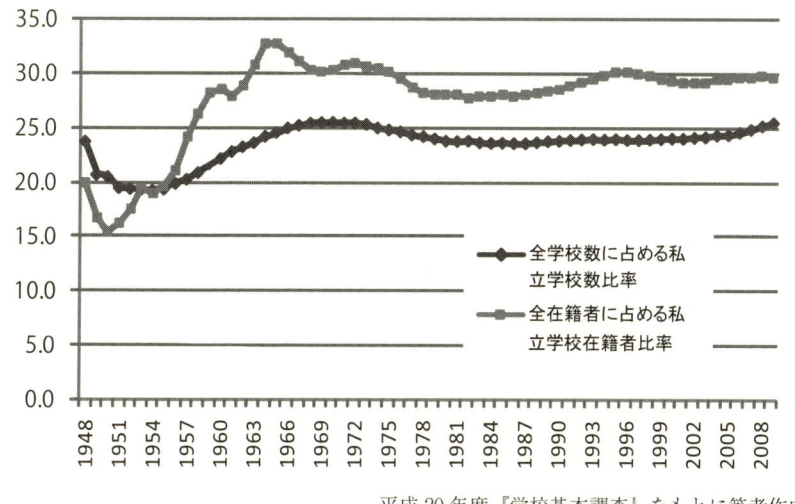

平成20年度『学校基本調査』をもとに筆者作成

図2　私立学校数・私立学校在籍者の推移（1948～2008）

いわば学校中心主義の普遍的給付という特徴付けが、高等学校無償化政策については可能といえよう。

2.2　高等学校設置形態の地域性

さて、高等学校無償化の機能と課題を検討するうえで重要であるのは、高等学校設置形態に相当な地域性があるということである。

高校教育における私立学校の量的な役割は、図2に示したように在籍者数の30％程度、学校数の25％程度を占めており、その比率は若干の増減はあるものの近年は安定的に推移している。

図3は設置形態・都道府県別の高等学校在籍者数を示したものであるが、私立学校在籍者比率で見るともっとも低い徳島県の4.5％から、もっとも高い東京都の56.4％までその分散は大きい。授業料が国公立学校に比較して高い水準にある私立学校は、関東、関西や福岡などの大都市圏に集中しているためである。

私立学校の都市部における増設と、受験偏差値における地位の上昇について

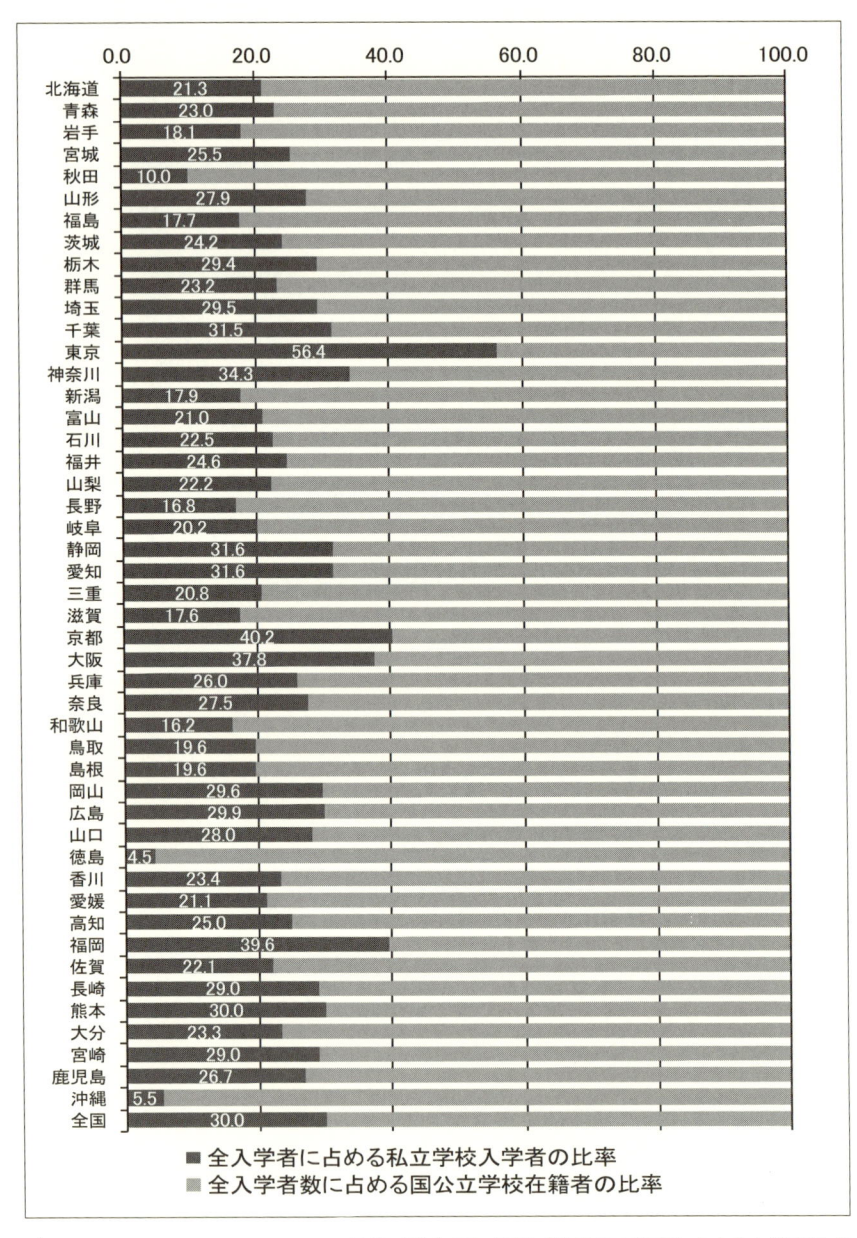

都道府県	全入学者に占める私立学校入学者の比率
北海道	21.3
青森	23.0
岩手	18.1
宮城	25.5
秋田	10.0
山形	27.9
福島	17.7
茨城	24.2
栃木	29.4
群馬	23.2
埼玉	29.5
千葉	31.5
東京	56.4
神奈川	34.3
新潟	17.9
富山	21.0
石川	22.5
福井	24.6
山梨	22.2
長野	16.8
岐阜	20.2
静岡	31.6
愛知	31.6
三重	20.8
滋賀	17.6
京都	40.2
大阪	37.8
兵庫	26.0
奈良	27.5
和歌山	16.2
鳥取	19.6
島根	19.6
岡山	29.6
広島	29.9
山口	28.0
徳島	4.5
香川	23.4
愛媛	21.1
高知	25.0
福岡	39.6
佐賀	22.1
長崎	29.0
熊本	30.0
大分	23.3
宮崎	29.0
鹿児島	26.7
沖縄	5.5
全国	30.0

■ 全入学者に占める私立学校入学者の比率
■ 全入学者数に占める国公立学校在籍者の比率

2008（平成20）年度『学校基本調査』をもとに筆者作成

図3　設置形態・都道府県別高等学校在籍者数

普通科全日制

授業料	授業料	学校名	授業料	授業料	学校名
授業料	996,000	広尾学園 （普〈インターナショナル〉）	授業料	279,000	東京都市大学等々力 （普〈英語〉）（注）
	828,000	玉川学園高等部		282,000	鶴川
	658,000	学習院高等科		300,000	国本女子
	650,000	成城学園		312,000	千代田女学園
	648,000	東京女学館 （普〈国際コース〉）		317,000	日本工業大学駒場 （全学科）

※東京都内私立学校の全学科平均授業料　416,958 円

表 1　平成 21 年度東京都私立高等学校授業料　上位 5 校と下位 5 校

　小川（2000、105－130 頁）は、大都市圏では 1975（昭和 50）年の私学助成制度を契機とする私立大学定員の削減や新中間層の大学受験、国公立および私立大学のすべてで進行した入試方式の多様化に私立高等学校が柔軟な対応を行ってきたことをその理由としている。

　現在、大都市圏では私立高等学校の学校選択は一般的であり、その選択は生徒自身の学力、家計の所得や通学距離による制約を受けつつも、生徒の進路志望や校風などによる積極的な選択が行われる場合も多い。

　ここで、私立学校比率の高い東京都を例に私立高等学校の授業料水準について、その多様性の確認をしておく。表 1 は、東京都の調査による 2009（平成 21）年度東京都私立高等学校授業料（普通科全日制）の上位 5 校と下位 5 校を示したものである（東京都生活文化スポーツ局　2009）。

　上位高校は年額 50 万円を上回り、100 万円に近い学校も 2 校存在する。これに対し下位 5 校は年額 30 万円程度の授業料となっている。なお東京都内私立学校の全学科の授業料平均は 2009（平成 21）年度で 416,958 円となっており全学科の 73.5% が授業料水準を据え置いている。

　残念ながら、私立高等学校に限定して家計所得の分布を把握した統計は、管見の限りみあたらなかった。しかし、広尾学園、玉川学園、学習院、成城学園

など、高授業料校には戦前からの伝統を持ち、やはり授業料水準の高い中等部を併設しており高階層の進学者層が多いと想定される。この意味では、私立高等学校に進学する生徒については学校間の家計所得格差は相当にあると考えられる。

　高等学校無償化政策では、私立高等学校については一律12万円、また低所得家計については一律24万円が給付額として提示されているが、この金額は都市部における学校選択を十分に保障しうるものではないことに留意する必要がある。低所得家計であっても、高等学校に対する選択の自由を十分に行使するには、授業料無償化政策に加え、東京都が実施しているような低所得世帯への授業料支援を継続し、さらにニードベースの給付型奨学金などが必要と考えられる。すなわち高等学校無償化政策による給付額と、実際の高等学校就学に必要な学納金水準との差額とをさらなる公教育費投入によって縮減する必要がある。しかし、高等学校無償化政策において、自治体がそれぞれの地域性をふまえて行う家計支援や、給付型奨学金との連動性や整合性は論点とはなっておらず、とりわけ低所得家計からの進学者の教育機会保障や就学という観点から、政策の実効性について疑問を提示せざるをえない。

　くわえて、高校無償化政策は、現時点で私立学校の授業料水準へのコントロールの手法を提示していないことが、制度的な欠陥になりうる可能性がある。日本経済の長期停滞のもとで、私立高等学校は授業料や納付金の水準を抑制せざるをえない。しかしながら、高校無償化により、生徒1人あたり最低限でも年額12万円が法人収入として見込め、その分の負担が家計が軽減されることがわかっている場合、私立学校は授業料を上昇させることによって一層の財源確保をはかる可能性も大きい。とくに公立高校への志願の偏重が生じ、経営の不安定化が見込まれる場合には、授業料値上げへのインセンティブが作用する可能性も高い。これに対しての歯止め策がない限り、公費による助成分を私立学校のモラルハザードが打ち消すという悪循環が生じてしまう。

　専修学校や各種学校が無償化対象に含まれる場合にも、同様の事態を想定しておく必要がある。

3 若年層の教育機会の包括的保障のために

ここまで2点にわたって、高等学校無償化政策の制度的課題を指摘した。

まず中等教育に対し学校中心で財政支援が行われることで、教育制度の外に退出や分散した若年層の教育や訓練の機会が十分に保障されない可能性、次に授業料水準が相対的に高く都市部に集中し、また学校間の授業料格差の大きい私立学校の生徒に対する支援水準が十分であるのかどうかという課題である。

これに加えて、非政府立教育機関の授業料格差への対応が不明確であること、また授業料水準の上昇というモラルハザードに対する抑制策がないという課題が存在することを指摘した。

高等学校無償化政策の最大の制度的課題は、教育制度の外にいる若年層の教育機会をいかに保障していくのかという点にある。現在のところ、制度外の若年層の教育機会に関する公費投入の方針は示されてはいないが、最終的にはたとえば教育訓練バウチャーのような形で、1条校や専修学校の外にいる若年者に対しても、包括的な教育機会を保障することが重要といえる。

この際、予備校や学習塾、NPO法人や職業訓練機関などに対する柔軟な公教育費の投入も検討されることがのぞましい。教育制度の外に退出する若年層は、学校を「居場所」としていないが、教育へのニーズを持っているかあるいは潜在的なニーズを持っている存在とといえられ、いわば「学校システムという生態系」（三上 2002、331頁）の周縁に存在している。ここでいう学校システムとは、1条校だけでなく、専修学校や塾・家庭教師など「学習の機会が重層的に編成された」システムのことである（三上 2002、331頁）。この生態系は、学力を単一の軸とする従来の学校システムから、若年層の生や自立へのプロセスの多様性を反映する形でその制度的な複雑性と生態系としての多様性を増している。不登校児童生徒のためのNPO法人や、職業訓練機関などは、従来の学校システムの外にありながらも、若年層の教育や訓練の機会を柔軟な形で保障している。こうした対象に対する公費投入の原則を、高等学校無償化政策とあわせて確立することで、若年層の教育機会の包括的な保障は可能になると考えられる。

私立高等学校や専修学校といった非政府立教育機関に対するガバナンスやコントロールの在り方は、高等学校無償化政策の直近の課題として重要であるといえる。すでに指摘したように、私立高等学校の間でも3倍以上の授業料格差が存在しているが、授業料に対するコントロールは現行法制では、不可能である。仮に、地方自治体の支出や政府奨学金で公立高等学校と私立高等学校との授業料平均の格差を埋めあわせることができたとしても、より高い授業料を設定している私立高等学校への進学が容易になるわけではない。また、私立学校が授業料を値上げすれば、公教育費投入の効果は減少し、家計や若年層の教育機会や安定的な就学の保障はおぼつかなくなる。また、財政規模もいたずらに膨張することとなる。

　ただし、私立学校の授業料を一律化したり、上限額を設けたりすることは、私立学校経営の柔軟性や教育の自由を保障するうえでは得策ではない。現実的には、私立高等学校や専修学校の授業料の動向を、これまで以上に綿密に把握し、高等学校無償化政策以降に授業料の水準上昇幅が不適切である場合には、警告や経営改善指導、悪質なケースでは私学助成の打ち切りや生徒募集の一時停止などのペナルティを課していくなどの措置が想定される。

　これらの対応は、これまで放任的に扱われてきた学校法人、準学校法人や民間法人による教育機関に対する政府統制の強化を意味する。公教育費の投入対象の拡大は、国家の統制の拡大という本質的な作用を伴うが、高等学校無償化政策は非政府部門の教育機関と政府との新たな緊張関係を明るみに出すこととなる可能性も多いに秘めているのである。

引用参考文献一覧

民主党、2009、「民主党の政権政策マニフェスト Manifesto2009」、民主党ホームページ、http://www.dpj.or.jp/special/manifesto2009/index.html.

三上和夫、2002、『学区制度と学校選択』大月書店。

文部科学省、2009a、「公立高校授業料実質無償化・私立高校学費負担軽減策について（指示書）」、文部科学省ホームページ、http://www.mext.go.jp/a_menu/shotou/mushouka/1286172.htm.

文部科学省、2009b、「『高等学校等の実質無償化』に関する関係団体との意見交換

会（平成21年10月9日）」，文部科学省ホームページ、http://www.mext.go.jp/a_menu/shotou/mushouka/1286052.htm。
尾嶋史章、2001、「高校生活の変容と進路・態度形成」、尾嶋史章編著『現代高校生の計量社会学―進路・生活・世代―』ミネルヴァ書房、203－210頁。
寺倉健一・黒川直秀「教育費の負担軽減―高校の無償化をめぐる議論―」『調査と情報―ISSUE BRIEF―』666号、1－10頁。
東京都生活文化スポーツ局、2008、「平成21年度 都内私立高等学校（全日制）の学費について（平成20年12月11日）」、http://www.metro.tokyo.jp/INET/CHOUSA/2008/12/60icb100.htm。

長野県辰野高等学校における学校評価活動

笹田　茂樹

はじめに

　1990年代後半以降、教育行政の分野でもニュー・パブリック・マネジメント（new public management. 以下、NPMと略記）による改革手法が導入され、学校評価や教員評価など様々な評価活動が盛んになってきた。

　NPMの手法は、閉鎖的であった学校組織の内実を外部へ晒す役割を果たし、一定の支持を得ている。しかし、NPMの特徴のひとつである市場原理主義的な部分は、過度の競争を生み出し、「子どもの学び・育ち」という教育本来の目的が形骸化されてしまう危険性を孕んでいる。

　中田康彦は、このような行政主導による「評価の時代」へ立ち向かう方法として、「開かれた学校づくり」が学校評価として果たす役割の可能性について言及した。中田は各地で芽生えつつある、保護者や生徒が学校改善活動に参加する三者協議会の実践を取り上げ、その期待される機能について検討している[1]。

　こうした三者協議会の学校評価機能について検証した論文は、管見によれば2005年の拙稿「学校評価活動における公共性の実現――長野県辰野高等学校の事例を中心として――」[2]が初出である。また、埼玉県立草加東高等学校では、2004年に地域住民・保護者・生徒を構成員とする学校評価連絡協議会が発足し、校則の見直しや授業改善などの取り組みが進んでいる[3]。この草加東高等学校の事例は、学校評価を主目的として制度化された協議会の最初の事例と言える。

　上記のような協議会方式による「開かれた学校づくり」の実践の浸透には、浦野東洋一の果たした役割が大きい。浦野は、1997年に長野県辰野高等学校

ではじまった三者協議会に創設期から注目し、その実践を支えるとともに、2000年から「『開かれた学校づくり』全国交流集会」を主催して協議会方式の取り組みを各地に広めた[4]。

本稿では辰野高等学校において、生徒・保護者・地域住民の参加によってどのような学校評価活動が展開され、学校を取り巻く問題に関してどのような解決策がはかられていったかを検証していく。

また、その際、近年議論が活発化してきた「学校ガバナンス」機能についても考察を加えたい。

企業経営のあり方を検討する際に用いられてきた「ガバナンス」概念は、1990年代から日本でも注目を浴びるようになり、その後、政治学や行政学の分野にも援用されたが、行政学者の森田朗はこの概念を「権力に基づく統治ではなく、構成員の主体的な参加と彼らの自己決定による共同体運営のあり方」[5]と定義づけた。

教育学においては、生徒・保護者などの学校関係者が学校運営に参加可能な「学校ガバナンス」という新たな概念が提起されるようになったが、その初期の例として小島弘道による論考が挙げられる。小島は、東京都足立区立五反野小学校における学校運営協議会の取り組みを、保護者・住民が学校運営に参加する「学校ガバナンスの新たな形態」とし、その性格や課題などについて考察した[6]。また、山下晃一は、自らも関わったX県立A高校の生徒参加型の協議機関である「学校フォーラム」の取り組みを、「学校ガバナンス」における「熟議空間」の生成過程として分析を行った[7]。

本稿では、これらの論考を踏まえた上で、生徒・保護者が学校運営に参加可能な辰野高等学校の三者協議会や、地域住民も構成員に加わった同校における辰高フォーラムの「学校ガバナンス」としての可能性についても言及したいと考えている。

1 辰野高等学校の三者協議会

〔1〕辰野高等学校における三者協議会の設置

　長野県辰野高等学校は、1912年に設立された伊北農蚕学校から出発し、1921年には商業科を設置して農商学校に発展するなど、地域に根ざしてリーダーとなる人材を輩出してきた[8]。しかし、十数年前には地域からの評価が下がり、少子化の影響もあって生徒が集まらず募集定員を減らすという事態がおこった[9]。このような状況のなか、教職員を中心に、PTAとの交流や生徒の自主性を育てる取り組みを行うなど、学校改善のための努力を続けた[10]。また、1997年4月には日本国憲法・教育基本法50周年を機に、その精神を学校教育のあらゆる面に取り入れていこうと「学校憲法宣言委員会」設置の提案がなされた[11]。この「学校憲法宣言」[12]の内容を検討していくなかで、教職員・生徒・PTAの三者の協力で宣言を実行し、学校づくりを進めるための組織として生まれたのが、三者協議会である[13]。これは、高知県における「土佐の教育改革」での事例や全国の高等学校における学校評議会や協議会、あるいはヨーロッパにおける同様の組織の例などを参考にしたものであり、辰野高等学校の教職員が中心となって組織の内容を検討・具体化する形で、三者協議会の要綱案が作成された[14]。

　三者協議会は、生徒代表9名・父母代表5名・教職員代表3名が、より良い学校づくりをめざして、定期的に話し合いの場を持つために設置するもので、定例協議会は学期に1回開催される。生徒代表の数が父母・教職員代表の合計数を上回り、生徒の意見を反映しやすい仕組みとなっている点に特徴がある。

　この協議会は、学校運営上の決定権は持たないが、生徒会・PTA・職員会のそれぞれの機関（生徒総会・PTA総会・職員会）で話し合い、まとまったことを要求・提案できる。また、この協議会で検討した内容について、三者の各機関は持ち帰って協議し、次の協議会で回答しなければならない、とされている。

　この三者協議会は、1997年12月に生徒会とPTAの賛同を得て発足した。

〔2〕三者協議会の展開

① 校則見直しのはじまり

　第1回の三者協議会では、協議会要綱の採択と、前述した「学校憲法宣言」の検討のほかに、「指定靴の上履き使用許可」についての話し合いが行われた。
　これは、「学校指定の上履きがサンダルなので、冬期間は足が冷たくて耐えられないから、運動靴のようなものを冬の間だけでも上履きとして許可してほしい」、という要望を生徒会が出してきたものである[15]。これに対して、教職員側は「気持ちはわかるが、サンダルの在庫がまだあるので」と結論を先延ばしにしようとしたところ、PTAから「認めない理由として、それはちょっとおかしいのではないか」という趣旨の発言があり[16]、職員会での審議を要請することが同三者協議会で決定された[17]。
　結局、この件に関しては、職員会が新たな上履きを認める方向で、その選定に入ったことが次の三者協議会で報告され[18]、生徒たちは学校側へ要求を認めさせることに成功した。このことを契機に、生徒側は校則の見直しを求めるさまざまな提案を三者協議会で行うようになっていったのである。

② アルバイト許可

　次年度（1998年度）の第1回三者協議会では、生徒会によるアンケート調査で生徒から最も意見が多かった「平日のアルバイト原則禁止の見直し」についての要望が出され、それまで夏休みなどの長期休業中しか認められていなかったアルバイトに関して、「社会勉強になる」、「お金の大切さが分かる」などを理由に、生徒会が平日についても許可を求めた[19]。
　当初、生徒会総務（執行部）は、部活動の衰退を危惧する職員会側が三者協議会で平日のアルバイトを認めないだろうという予測のもと、「土日・祝祭日のアルバイト許可」を三者協議会の直前に行われた生徒総会へ提案し、生徒の賛同を得ようとした。しかし、この生徒総会では、あくまでも「平日の許可」を求める発言が相次いだために生徒会総務案が否決されるという経緯があって、生徒総会の決議ができなかった。そこで、生徒会総務は、生徒の多数意見を占めた「平日アルバイト」の原則禁止見直しを、「要望」として協議会に提

出した[20]。

　この要望を受ける形で、三者協議会後にPTAと職員会で話し合いが行われ、次の三者協議会でそれぞれの話し合いの結果が報告された。PTAからは「賛成」意見が多かったことが伝えられたが、職員会からは「色々な点で心配する声がほとんどだった」という報告があった。特に職員会から、多くの生徒が夏休み中に無許可でアルバイトをしている実態が報告され、その問題点を指摘する声が強かった[21]。

　その後、選挙によって次年度メンバーへと入れ替わった生徒会総務[22]は1998年12月の生徒総会で、三者協議会において職員会の賛成を得やすいように「平日と土・日を含めて3日以内のアルバイト許可」を求めていくことを提案し、可決された[23]。その決議を生徒会が、次の1998年度第3回三者協議会で提案するとともに、三者の代表で「アルバイト問題に関する小委員会」を組織することを提言した。この提言は承認され、同小委員会で生徒会案をたたき台にして案づくりを進めることが合意された[24]。

　それ以降も、この問題は三者協議会で継続して審議されたが、生徒は「平日を含めて3日以内の許可」、保護者は「土日なら許可」、教職員は「今までどおり」と平行線をたどった[25]。しかし、1999年度第3回三者協議会で生徒会が「土日・祝祭日に限定した許可」を提案してPTAに同調した結果、小委員会で案をまとめることが決まり、次の2000年度第1回三者協議会で、違反した場合の罰則などを盛り込んだ「アルバイトに関する規定」が小委員会から提案され、アルバイト許可問題は決着する方向に動きはじめた。

　この規定を三者それぞれが持ち帰り、生徒総会・PTA総会・職員会で審議が行われて三者とも賛成が得られた結果、2000年6月に臨時の三者協議会が開かれ、長期休業中および土日・祝祭日について、12月までを試行期間としてアルバイトが条件付きで許可されることとなったのである。

　この時に発行された生徒会新聞には、次のように書かれてある[26]。

　　　先輩方から引き継いで三者協議会・アルバイト小委員会を何度も開いて話し合われ、約2年半という歳月をかけてやっとここまできたのです。……もし、違反者が出てきてしまえば、以前のようなアルバイト原則禁止

に逆戻りになってしまうかも知れません。先生方や親の方々も全校生徒に期待して、アルバイト許可制に賛成して下さったと思います。そういう思いも含めて、悲しい結末にならないように、全校一丸となって、この素晴らしい結果を生かしましょう！

　以上のように、2年あまりの歳月をかけて三者協議会などで審議を重ねた結果、ついに長期休業中以外でのアルバイトが許可されることとなった。これは、要求を認めてもらうために各所へ奔走して意見調整を図った、歴代の生徒会総務の努力があったからこそ実現したものであると言えよう。このような動きのなかで、生徒会総務は仲間(生徒)の意見をまとめ、大人と交渉する力量を身に付けていったのである。許可実現の喜びと、せっかく獲得した権利を大切に守っていこうという彼らの気持ちが、上記の生徒会新聞の一節から読み取れる。
　次の2000年度第3回三者協議会では無許可の違反者が報告され、試行期間が2001年3月まで延長されるということもあったが、2001年度第1回三者協議会で「アルバイト規約」(2000年度第2回三者協議会で「規定」を「規約」と訂正)を正式に施行することが確認された。
　その後、2003年度第1回三者協議会で生徒会から、不況下で生活が困窮している生徒の平日アルバイト許可についての提案があり、同年度第3回三者協議会で三者の賛成が確認されたため、授業料減免対象者に関して平日のアルバイトが認められるようになり、「アルバイト規約」は現在に至っている。

③「標準服」の制定
　PTAからの提案によって検討がはじまったものに、「標準服」の制定がある。
　三者協議会ができる以前から「制服」は必要であるという保護者の意向は強く、三者協議会での要望提出が可能になったため、1999年度第2回三者協議会で、「全員が購入し、式典や進路の面接になどで着る」ための「標準服」について検討してほしいと、PTAとしては初めての要望を出すこととなった[27]。
　しかし、辰野高等学校では、1995年の生徒総会で「服装自由化宣言」が採択され、「派手にならず清潔で質素で学校生活に適し」ていることを前提に、「服装は生徒一人一人の自主的な判断に基づき着用する」ことが認められていた[28]。

そのため、同協議会では生徒や教職員側から「服装自由化宣言と矛盾するのではないか」など、疑問の声が多く出された。また、この「標準服」の要望はPTA総会で同意を得られた提案ではなかったため、PTAも含めて三者それぞれが持ち帰って検討することになった[29]。

　同年度第3回三者協議会では継続審議となったが、保護者の一部から、服装の乱れが地域での辰高の評判を落とすことになっており、宣言文の内容を崩すことのないような取り組みを生徒会でしてほしいという意見が出された[30]。PTAが「標準服」を要望した背景には、平素も着用することで経済的負担を軽減したい等の理由があったと考えられる。

　次の2000年度第1回三者協議会では、「服装自由化宣言」の趣旨を損なわない形で、PTAから、（全員ではなく）希望者が式典などで着られるようなものを購入する「推薦服」を作れないかという要望が出された。これは、統一した物でなくてもいいからフォーマルな服として「推薦服」を一着は持って、TPOに応じた服装をしてほしいという意向から出された要望である[31]。

　2000年度第3回三者協議会では、この「推薦服」がPTAの正式提案となり、生徒会と職員会で持ち帰って話し合うことになったが、当時、いわゆる「制服ブーム」の到来で生徒たちの関心は「標準服」に傾いており[32]、「推薦服」は生徒総会で否決され、2000年度第4回三者協議会での三者の合意は行われなかった。

　同協議会では、三者でそれぞれ持ち帰り、改めて服装についての提案を行うことが確認された。職員会では、もともと「服装自由化宣言」を尊重し、制服に反対する意見が強かったが、第4回三者協議会で生徒の大半が「標準服」を望んでいるという実態がわかったことから、議論の結果、生徒・保護者の要望を尊重する形で職員会から「標準服」の提案をすることとなった[33]。

　職員会の意向は生徒会総務に打診され、生徒会総務は「標準服」のファッションショーを企画することを買って出た。その後、2001年度第1回三者協議会で職員会が「標準服」を提案し、2001年5月の生徒総会・PTA総会ではファッションショーが行われると同時に「標準服」導入の賛同が得られ、同じ5月に臨時の三者協議会が開かれて「標準服」導入が合意に至った。

　同年6月には「標準服」導入のための小委員会が三者で組織され、同年7月

の桜陵祭（文化祭）では、デザインを決めるため再度のファッションショーが開催された。そのファッションショーを参考にしながら、生徒・保護者・教職員の投票によって「標準服」が決定さることになる。また、「標準服」導入のルールづくりも小委員会で行われ、10月に再び臨時の三者協議会が開催されて、「標準服導入に関する申し合わせ」が合意された[34]。

その「申し合わせ」の決定過程では、ルーズソックス着用に関して、反対する教職員と強く希望する生徒の間で綱引きがあったが、学校が指定した期日には紺のハイソックスを着用、それ以外はルーズソックス着用可ということで決着を見た[35]。こうやって「アルバイト許可」と同じく2年余りの歳月をかけて「標準服」導入が決まったが、PTAの要望から議論がはじまった「標準服」が最終的に認められた意義は大きいと思われる。

④ 議事内容の分析

三者協議会開催当初には、前述した「上履き」や「アルバイト許可」のように「校則の見直し」に関する生徒からの提案や、地域での学校の評判を落とす原因になっていた生徒の「頭髪・服装」などを改めようという「辰高イメージアップ」についての要望など、「生活指導」に関する議事が多く見られた。「標準服」に関する要望も「校則の見直し」あるいは「生活指導」関連の議事と言え、このような議事が、三者協議会での話し合いにおいて、以後も大きな位置を占めることになる。

次に、1998年度第2回三者協議会で初めて生徒会から「学校の施設・設備」についての要望が出された。こうした要望も、ほぼ毎年、生徒から提示されることになる。辰野高等学校では、年度末の三者協議会で「施設・設備（・環境）」についての要望が生徒会から出され、翌年度最初の三者協議会で職員会が要望に対する回答を定期的に行っている。これは、年に3回以上開催される三者協議会の特徴を活かした議論のやりとりと言える。

さらに、1998年度第3回三者協議会では、「授業・学習」に関する要望が生徒から初めて出された。この要望については次項で詳述するが、これもまた三者協議会で継続して話し合われる重要なテーマとなる。

ここまでに言及した「生活指導」、「施設・設備」、「授業・学習」が、その後

の協議会における3大テーマとなり、ほとんどの協議会で3つすべてが議事に取り上げられている。「授業・学習」問題が初めて登場した1998年度第3回三者協議会以降、2006年度第3回三者協議会まで、臨時協議会を除いた25回のうち、過半数の14回の協議会で、3つのテーマが同時に議事として取り上げられた。

ただし、三者協議会発足当初にさまざまな意見が交わされた「校則の見直し」については、2004年度第1回三者協議会でのアルバイト許可証の発行を迅速に行ってほしいという要望を最後に議事としては見られなくなり、「生活指導」関連は「マナー」や「交通安全」などの議事のみになった。これは、「校則の見直し」が一段落し、三者協議会の議事の中心が「施設・設備」や「授業・学習」に移ったことをあらわしている。

また、「施設・設備」については、学校予算との関係で生徒の要望に応えていくことには限界があるが、三者協議会での話し合いのなかから自分たちで修理・製作を行おうという機運も高まってきている。

例えば、1999年度第3回三者協議会で生徒から「プール更衣室のスノコ板が少ないので、新しいものを入れてほしい」という趣旨の要望が出されたが、協議会の終了後にPTAの役員が生徒会総務の生徒たちに「材料は何とかなるから、みんなで作ろう」と呼びかけた。その結果、休日に生徒・保護者・教職員の有志が集まって、スノコ板を完成させた[36]。このような活動が生徒全体に伝わることで、校内の施設・設備を大切に使っていこうという雰囲気を生み出すことが可能となる。

〔3〕三者協議会からはじまった授業改善

① 授業アンケートの実施と三者協議会での討議

辰野高等学校における授業改善の特徴は、三者協議会を通じて、生徒たちの要望を教職員側が受け止める形で実施されつつある点にある。

1998年5月に長野市で行われた生徒会交流集会において辰野高等学校生徒会総務のメンバーが、長野吉田高等学校で「ザ・ボイス」という授業についてのアンケート調査を実施したことを聞き、生徒会担当教員のアドバイスもあっ

て、辰野高等学校でも同様の調査の検討に入った。さらに、1998年度第2回三者協議会で、「授業やカリキュラムについて生徒の要求を取り入れて」授業の活性化について話し合っていくことの合意がなされた。

　これらの流れに沿う形で、同年の2学期に生徒会が、1年生・2年生を対象に「授業についてのアンケート調査」を実施し、1998年度第3回三者協議会でそのアンケート結果をまとめた、『授業について』という要望書を提出した[37]。

　この『授業について』は、各教科ごとの「授業に満足しない」生徒数が表記されるとともに、「満足しない理由」と「授業に対する要望・意見」がまとめられていた。特に社会科の授業に対しては、回答者420人中320人が満足していないという厳しい結果が提示された。

　教職員側は同三者協議会で、「生徒からの要望は受けとめ改善に活かしたい」と返答するとともに、教職員から生徒への『授業についての要望』を提出した。

　この結果、教職員・生徒それぞれで話し合いがもたれ、1999年度第1回三者協議会で各々の回答書が提出された。教職員側から出された各教科の回答書では、一方的な講義形式の授業を改め、生徒参加型の授業をめざしていくという方向性（国語・社会・英語科）などが打ち出され、生徒からの板書に対する不満、「授業進度が速すぎる」という不満などに対して、それらを真摯に受けとめ改善していこうという姿勢が示された。生徒側の回答書は、各クラスでの討論の様子と、その結果設定された「私語をなくす」などの「授業に対する各クラスの目標」を内容としていた[38]。

　同三者協議会では三者の代表によって、教職員・生徒双方の回答書について活発な意見が交わされ、より良い授業を協力してつくっていく方針が確認された。また、「授業について生徒がどこまで要望をだせるのか」という生徒会顧問からの質問に対し、教育課程担当の教員から「今後は、カリキュラムやシラバスにも生徒の要望を反映させたいと考えている」との発言があった[39]。

　このように、話し合いによって教職員と生徒がお互いに自らの改善点を自覚し、協働で授業を創造していこうとする姿勢ができあがった。さらに、PTA代表からも、授業態度に関して「生徒同士お互いに注意できるような雰囲気をつくって欲しい」などの建設的な意見が多く出されるようになった[40]。

② 授業改善の進展

1999年度第1回三者協議会に提出された社会科からの回答書には次のように書かれている[41]。

1. 今後も公開授業の実施や中学の授業を見学することなどによって授業研究を進め、学びがいのあるよりよい授業づくりを目指していきます。
2. 授業への要望については、説明の仕方や板書の仕方、ノートを取る時間の確保など指摘されたことについて、今後とも注意しながら改善を図っていきます。
3. 生徒と教師がともに授業に参加し、授業をつくりあげていくことが実感できることを願って、生徒が自分の考えをまとめて意見を言えるような機会を増やしたりするなど授業の内容や方法を工夫していきます。

このように各教科で生徒からの批判を正面から受け止め、生徒の要望を取り入れた授業改善の努力を続ける方針が出された。1999年度第3回三者協議会に提出された学習指導委員会の資料によると、「わかりやすい説明を心がけた。(国・社・英)」、「授業の進度をゆっくりにした。(国・英)」、「先生が一方的に話すのではなく、生徒が発言したり主役になるように心がけた。(理・国・社)」などの改善例が示された[42]。その結果、「授業妨害が少なくなった」、「例年より落ち着いて授業を受けている」という教職員の意見も見られるようになっていった[43]。

以後、毎年度、生徒会による「授業についてのアンケート調査」が実施され、「施設・設備」要望と同様に、年度末の三者協議会でアンケート調査に基づく「授業改善要望」が生徒会から出され、翌年度最初の三者協議会で「授業改善要望」に対する回答が職員会から提出されることになっている。

生徒の授業に対する要望は、個別の授業だけでなく、教育課程にも影響を及ぼすようになってきた。2000年度から科目選択の幅が広がり、また、2002年度には、教職員側の企画運営委員会と生徒会のタイアップにより「教育課程についてのアンケート」が実施された[44]。同様のアンケート調査は2005年度にも実施され、生徒の要望を取り入れながら、教育課程の改善をめざす努力が現在も続けられている。

2 辰野高等学校の辰高フォーラム

〔1〕辰高フォーラムのはじまり

　長野県辰野高等学校では、十数年前から地域住民の意向を学校運営に活かそうという方針が立てられ、1994年には町長や町教育委員長、町教育長、町商工会会長などとの「辰野高校の教育に関する懇談会」(以下、「懇談会」と略記)がはじまった。しかし、地元の有力者で構成されるこの懇談会は、生徒への苦情や学校の実情を無視した提案が出されるばかりで、ほとんど機能しなかった。

　そうしたなか、「学校憲法宣言」の検討や三者協議会設置の流れに沿う形で、協議会設置と同じ1997年に、学校・PTA・同窓会の共催によって、年に1度開かれる「辰高フォーラム」が発足した。これは、懇談会を発展させたもので、一般の地域住民にも参加を呼びかけるとともに、三者協議会と同じく生徒や保護者が討議に参加できるようになり、地域住民と生徒・保護者・教職員の四者が自由に意見交換できる場となった[45]。

　第1回辰高フォーラムで話題に上がったのが、生徒の頭髪やゴミのポイ捨てなど、「生活指導」面での苦情だった。年配の同窓生からは「辰野高校の評判を下げているのは頭髪だと思う。派手な頭髪を何とかできませんか」という発言があり、地元の宮木区の区長からは「コンビニで食べ物を買い、そのゴミを捨てる生徒がいて困っています」という指摘があった[46]。

　生徒の頭髪については、前述した「服装自由化宣言」の精神を理解できず、派手な頭髪や服装をする一部の生徒が辰野高等学校のイメージを悪くしており、教職員・保護者なども頭を痛めていた。当時の生徒会長は、上記のような地域の厳しい意見に対して、このフォーラム後に生徒会のスローガンを「辰高イメージアップ」と決め、地域からの信頼の回復に努めるようになった[47]。

　それ以前から教職員は、派手な頭髪や服装によって同校生徒が地域での評価を下げると、中学生が同校を志望しなくなって募集定員の削減につながったり、卒業時の就職活動などで不利に扱われたりすることなどを伝え、生徒に注意を喚起していたが、なかなか改善には結びつかなかった。しかし、フォーラムの場で地

域の人たちから面と向かって苦言を呈されると、日ごろ接している教職員からの注意とは違い、生徒は格別な思いを持って受けとめることができる。特に生徒会総務のメンバーはそうした声を受け入れて、意識改革をはかろうとしていった[48]。

また、このフォーラムの半年余りあとに開かれた1998年度第1回三者協議会では、生徒会がはじめた「辰高イメージアップ」活動をさらに浸透させようという要望が職員会から出され、学校を挙げて同活動に取り組む体制をつくっていった。

ゴミ問題に関しては、区長から指摘を受けたフォーラムの場で、生徒会長が「宮木駅までの通学路にゴミ箱を置き、ゴミを回収していきたいと思っています」と答えると、区長から「そんなことは困ります。今はゴミは持ち帰りの時代で、ゴミ箱は町内から撤去している時代です」との反論を受けた。結局、フォーラムのあと生徒会役員と区の役員との間で話し合いが継続して行われ、「そこまで考えているのなら、やってみてください」との許可を得て、ゴミ箱の設置とゴミの回収がはじまった。この活動は、地域からの高い評価を受けながら、生徒会の活動として代々引き継がれて現在まで続いている[49]。

以上のように、フォーラム開始当初の生徒会役員は、自分たちへの批判を正面から受け止めて、「イメージアップ」やゴミ回収の活動を行い、そのことが地域の生徒に対する評価を変えていった。このように地域からの評価が変化したことが、次項で述べるようなフリーマーケットの開催や、町の合併問題に関与することにつながっていったのである。

また、学校・生徒への苦情ばかりでなく、ボランティア活動などを通して生徒たちのことをよく知る地域住民が辰高フォーラムへ参加することによって、生徒の良い面を他の参加者に伝える場面も生まれるようになり[50]、フォーラムでの討議が、以前の懇談会のような一方的なものではなく、実りある双方向のものへと変貌していった。

〔2〕辰高フォーラムの展開

① フリーマーケットの開催

その後、生徒会総務を中心としたゴミの回収活動などによって信頼を回復し

ていった生徒たちに対して、地域社会からさまざまな要請や依頼が舞い込むようになった。

2001年10月に開催された「辰高フォーラム2001」では、町の商工会長から商店街活性化のために「辰野高校の生徒たちに、商店街の空き店舗を活用したチャレンジ・ショップに参加してもらい、店を経営してもらいたい」との要請があり[51]、翌年度のフォーラムでも同様の申し出があった。

生徒会総務のメンバーはこうした要請を前向きに受けとめ、学校としてどう対応するかを決めるため、教職員とともに他校で同じ様な活動を展開している事例を研究し、また、商店街に人が集まらなくなった原因の調査などにあたった[52]。

結局、永続的な店舗の経営は困難であることがわかって断念したが、チャレンジ・ショップで若者向けの古着屋を経営していた店主からヒントをもらい、辰野高等学校生徒会の主催で、定期的にフリーマーケットを商店街の駐車場で実施することを2003年度に決定した[53]。

辰野高等学校は普通科と商業科を併設しており、商業科の生徒が商業法規集で商取引について研究を行ったり、インターネットで出店者を募集するなどの準備を進めた。フリーマーケットの名称は「ほりだし市 —— 人と人、人と物が出会う場所 ——」に決定した[54]。

最初の開催予定日であった2003年7月26日が、同校野球部の県大会準決勝と重なり、開催を1日延期するというハプニングはあったが、同窓会やPTA、商工会の協力を得て、第1回フリーマーケットは成功裏に終了することができた[55]。

② 町の文化行事等への参加

地域からは辰野高等学校のクラブ活動に対しても、高校生の作品を町に飾ってほしいという要望や、町の行事に参加してほしいという要望など、町の活性化に高校生の力を借りたいという要請や提案が相次ぎ、これらの提案を受ける形で、ほとんどの文化系クラブが町の行事などに参加するようになっていった。

こうした活動を通じて、高校生に対する地域住民の信頼感が一層高まるとと

もに、町の福祉事業なら JRC 部の福祉活動、町の公民館での文化祭ならそれに対応する文化系クラブというふうに、それぞれの分野で交流が深まった。そして、その交流に基づいたテーマを設定して地域住民と生徒が話し合う、辰高フォーラムの分科会が 2001 年度から開始された。分科会で相互の活動を発表し合い、どのように連携して地域に貢献していくのかという議論に発展していったのである[56]。

③ 町の合併問題

辰高フォーラムでは、町づくりに高校生の意見を反映していきたいという地域からの提案も、たびたび出された。

また、市町村合併の問題が全国的に取り上げられるようになり、辰野町も他の市町村と合併するか否かという岐路に立たされることになったが、辰野高等学校生徒会ではこうした機会を捉え、合併問題について高校生の意見を発信していくことを決めた。

2003 年度の生徒会総務は、全校生徒を対象に 2 度にわたる「町の合併問題」についてのアンケート調査を行った上で、同年 7 月の桜陵祭で「地域住民と高校生による魅力ある町づくりと合併問題を考えるシンポジウム」を開催した。

このシンポジウムでは、まず生徒会総務からアンケート結果が公表され、生徒の 8 割以上が合併には反対であること、「今の町や村が好きだから」や「税金や水道料が上がる」、「役所が遠くなり、不便」などが反対理由の多数を占めることなどを発表した[57]。

さらに、あるクラス（商業科）は「商店街の活性化」や「合併問題」に関する商店街での聞き取り調査を行って結果を報告し[58]、別のクラスは生徒会総務と協力して「若者にとって理想の辰野町立体模型」をつくって説明を行った[59]。

その上で、町の助役と総務課長、商工会と青年会議所の代表や大学の研究者などをパネラーに招き、町民にも参加を呼びかけて、地域問題についてのパネルディスカッションが開かれた[60]。このディスカッションでは、町の環境問題や合併問題に関して活発な討論が行われ、高校生からも多くの意見を発信することができた。

これら文化祭でのさまざまな取り組みや、アンケート結果は地元のマスコミ

でも大きく取り上げられ、地域から高い評価を受けるとともに、町議会が開いた「合併問題についての町民からの公聴会」では同校の生徒代表が意見発表する機会も与えられた[61]。

同年10月の辰高フォーラムでは、桜陵祭での活動を受ける形で、「地域活性化と高校」分科会において合併問題に対する真剣な議論が行われ、参加した辰野町の職員が高校生の意見に耳を傾けた[62]。

7月の桜陵祭でのパネルディスカッションにおける生徒会長の発言は、次のようなものだった[63]。

> （現在、生徒会によるフリーマーケット開催など、）地域と辰高との連携が進んできています。……辰高の卒業生は進学してもほとんど地元に帰ってきます。これからの上伊那をつくっていく主人公です。今、地域のさまざまな問題や市町村合併のことが毎日のように新聞に載っていますが、高校生や中学生には伝えられていません。……今回、合併問題について全校アンケートをとりましたが、ふざけた回答は一つもなく、みんな真剣に考えていることが分かりました。……今回、町づくりと合併問題について辰高生が考えてきて感じていることは、そうした問題について高校生や中学生にも説明してもらい、考える機会を与えてもらいたいということです。分かりやすい資料を配ってもらって説明を聞き、その上で住民投票に参加できるようにして欲しいというのが、アンケートでの圧倒的な声でした。そのことをお願いして、僕の意見を終わりたいと思います。ありがとうございました。

辰野町はこうした声に後押しされる形で、中学生以上の住民を対象としたアンケート調査を2度実施し、その結果に基づいて合併は行わないことを決定した[64]。辰野高等学校をはじめとする生徒たちの世論が、合併問題に影響を及ぼしたと町の青年会議所理事長は証言している[65]。これは、生徒たちが町の将来の担い手として自らの意見を表明することで、合併問題の当事者としての権利を獲得して住民投票に加わり、町の最重要政策を左右した、全国でも数少ない事例と言える。

〔3〕三者協議会と辰高フォーラムの意義

　ここでは、三者協議会や辰高フォーラムの開催によって、辰野高等学校や地域社会がどのように変化していったのか、参加者それぞれの変容などに注目して検証していきたい。

　① 生徒の変容
　生徒たちは、三者協議会に提案した要望によって、授業が改善されていく様子を目の当たりにし、また、「アルバイト許可」を勝ち取ったことで、自分たちが変われば、学校を変えることができるという意識を持つようになった。
　2002年度生徒会総務のメンバーは、このような変化のなかで「人の意見をしっかり聞くことができるようになった。いろんな意見があってこそ選択肢もふえて視野もひろがっていく。いまの自分をつくってくれたのはこの学校なんだなと思う」、「自分の意見だけ通すのでは、自己満足になる。みんなの意見をみんなで話しあうことがいい学校をつくると学んだ」と生徒会活動を振り返りながら語っている[66]。
　意識変革は、生徒会総務のメンバーだけでなく、一般の生徒にも広がりを見せた。三者協議会がはじまる前の生徒総会では、生徒会総務が提出する予算案に対して「賛成」の挙手をするだけで、一般生徒からの発言はほとんど見られなかった。しかし、三者協議会に要望を出すための「アルバイト許可」に関する話し合いが初めて行われた1998年度の生徒総会では、それまでの総会とはうって変わって、生徒会総務が提示した「土日・祝祭日のアルバイト許可」案に対して、「平日の許可」を求める反対意見が数多く出された[67]。これは、自分たちの意見によって校則を変えられるかも知れない、という当事者意識が彼らに芽生えていったことを示す出来事と言える。
　また、辰高フォーラムの開催を契機に、生徒会総務を中心にゴミの回収活動がはじまったが、「総務がゴミを回収している姿を見て、辰高の生徒も変わってきた」と一般生徒の意識改革に結びついたことが、翌年度（第2回）のフォーラムで報告されている[68]。

辰高フォーラムでの高校生たちは、前節で検証した三者協議会で大人世代（教職員や保護者）との討議を重ねた経験の蓄積があったからこそ、地域住民とも意見を交わせるだけの力量を身に付けることができた[69]。そのような意味で、三者協議会と辰高フォーラムは連動しており、両者の相乗効果によって生徒の成長が促進されている。

② **保護者の変容**
　学校が開かれていくにつれて、保護者の意識も変わっていった。「三者協議会ができたから、学校に何でも言っていいんだという雰囲気になったんだね」という意見とともに、「協議会ができて、子どもたちが何を考えているか分かるようになってきました。親同士でも、子どもについて具体的な話ができるようになってきました」、と協議会を介して、PTA活動が活性化されていったことを保護者たちは証言する[70]。
　また、「標準服」の制定がPTAの要望からはじまったことは前節で見た通りであり、このことはPTAが学校に対してさまざまな提案を行っていく契機になったと考えられる。
　「アルバイト許可」に関しては、PTAが行ったアンケート調査で「アルバイトは学校より家庭の責任」という意見が多数を占めた。しかし、学校側から「無断アルバイトが多く、家庭で指導できるのか」という疑問をぶつけられ、保護者は自らが主体的に考えざるを得ない状況となった。結局、PTAが打ち出した「土日許可」という線でアルバイトが認められることとなった[71]が、これらの議論を通じて保護者は学校教育に責任を持つ主体へと成長していったのである[72]。

③ **教職員の変容**
　教職員は、三者協議会や辰高フォーラムにおける生徒や保護者、地域住民とのやりとりのなかで、意識改革を迫られた。
　「アルバイト許可」や「標準服」制定など「校則の見直し」に関しては、当初、教職員の間では反対意見が多く見られた。しかし、三者協議会という協議の場に出てきた生徒・保護者の意向を尊重するとともに、特に生徒を「校則の

見直し」のための具体的なルールづくり(「アルバイトに関する規約」など)へ主体的に関わらせることで、生徒や保護者の要望を受け入れる方針へと転向していった。これは、学校における決定権は教職員の専権事項であるという従来の学校観から、生徒・保護者との協力と相互信頼関係によって学校運営を行おうという新たな学校観への転換と言える[73]。

　また、授業改善に関して、1998年度第3回三者協議会で最も悪い評価を生徒から受けた社会科の教員たちは、他校への授業見学を実施するなど授業改善の研究に励み、生徒が興味を持てるような授業として、新聞を教材にした授業や、「総合的な学習の時間」の先行実施科目となる「地域」という地元に根ざした授業を提案するにいたった[74]。

　教職員たちは三者協議会や辰高フォーラムを主催し、そこで生徒や保護者、地域住民の声に耳を傾け、それらの意見を調整していくことで教職員集団としての力量を高め、その高められた専門職性が、学校における教育活動の改善や、新たな学校観の構築に結びついていったのである。

④ 受容的な雰囲気

　一般の高校生が大人を相手に議論を深めていくためには、大人世代による手助けが必要となってくる。三者協議会や辰高フォーラムの場で全般的に見受けられるのは、「生徒の意見をできるだけ引き出して、認めていこう」という教職員や保護者・地域住民の姿勢である。

　特に保護者は、三者協議会では生徒と教職員の間に立って、辰高フォーラムでは生徒と地域住民の間に立って、両者の意見を調整する緩衝材的役割を担っており、生徒が発言しやすい雰囲気を醸し出している。

　また、生徒を構成員としなかった過去の懇談会においては、地域住民の代表者が顔の見えない「高校生」に対して一方的な非難を浴びせることも少なくなかった。しかし、辰高フォーラムがはじまって地域住民と同じ議論の席に生徒がつくと、地域住民は生徒を目の前にして「大人」としての対応を強いられる。生徒が発言しやすいような問いかけや、生徒の発言に対して相づちを打つような行為が、フォーラムの場では多数見受けられる。

　そのような場において、生徒(子ども)たちが実の親以外の大人と結ぶ「斜

めの関係」[75] が構築される。生徒たちは、大人世代との多様な関係性を結ぶことで自らを成長させるとともに、学校や地域に変革を及ぼすことによって新たな文化を創造する担い手となる。

⑤ 地域社会との関係

かつての懇談会から、生徒も参加できる辰高フォーラムに会の形式が変更されたことにより、ゴミの回収活動がはじまったように、生徒が地域からの意見を直接受けとめて反省材料とする機会を得るとともに、直接反論する機会も得ることになった[76]。前述したように、地域住民は受容的な態度で話し合いに臨んでおり、生徒の意見に耳を傾けることで、相互の誤解を解くことや、議論を深めていくことも可能となった。

このような相互の了解過程は、新たなコミュケーション関係が構築されたことを示しており、公共圏[77] の担い手となるべき自律的な主体が、こうした他者とのコミュニケーション行為によって形成されていくものであることを、辰野高等学校の事例は証明している。

また、前項で述べた、生徒会によるフリーマーケットの取り組みに関しては、商店街の店主が「商店街はさびれていて元気がなかったですが、辰高生のみなさんの活動から勇気と元気をもらいました」と辰高フォーラムで発言するなど[78]、次世代の担い手である高校生に対し、地域の期待が高まってきている。

おわりに

第1節で辰野高等学校の三者協議会について、第2節では辰高フォーラムについて検証を行ってきたが、これらの取り組みは学校の教育活動を点検する学校評価活動としての機能を担っていること、協議を継続する過程で生徒・保護者・教職員が学校を構成する主体として変容していったこと、以上2点を確認することができた。

さらに、これらの取り組みは「学校ガバナンス」の新たな地平を切り開く。

辰野町の合併問題では、辰野高等学校の生徒たちの活動や意見が、辰野町の世論を動かした。この出来事は学校（特に生徒）と地域との間に構築された信頼関係を背景に、高校生が地域政策に関与した事例であり、その信頼関係の構築に辰高フォーラムが一定の役割を果たしたことは疑う余地のない事実である。

　このことから考えると、辰野高等学校で形成されつつある「ガバナンス」は、従来の「学校ガバナンス」概念が想定していた学校運営という枠組みに止まらず、地域の運営に関わるローカル・ガバナンス（地域ガバナンス）としての役割をも担いつつある。このような形態は「学校を拠点としたローカル・ガバナンス」と言えるのではないか。

　もちろん、この新たな概念については、どれだけ生徒が主体的に参加できるのか、どこまでの範囲で地域の運営に関われるのか、など多くの問題を孕んでいる。

　しかし、地域における次世代の担い手が主体的に学校や地域の運営に参加可能であるという点において、辰野高等学校の事例は多くの示唆を与えてくれる。

　三者協議会や辰高フォーラムのこれからの展開について、検証を続けていきたい。

〔註〕

1　中田康彦「『評価の時代』にどう立ち向かうか」浦野東洋一／勝野正章／中田康彦編著『月刊高校教育増刊　開かれた学校づくりと学校評価』学事出版、2007年10月、19〜44頁。

2　笹田茂樹「学校評価活動における公共性の実現──長野県辰野高等学校の事例を中心として──」『日本教師教育学会年報』第14号、2005年9月、62〜69頁。

3　岡野豊「埼玉県立草加東高等学校の実践」浦野東洋一／勝野正章／中田康彦編著『月刊高校教育増刊　開かれた学校づくりと学校評価』学事出版、2007年10月、84〜107頁。

4 例えば、浦野東洋一『開かれた学校づくり』（同時代社、2003年）104～185頁などに、浦野による活動の一端が記されている。

5 森田朗「『自治体』のイメージとその変化」森田朗責任編集『新しい自治体の設計1　分権と自治のデザイン』有斐閣、2003年、1頁。

6 小島弘道は2004年10月に開催された日本教育行政学会第39回大会において、五反野小学校での学校運営協議会の事例について報告を行った。出典：小島弘道「新しいタイプの学校運営」『日本教育行政学会年報』第31号、2005年10月、249～252頁。

　また、平井貴美代は五反野小学校における「学校ガバナンス」の形成過程について検証を行っている。出典：平井貴美代「地方分権時代の学校経営の課題――『学校ガバナンス』を手がかりに――」『学校経営研究』第30巻、大塚学校経営研究会、2005年4月、21～30頁。

7 山下晃一は2006年5月に開催された第36回日本教育法学会大会において、X県立A高校の「学校フォーラム」の事例について報告を行った。また、山下はこの報告で、筆者と同じく「学校フォーラム」などの協議会の場が学校評価そのものになるという見通しを示している。出典：山下晃一「学校ガバナンスにおける『熟議空間』の生成と課題」『日本教育法学会年報』第36号、2007年3月、91～100頁。

8 辰野高等学校『辰野高校の教育　第9集』2004年10月、2～7頁。

9 浦野東洋一『学校改革と教師』同時代社、1999年、45頁。

10 同前、50頁。

11 辰野高等学校『辰野高校の教育　第3集』1998年9月、61頁。

12 この宣言は、1998年1月に「私たちの学校づくり宣言――辰野高等学校憲法宣言」として、生徒会・PTA・職員会の三者によって発表・採択された。参考文献：同前、60頁。

13 宮下与兵衛「辰野高校の三者協議会とフォーラム」『教育』638号、国土社、1999年4月、63～64頁。

14 同前、63～64頁。

15 前掲書11、66頁。

16 浦野東洋一『学校改革に挑む』つなん出版、2006年、100頁。

17　前掲書11、66頁。

18　同前、67頁。

19　同前、68頁。

20　宮下与兵衛『学校を変える生徒たち』かもがわ出版、2004年、85～87頁。

21　前掲書11、70頁。

22　それまでの生徒会総務は、生徒会選挙における立ち会い演説会でパフォーマンスを行って当選するような者もいた。しかし、三者協議会がはじまったことで、同会で生徒の要求を通すだけの力量を持った人物が選ばれるようになったという。参考文献：前掲書13、66～67頁。

23　前掲書20、95～96頁。

24　同前、96～97頁。

25　同前、99～100頁。

26　辰野高等学校『辰野高校の教育　第5集』2000年10月、74～75頁。

27　前掲書20、117～120頁。

28　前掲書9、76～77頁。

29　辰野高等学校『辰野高校の教育　第4集』1999年10月、84～85頁。

30　前掲書26、52頁。

31　前掲書20、123～124頁。

32　同前、122頁。

33　同前、132～133頁。

34　同前、143～147頁。

35　同前、144～147頁。

36　同前、114～115頁。

37　辰野高等学校生徒会「資料　授業について」1998年度第3回三者協議会提出資料、1999年1月、3～4頁。

38　辰野高等学校生徒会「第51回桜陵祭　討論会資料」1999年7月、11～19頁。

39　同前、8～9頁。

40　同前、8頁。

41　辰野高等学校社会科「授業の要望への回答」1999年度第1回三者協議会提出資料、1999年5月。

42 学習指導委員会「授業の要望への回答」1999年度第3回三者協議会提出資料、2000年1月。
43 同前。
44 前掲書20、171〜172頁。
45 前掲書13、60〜62頁。
46 前掲書20、51〜53頁。
47 同前、53〜54頁。
48 三者協議会や辰高フォーラムの創設時から関わってきたA教諭に対して、2007年1月26日に行った同校でのインタビュー調査による。
49 前掲書20、53〜56頁。
50 前掲書13、61〜62頁。
51 前掲書20、34頁。
52 同前、34〜35頁。
53 同前、35〜36頁。
54 同前、36〜37頁。
55 同前、37〜38頁。
56 前掲インタビュー調査48。
57 前掲書20、11〜15頁。
58 同前、15〜18頁。
59 同前、18〜19頁。
60 辰野高等学校『辰野高校の三者協議会』2005年3月、7頁。
61 同前、7頁。
62 前掲書8、19〜26頁。
63 前掲書20、23〜26頁。
64 前掲書60、7頁。
65 前掲書16、67頁。
66 これらの発言は「全国高校生新聞」の取材に、当時の生徒会メンバーが答えたもの。参考文献：辰野高等学校『辰野高校の教育　第8集』2003年10月、65頁。
67 前掲書20、85〜86頁。

68　前掲書29、8頁。
69　前掲インタビュー調査48でA教諭は「三者協議会や辰高フォーラムに参加していない生徒も、生徒会新聞で報告は見てますから。あとは町のフリーマーケットへの参加とか、部活での町の行事への参加とかで、町の人とのふれあう機会が多いですから、そういう中で、主人公意識が伸びているのかなと思います」と語った。
70　前掲書20、83〜84頁。
71　同前、99〜101頁。
72　前掲インタビュー調査48でA教諭は「辰高フォーラムでは、それまでは教員だけが受け止めてきた世間の批判を、生徒も父母も直接受け止める。直接受け止めるようになって、行動がはじまるんじゃないかと思います」と述べ、辰高フォーラムにおける当事者意識の高揚機能について言及している。
73　浦野東洋一はこのような変化を、戦前の教育制度の残滓として現在でもまかり通っている、教職員は生徒に対して包括的支配権を持つという「特別権力関係論型学校観」から、(旧)教育基本法の精神に基づく「参加協力型学校観」への転換であると説明する。参考文献：前掲書16、125〜135頁。
74　前掲書20、159〜167頁。
75　笠原嘉『青年期』中公新書、1977年、115〜124頁。
76　前掲インタビュー調査48。
77　この「公共圏」とは、ハーバーマス（Habermas, J.）が提唱する「コミュニケーション的行為」によって形成されるものを念頭に置いている。参考文献：ハーバーマス著、細谷貞夫／山田正行訳「1990年新版への序言」『公共性の構造転換〔第2版〕』未来社、1994年、xxxvii〜xLii頁。
78　前掲書20、178〜179頁。

地域社会と大学との連携の現状

―― 近年の地域連携の在り方をめぐって ――

小早川　倫美

1　はじめに

　わが国では、この半世紀の間に高等教育の大衆化がすすんだことにより高等教育段階への進学率が向上した。その一方で、高等教育、特に大学に着目してみると、現状及び今後の見通しは楽観視できるものであるとは言い難い。

　2004（平成16）年4月より実施された国立大学法人化により、国立大学は、行政独立法人として新たな門出を迎え、大学側の財政事情がより一層明確化となった。以後、国立大学法人は、文部科学省から年度毎に交付される運営費交付金を財政基盤としながら、外部資金や大学病院からの収入、科学研究費補助金、寄付金等を収入としながら運営を行っている。つまり、自律した経営体になった。さらに法人化にあたって、国から大学への財政的補助に対する配分の見直し、ないし縮減[1]がおこなわれた。いまや地方国立大学の経済効果の試算を文部科学省が実施し、その結果を公表して他省庁に国立大学への公費投入の正当性を主張する状況もあらわれてきている。

　上記のように、大学を取り巻く様相は社会状況に応じて変容しており、とりわけ高等教育への公的支出の縮減傾向という現状は、大学側にとって運営上においても喫緊の課題である。つまり、国立大学法人が経営体の一つとして、その存在を維持することを間接的にも求められており、そのために大学は運営維持に必要な資金源の模索を迫られている。

　こうした現状から、さまざまな場面で取り上げられている地域連携や産学連携といった連携事業と大学とのかかわりを見過ごすことはできない。現在のよ

うな社会状況の中で大学が存立していこうとするならば、集客力の確保は当然のことながら、それに依存するだけではない教育費の調達が必要であり、連携事業は大学にとっての必須の課題ともいうべきものであろう。また、大学が立地している地域との連携を行うことにより、大学の知名度を浸透させ、幅広い集客力を得ることで運営を安定的な状態に保っていくことも可能となる。そういった意味合いの上では、連携事業はマイナスの要素を含んだ課題ばかりではなく生存競争へのステップであり、大学が得た収益や卒業後の学生を地域に定着させることで、地域社会への知的財産の還元という地域社会に対して貢献していく使命を間接的にも大学が担っていると捉えることもできよう。

　一方、関連した先行研究を概観すると、大学と地域社会との間を「連携」というキーワードで結びつけ、各地域や大学の取り組みを取り上げた事例を中心とした研究がみられる。「連携」という大枠の中で大学と地域社会の両者を相関関係に置きながらも両者を捉える視点は、地域振興や人材育成のように個別地域の状況に応じて異なっており、地域を捉える視点が多様であることも指摘できる。そのような先行研究のうち、地域社会と大学の両者における研究動向については、稲永由紀（2006）[2]の分析が示唆に富んでいる。稲永は、高等教育という視点に立脚しながら「地域」というキーワードに基づいてテーマを設定し、各々のテーマに基づいたレビューを行った上での総括をしており、昨今の動向を把握する上では非常に示唆的知見を提示している。また、高等教育研究の一環として、大学の連携事業に焦点を当てている[3]。大学の連携事業は、大学を取り巻く環境の劇的ともいえる変容に即した形で登場してきていることが指摘できる。

　前述のような事柄を踏まえると、大学像を捉える際の側面的な見方の一つとして、大学を独立した組織としての側面のみを捉えるのではなく、大学が立地する社会、とりわけ地域社会と大学の関係性に目を向け、両者の関係を「連携」というキーワードから検討する必要性に迫られていると考える。なぜなら、昨今の高等教育をめぐる諸政策および課題における「大学」は、一般化された「大学」であり、それは個々の大学としての大学像を捉えることと合致する内容であるとは言い難い。加えて、高等教育の様相の変化のみならず社会状況の移り変わりも著しい現在において、個別の大学像を一元的に捉えること

は不可能であり、それらを示し得る指標が必要である。その指標の一つとして「地域社会」というキーワードを提示できるのではないかと著者は考える。また、それと関連して荒井・羽田が、大学における連携事業に関して「この背後には大学のアウカウンタビリティーに対する社会的な要請、「大学評価」への圧力を意識しないわけにはいかない。やや過剰な期待を盛り込みすぎた'連携'もないではないが、いずれ淘汰されてくれば、新しい大学像を模索するヒントとなる活動も少なくない。」[4]と将来予測的に大学としての在るべき姿を見出すことの必要性を指摘するように、大学の存在自体が外的に晒される対象となってしまったことから、個々の大学像を形成していくことが迫られていると考えられる。「連携」の視点で両者の把握は可能となろう。

　そこで本稿では、大学と地域社会間における連携関係に着目する視座から、地域社会と大学の両者の関係性把握を行いながら近年の連携事業を検証する。そして、地域社会に位置する大学の今後を展望する。

2　地域社会と大学

Ⅰ．地域社会と大学の関係史

　現在、わが国では全国各地に国公立・私立の大学が立地している。国立大学の設置は、第二次大戦後に文部省による「新制国立大学実施要項」第一項の「一府県一大学」の原則に基づいた設置準備[5]によってなされた。この設置原則は、高等教育機会の拡大とともに高等教育機関の地方分散を図るものであった[6]。こうして誕生した地方国立大学であるが、戦後の急速な経済社会の変化による人口移動、相次ぐ私立大学の設置等の影響を強く受けた。

　経済社会の急激な発展は、経済的な発展のみならず人々の生活を取り巻く社会諸相までをも変えてしまうほどのも勢いであった。代表的なものとして、公共交通網の発達を挙げることができる。経済社会の発達はさまざまな物質的な流通をもたらし、物質的な流れにとどまらず、人々の移動というながれをも引き起こした。この様な公共交通網の発達が可能にした人口移動が、地方で育っ

た学生に新たな教育機会を提供することとなった一方で、移動による人口密度の程度に不均衡が生じてきた。つまり、地元にとどまりながら進学をするのではなく、地元以外の土地での教育機会を提供したこと、偏差値の登場による大学の序列化に伴い、大学を取り巻く様相に変化がおとずれた。地元以外の教育機会を提供したことは、進学行動のみならず、卒業後の就職での人口移動をももたらしたと言える。それは、地元に進学しても、そのまま進学・就職というルートをとるわけではなく、就職を地元以外の場所で行うこと、また地元以外の土地に進学したとしてもUターン就職を行わないなどといった進学ルートの多様性をもたらしたのである。

この傾向は現在も継続しており、私立大学では、人口移動や大学に対する評価が直接的に集客力＝授業料の徴収による収入増というように大学運営に影響を及ぼしている。大学運営を考えた際に、国立大学でも同様の指摘をすることができる。それは、前述のように、国立大学法人化による法人として大学を運営していくことが求められたこと、公費支出の縮減が相俟っている状況による。

II. 地域と大学の連携

近年の状況をうけて、ますます大学が模索しなければならなくなったのは経営の維持であり、そのための方策の追求であった。そこで、大学が行っている有力な試みの一つとして、地域社会との連携事業が挙げられる。

地域は、大学そのものが存在しているというだけではなく、その大学に在籍している学生の生活に密接に結びついているものであり、大学は勉学だけではない社会経験の場として語られることにも共通している内容である。大学の周辺には、学生の下宿先や学生寮などの学生の生活を支える物質的基盤が形成されており、学生の生活は大学内での教育活動に限定されたものではなく、大学が立地している地域とのかかわりの中でも育まれていると言えよう。さらに、大学を卒業した学生が当該地域に根づいて就職が行われることからも、地域社会側にとっても大学との関係は切り離すことができないものであり、相互に利益を共有しているのである。

こうしたことから現在、大学は学生にとっての教育経験・教育活動の場として新たに地域を捉えている。これは、地域連携を視野に入れた講義科目を設定し、カリキュラムの中に組み込まれている場合や学生に地域住民とのかかわりや地域行事への参加を促していること、地域の実情に即したまちづくり・地域の活性化と合わさった連携がなされるなど、その内容は多岐にわたっている。

（1）　連携していく大学

　大学では独自性を発揮させながら、存立維持に取り組んでいる。このような「連携」というキーワードで結びつけられた大学と地域社会を結びつける背景的要因とも言える出来事は、戦後の高等教育配置政策といった立地条件に依拠した政策的意味合いだけではない。急激な経済成長に相応するための教育の必要性や人材育成が急務とされたことも大きい[7]。そこで、1957（昭和32）年11月の中央教育審議会は、経済成長に伴う社会的要請から「科学技術教育の振興方策について」（答申）を提出した。同年の4月の審議会答申では、以下のような記述がある[8]。

　　わが国の産業・経済の充実・発展を期し国民生活の安定をはかるためには、その基盤を科学技術の成果に求めなければならない。しかして、科学技術振興の成否は一にその研究と教育のいかんにかかっている（中略）。

　急速な経済発達は当時の日本にとっては願ってもないことではあったが、一方であまりのスピードの速さに国全体のレベルが追いついていない状況となった。そして、答申では検討事項の項目の一つとして産業と教育の連携の必要性についても「産業と教育の連携を密にし、相互の理解と協力を深めるためには、どんな体制・方策によることが望ましいか」[9]と言及した。科学技術教育の振興のためには従来の教育体系の枠組みの中で捉えることは限界性があり、産業界との連携を図ったうえでの教育体制を指摘している。さらに、同年11月の同答申の審議会においては、科学技術教育の振興についての特別委員会を設け、喫緊の課題を以下のように提示した[10]。

政府は本答申に従い、科学技術教育の振興を重要かつ緊急な政策として取り上げ周到な計画を樹立し、真剣に実施のためにじゅうぶんな予算を計上し必要な行政機構等を整備拡充して強い決意をもって早急にその振興に着手されんことを望む。

　同年4月の審議会では、科学技術教育の振興のための検討事項の一項目にすぎなかった内容が、11月の審議会では政府の政策の一環として行うことの必要性を示唆している。

(2) 大学と産業界の連携

　答申によって、大学と他機関を結びつけることの方向性が示され、その内容として、「大学の教育と研究と産業界の要望を反映させ、また、学生の工場実習に産業界の協力を求めるなど、努めて大学と産業界との接触を密にし、相互の協力を促進すること。」[11]と述べられた。

　同月の審議会答申によって事実上、大学が大学以外の他の機関との連携を行うことが外的に示された契機とも言えるだろう。

　この後、1979(昭和54)年6月8日付の「地域社会と文化について」(第25回答申)において、「国民の文化活動は日常生活に根ざしたものであるから、日常生活の基盤である地域社会と深く関連している。」[12]と述べられ、文化活動との関連から地域社会を重視した捉え方がなされ、地域社会における教育的・社会的機能の重要性についても触れられた。日常生活の場でありながら、生活のみならず人々の生態と密接にリンクしている場である地域社会を、機能性を果たしうる場として捉えていることが指摘できる。

　このように、大学と他機関との連携の推進および地域社会の捉え方が中教審答申によって整えられると同時に、地域社会と大学との連携についての言及も登場してくる。それが、1999(平成11)年7月5日に提出された経済審議会答申「経済社会のあるべき姿と経済社会の政策方針」である。本答申では、多様な知恵社会に移行しつつあることを述べたうえで、そのための人材育成について以下のように述べた[13]。

知恵を創造するのは人間であり、自由な個人の発想を育むような教育システムを構築できるかどうかが発展の鍵となる。地域社会の連携により子供の教育環境が充実されるとともに、特色のある学校が存在することによって、教育についての選択の幅が拡がる。

　子どもの教育環境として学校という限られた場所のみが機能しているのではなく、子どもの生育環境でもある地域をも含めた多角的な視野から教育という営みを行っていく必要性があることを指摘している。つまり、地域社会が、人間の生態が存在する単なる空間としてではなく、教育的機能を有した存在として地域社会の重要性を示し、地域社会に新たな付加価値をつけたことにも繋がると主張しているのである。
　こうしたことから現在では、前述の1979（昭和54）年の中教審答申に記述されている学校開放といった学校や公共的施設を利用した地域住民との交流の場としての地域や、学校側が地域に参画することによる地域社会との連携が行われている。

（3）新たな大学像に向けて

　これまでの答申を受けて、大学は空間的範囲の中での枠内にとらわれず、広く社会との関係性を持つことが求められている。こうした状況で、大学審議会は21世紀における大学像について、「その知的活動によって社会をリードし社会の発展を支えていくという重要な役割を担う大学等が、知識の量だけではなくより幅広い視点から「知」を総合的に捉え直していくとともに、知的活動の一層の強化のための高等教育の構造改革を進めることが強く求められる時代─「知」の再構築が求められる時代─となっていくものと考えられる」[14]と大学の個性化を求める方向性を示し始めた。変動し続ける社会状況に応じるように、高等教育の改革を進めていくことの必要性について述べている。これは、一定の知識のみでは可変可能し続けている社会に対応することが困難であり、そのような社会に対応していくためにも総合的で広い視野で捉える事ができる「知」の育成を目指すものであった。具体的に大学には、次のように求めた[15]。

大学は、それぞれの理念・目標に基づき、総合的な教養教育の提供を重視する大学、専門的な職業能力の育成に力点を置く大学、地域社会への生涯学習機会の提供に力を注ぐ大学、最先端の研究を志向する大学、また、学部中心の大学から大学院中心の大学など、それぞれの目指す方向の中での多様化・個性化を図りつつ発展していくことが重要である。

　全ての大学が同じ目的・方向性の下ですすんでいくものではなく、大学ごとに独自性を発揮し、社会状況に応じるように多様化するよう明示された。加えて、大学が広く社会に開かれた存在として、大学が有している資源である知的資源を大いに活用することが求められている[16]。

　　大学と地域社会が産業界の連携・交流の強化を図ることは、大学がその知的資源をもって積極的に社会の発展に貢献するために極めて重要である。また、これにとどまらず、社会との連携・交流を通じて大学の教育研究が活性化することにもつながるのである。（中略）地域社会との連携・交流を積極的に推進し、地域社会との繋がりを強めることにより、大学の発展を図っていくことが一層重要になると考えられる。

　上記の答申の内容のように、大学側が活かすことが可能である知的資源を可能なかぎりにおいて用いることにより、大学がもつ知的財産を還元することにも繋がるのである。

Ⅲ．地域連携としての取り組み

　大学が連携事業を行っていくに至った背景および地域社会と連携することの必然性については、経済社会との関連性からも指摘しているように前述のとおりである。では、実際に、昨今行われている大学と地域社会との連携はどのような取り組みがあるのだろうか。そこで本項では、国立大学法人が経済社会に参入している形態である合同会社について、神戸大学における神戸大学支援合同会社を事例として検討する。

まず、合同会社であるが、これは 2005（平成 17）年の会社法制定時に登場した新たな会社類型である[17]。合同会社は、「社員の有限責任を確保しつつ（576 条 4 項）、他方で会社内部関係については、組合的な規律が適用される特徴」[18] をもった会社のことである。神戸大学との連携により設立された神戸大学支援合同会社は、2007（平成 19）年 6 月 15 日に設立された合同会社である。「技術移転に関する事業、研究成果の普及・販売事業及びこれから派生・付随するソリューション事業」[19] を事業目的とし、神戸大学における産学官連携の中核的組織である神戸大学連携創造本部が大学の知的財産を地域・産業界と結びつける実務法人[20] としてスタートした。

　このように、一見すると産学官連携を延長する形での取り組みのように捉えることもできないわけではないが、従来の産学官連は大学と地域・産業界が直接的に結びついており、両者を媒介するものはお互いが共有し合う資源として知的財産のみであった。しかし、国立大学法人が合同会社を設立することにより、国立大学法人は実務を担う法人として経済社会に参入を果たした。合同会社が産学官連携として大学と連携機関との間を媒介することにより、三者を連関した連携構造が形成された。このことは、国立大学法人が経済社会に参画する新たな形態をもたらしたと言える。

Ⅳ. 地域社会概念の再構築の必要性

　近年の連携事業の一環として地域連携が行われているが、その様相は多岐にわたっており、これといった明確なモデルがあるわけではない。さらに、大学における地域連携について考えた際に、どのように何を行うことで地域連携と言えるのか、ということが不透明なままにすすめられているのが現状である。そうしたなかで、国立大学法人は地域連携を行う意義を問い直し、教育研究の場であるという意識と法人としての経営主体を発揮することを考慮に入れる必要がある。

　地域連携は、経済社会の次元での大学と地域との新しい関係性である。そもそも国立大学は、教育研究の場の組織として社会とは一線を画した存在であったが、法人化以後は経営体としての側面が求められたことで、存立維持をして

いくためには経済社会とのかかわりを持つことが必然的となった。加えて、学生の集客力も同時に満たさなければならず、大学が立地する地域における進学行動とともに、地域にとっての大学の存在意義を視野に入れた大学像の模索を迫られてきたと言えよう。

　大学は、地域での意義を問い、地域社会は豊富な教育研究資源を有している大学からの連携による利益を得るというように相互に利益を共有しているのである。そのことを考慮に入れると、国立大学法人が経済社会次元に参入した新たな形態である合同会社は、大学と地域社会を捉える際に、二者のみを射程範囲に入れた地域社会の枠組みでは限界が生じてきていると考える。国立大学が法人格の上では、国立大学法人として行政独立法人としての自律性を発揮していることからも実現可能となったのが合同会社である。合同会社は、大学側が中核的な役割を果たすが、連携関係においては実質的なはたらきをしているのが合同会社である。合同会社を含めた経済社会の場としての地域社会概念を再構築していくことが必要であろう。その地域社会には、それまでは大学側の学生を媒介することによって地域社会にも還元されていた資源が、大学が自ら経済社会の中に参入することによって得られる資源となり、合同会社が存在することで大学自体が地域社会の中で経済的に中枢を担う存在として大学がある。このような、経済的に中核を担う存在としての大学と地域社会の在り方を模索していかねばならないだろう。

3　おわりに

　本稿では、地域―大学間の連携関係に焦点をあてながら、近年における連携関係の在り方について検討した。その結果、次のことが指摘できる。

　第1に、地域連携という大学と地域を結ぶつけた連携事業を考える際に、その連携が行われる「地域」の空間的範囲を明確に示す必要がある。これは、国から大学への財政的補助の縮減傾向の動きの一つとして、入学者数の獲得に依るといった成果主義・効率性が付与されたことにつながる。このことは、獲得した財政的補助が大学を媒介し、さらには進学・就職といった人口移動によっ

て直接的な影響力は持たないながらも地域に還元されていると言えよう。つまり、大学と学生を媒介した財が人口移動を通して地域に波及しているという見方もできる。人口移動とその範囲を策定し、その空間的範囲に基づいた地域概念を構築することで、対象とする地域の特性を把握するのである。

　第2に、地域の枠組みが整理された上で、その地域における地域連携とは何かを検討し、地域および大学の抱える課題に対処しつつ解決策を模索することである。昨今の多岐にわたる地域連携について肯定的な見方をすれば、さまざまな選択肢を有した連携事業が可能であり、工夫次第でどのようにでも変幻自在なものであると言えるだろう。しかし、逆の見方をすれば、多様性を有してはいるが、連携が何を目的としてなされているのかが曖昧な状態のまま、連携という言葉が先行しているという危惧もある。

　このように、連携事業はまだまだ初歩的段階であり、これから変容する可能性がある。連携に対して一概に、大学運営を支える物資的基盤として捉えるのではなく、地域と大学の関係性および人口移動といったような複合的な内容を含んでいることを念頭に置きながら検討していくことが必要である。

〔註〕
1　丸山文裕「高等教育への公財政支出」『大学財務経営研究』第4号、2007年、21頁。
2　稲永由紀「大学と地域社会に関する研究動向と課題」『大学論集』第36集、広島大学高等教育研究開発センター、2006年、299-313頁。
3　高等教育学会『高等教育研究』第9集、2006年において特集が組まれている。
4　荒井克弘、羽田貴史「連携する大学──特集の趣旨──」『高等教育研究』第9集、2006年、7頁。
5　清水義弘編『地域社会と国立大学』東京大学出版会、1975年、3頁。
6　同上書（5）および牟田博光『大学の地位配置と遠隔教育』多賀出版、1994年、15－16頁。
7　文部省『学制百年史』ぎょうせい、1976年、949頁。
8　中央教育審議会答申「科学技術教育の振興方策について（第14回答申）」（昭

和 32 年 11 月 11 日文部科学省ホームページ〈http://www.mext.go.jp/b_menu/shingi/12/chuuou/toushin/571101.htm〉閲覧日：209 年 11 月 26 日。

9 　註（8）に同じ。
10 　註（8）に同じ。
11 　註（8）に同じ。
12 　中央教育審議会答申「地域社会と文化について（第 25 回答申）」（昭和 54 年 6 月 8 日）文部科学省ホームページ〈http://www.mext.go.jpb_menu/shingi/12/chuuou/toushin/790601.htm〉閲覧日：2009 年 11 月 26 日。
13 　経済審議会答申「経済社会のあるべき姿と経済新生の政策方針」（平成 11 年 7 月 5 日）内閣府ホームページ〈http://www5.cao.go.jp/99/e/19990705e-Keishin.html〉閲覧日：2009 年 11 月 21 日。
14 　大学審議会「21 世紀の大学像と今後の改革方策について―競争的環境の中で個性が輝く大学―」（平成 10 年 10 月 26 日）文部科学省ホームページ
　〈http://www.mext.go.jp/b_menu/shingi/12/daigaku/toushin/981002.htm〉
　閲覧日：2009 年 12 月 2 日。
15 　註（14）に同じ。
16 　註（14）に同じ。
17 　近藤光男『最新株式会社法（第 5 版)』中央経済社、2009 年、11 頁。
18 　同上（17）、11 頁。
19 　神戸大学支援合同会社ホームページ
　〈http://www.kobe-u-llc.co.jp/company.html〉　閲覧日：2009 年 12 月 22 日。
20 　註（19）に同じ。詳細については、註（19）に記載されている事業概要を参照されたい。

環境問題における教育の役割

――リスクという視点から――

藤岡　裕美

1　はじめに

　人間生活は、様々なリスクにさらされている。現代では、原子力発電所の事故や BSE などの食料の問題、ダイオキシンや放射能といった科学物質による汚染、環境破壊などの自然科学上のリスクが大きな脅威となっている[1]。例えば、ウーリッヒ・ベックは著書"Risikogesellschaft（リスク社会）"（1986 年）において、このような自然科学の発展に伴って現代社会がリスクに晒されていることを指摘し、リスク社会論の発展の端緒となった[2]。

　また、自然科学の発展に伴い生じたリスクだけではなく、経済的、社会的な面からも、個人の生活はリスクに晒されている。つまり、現在の時点で安定し、健康な生活を送っていたとしても、将来、失業、離婚、疾病や傷病、交通事故などによって、その生活が崩壊する可能性が常に存在しているのである。このような個人の生活上のリスクが現実に発生すれば、なんらかの被害、損害が発生する。損害をできるだけ補償する制度的な手立てが保険制度や社会保障制度である[3]。

　他方、教育は、将来のリスクを回避あるいは縮減する役割を担っている。石戸教嗣は、学歴獲得競争が激化した 1970 年代、教育を受けることは、人生における様々なリスクを回避する一種の保険のような発想でとらえられたと指摘する。学歴は、失業しないための手段、互助的な社会的ネットワークに入るための手段であるとして、将来の安全のために、学歴の獲得が目指されたのである[4]。また、筆者は、構造改革特区での不登校に対する取組みは、教育を受け

ないことが学校卒業後の生活に悪影響を及ぼすという危機意識に基づいていることを指摘した。逆に言えば、教育を受けることは、将来の生活のリスクを軽減するとみなされているからこそ、教育を受けないことが学校を離れた後の生活の心配へと結びついているのである[5]。このように、教育は失業など個人の生活を脅かす可能性を軽減するとみなされているのである。

　ここでは、個人が人生において遭遇しうるリスクへの対応が問題となっている。しかし、自然科学上のリスクなど、広範な影響力を持つリスクも数多くある。そこで、本稿では、教育とリスクの関係を明らかにする試みの1つとして、環境問題における教育の役割について、リスクという観点から検討する。

　環境問題を対象とするのは、次の2つの理由からである。

　まず、第1に、環境問題は、現代社会におけるリスクのなかでも、その問題への対応の経験や理論的な考察が蓄積されている分野だからである。環境問題は、自然が失われることだけが問題なのではなく、現在の生活上は特段の損害はないが、将来において損害や被害が出る可能性があることが問題となっている。これはリスクの問題である。環境問題においては、リスクを評価し、対応を実行し、またそれを評価するという実践が重ねられてきたのである[6]。

　第2に、環境はある広がりを持った空間に存在するため、環境のリスクは、空間の広がりに応じて共有されるからである。これは、個人が人生で遭遇するかもしれない社会的、経済的なリスクとは、質の異なるリスクである。このようなリスクに対して、教育はどのような役割を担いうるのか。この検討を通し、教育をリスクという観点から検討する際の課題や方向性が明らかになると考える。同時に、ある広がりを持った環境リスクに対する教育を検討することは、ある広がりとまとまりを有する地域の教育について検討することにも通じる。

　本章では、まず、従来、教育においてリスクがどのようにとらえられ位置づけられてきたのかを整理し、次に環境問題に対する教育の関わりとして環境教育の歴史を概観する。その上で、教育が環境問題に置けるリスク対応にどのような役割を果たしているかを検討する。

2 教育におけるリスクの位置づけ——個人化されたリスク

(1) リスクの性質

リスクの定義については、さまざまな意味がある。

例えば、リスクは、「①損害が生じる確率、②個人の生命や健康に対して危害を生ずる発生源の事象、③損失の大きさと損害が生じる確率との積、のいずれか、あるいはこれらの意味内容の組み合わせ」[7]と言われる。また、『OXFORD現代英英事典』によると、リスクの意味としていくつかあげられているが、1つ目に挙げられているのが、「将来、よくないことが起こる可能性」である[8]。つまり、リスクは、今は起こっていないが、将来起こるかもしれない可能性であり、かつ、起こるかもしれないこととは損害、危害などよくないことである、という2つの特徴がある。

また、リスクがリスクとして成立するのは、なんらかの意思決定の余地があった場合である。様々な自然災害や社会の異変は、かつてはひたすら耐え忍ぶしかないネガティブな脅威であった。このような脅威は、「危険」として経験され、社会の外部の力に帰責されてきた。しかし、科学技術や社会システムが発展し、人間のコントロールが及ぶ自然や社会の範囲が拡大すると、脅威は「リスク」として経験されるようになる。つまり、意思決定の範囲が拡大すると、損害が発生する可能性は、外部の力に帰責させることができず、人間の意思決定に付随するものとなる。意思決定をしないという決定も含めて、各決定はそれに応じた何らかのリスクを伴う。「危険」が自己自身の決断とは無関係に生じる脅威であるのに対して、「リスク」は個人の選択や自由に付随する将来の損害の可能性である。意思決定の結果であるからこそ、その結果の責任が誰に属するかという視点が生まれるのである[9]。

(2) 教育におけるリスク

今日、われわれは、教育を受けることによって引きうけるリスクとチャン

ス、回避できるリスクなどを考慮しながら、教育に関する意思決定を行うようになっている。もともと教育は、意思決定や働きかけという行動の結果がどうなるかわからないという点では、不確実性を内包する社会的営為であり、リスクと親和性が高い側面を持つ。しかし、教育において、最初からリスクとの関係が看取されていたわけではなく、教育におけるリスクの把握は徐々に形成されてきたものである。

石戸教嗣は、ニコラス・ルーマンのリスク論に依拠して、教育をリスクという視点からとらえ直す試みを行っている。その中で、石戸は、教育をリスクという視点から見る感覚は1960年代以降、徐々に形成されたものであると指摘する。それは次の4つの段階に分けることができる[10]。

まず、第1段階は1960年代、教育投資論が教育拡大政策の理論的支柱となった時期である。この時期、教育はリスクある投資としてとらえられた。すなわち、投資の結果としての教育の成果には不確実性があり、投資としての教育にはリスクがあるという認識が出現したのである。

第2段階は、「偏差値」体勢が確立する1970年代である。偏差値は、合否の可能性を確率として示すことで、競争に客観的な見通しを与えた。つまり、受験という教育のプロセスにおいて、合格できない確率の計算、リスク計算という視点が導入されたのである。これと同時に、受験の結果として得られる学歴は、有利な就職を獲得し、失業や貧困を回避する一種の保険としてとらえられた。教育を受けることが、最終的には、人生における様々なリスクを回避することにつながると期待されたのである。

第3段階の1980年代以降、学校に行くこと自体が必ずしも安全ではなく、むしろさまざまなリスクが潜んでいるという認識が生まれてきた。学校に行くことで、いじめ・不登校などの事態に子どもが遭遇する可能性が生じる。しかも、このような事態には誰にでも起こる可能性がある。このような点で、学校に通うことは、それ自体で、いじめや不登校など学校生活上の問題に遭遇するリスクをはらんでおり、そのことが意識され始めたのである。

第4段階の1990年代以降は、LD（学習障害）やADHD（注意欠陥・多動性障害）などの障害概念が受容されていった時期である。これに付随して、「特別な支援を必要とする子ども」という見方が現れた。子どもがいじめや不

登校などに出会うリスクを問題にする考え方から、一人ひとりが違ったリスク要因とその度合を抱えており、それに対応する姿勢がとられるようになった。子どもはリスクを被る被害者から、リスクを持つ主体として認知されるようになったのである。

　この石戸の整理は、教育においてリスクが、教育の外部から、教育、ひいては子どもの内部へと、位置づけを変えていったことを示している。すなわち、当初、教育において、リスクは、教育終了後の生活がどのようなものになるかということを含めた意味での教育の成果の不確実性をとらえるものとして用いられていた。この段階では、教育そのものはリスクとして認識されていない。石戸のいう第3段階において、教育を受けること自体がリスキーであるという感覚が生じる。リスクが教育に内部化されたのである。第4段階に至ると、教育に内部化されたリスクが、今度は、子ども各人に分配される。確率論的に教育内部で発生すると考えられていたリスクが、個々人の持つリスクに転化され、ハイリスク児とローリスク児など、個々の子どものリスクが測定され、問題とされるに至ったのである。

　これは、リスクを認知する視点が移動しているということである。程度の差はあるとしても、教育の成果は本質的に不確実である。このため、教育を受けることでその後の生活上のリスクが回避できる可能性も、教育を受ける上で失敗する可能性も、教育においては当然に存在する。重要であるのは、リスク認識の差異によってリスクは違う形をとり、その対応も異なってくるということである。教育の分野において、当初、社会的に感知され、扱われていたリスクが、教育の内部に取りこまれ、最終的には子ども個人に属するものとして、子どもそれぞれのリスクに対応することが考慮されるようになっているのである。

　ただし、教育とリスクのこのような認識と対応については、リスクという視点からはあまり語られてこなかった。教育におけるリスクが切実な問題としてとらえられるようになったのは、2000年前後に相次いで不審者の学校侵入事件が発生したためである。この経験から、学校において身体的な危害を受ける可能性が生々しく感知されるようになった。それまでのリスクは教育の成果やその後の生活における不確実性であったのに対して、学校の危機管理で問題と

されるリスクは身体上の危害であり、かつ、在学中に発生するという意味で、時間的に近い将来に発生する可能性が高いものである。このため、学校において、「安全」が重要な価値となり、この「安全」を脅かすリスクが問題として注目されるようになっている。

このように、教育において、リスクは、教育の成果の不確実性と、生活上、身体上の損害及び危害が発生する可能性という2つの視点からとらえられている。同時に、これらのリスクは、個人の生活や身体において発生し得る損害や危害であるという点で、個人化されたものであると指摘できる。

3 環境教育の概要

環境問題は、将来の損害を予測し、その回避や予防が問題となるという点で、リスクの問題である。リスクの生産と配分の知識と経験がなかなか蓄積されない中、環境問題に対する歴史的取組みが注目されている[11]。公害への取組みは、各アクターのリスク認知のズレや、利害調整などのリスクコミュニケーションの重要性を気づかせた。さらに、リスク認知やリスクコミュニケーションなど、リスク管理のプロセスが検討され、それに対する取組みもまた様々なレベルで行われ、経験が蓄積されている。このように、環境問題は、理論的な次元での検討が行われると同時に、リスク管理の実践においても検証が進められてきたのである。

そこで、リスク問題に取り組む環境問題において、教育がどのように位置づけられているかを明らかにするため、まず、環境教育の動向を整理する。

(1) 国際的な動向

自然環境の危機が深刻な問題として認識され、人間と自然との関係のあり方を再考する必要性が実感されるようになったのは、1960年代である。この契機となったのは、農薬によって虫も鳥も哺乳動物もみな死んでいくさまを描いたレイチェル・カーソンの『沈黙の春』(1962年)や、難破したタンカーによ

る大規模な海洋汚染が報告された（1967年）ことなどがあげられる。

　1960年代に問題として認知されたのだとすると、1970年代は、環境問題への取組みの基本的な方針が模索された時期である。1972年、ストックホルムで国連人間環境会議が開催された。「かけがえのない地球」をスローガンに掲げたこの会議には114カ国が参加し、「人間環境宣言」が採択された。ここで環境教育についての勧告がなされ、これを受けて、ユネスコと国連環境計画（1972年発足）は、国際環境教育計画を始めた。国連環境計画は、1975年にベオグラードでワークショップを開催し、環境教育の目的と目標を定めた「ベオグラード憲章」を作成した。「ベオグラード憲章」では、環境教育の目的は、「環境とそれに関連する問題に気づき、そのことに関心をもち、そして現在の問題の解決や新しい問題の予防のために個人や集団で働くための知識、技能、態度、動機そして参加の意欲をもつ人々の世界的な数を増やすこと」であるとした。そして、環境教育の目標として、環境問題の解決のため、認識、知識、態度、技能、評価能力、関与の6項目の涵養を掲げた。

　1977年には、ユネスコと国連環境計画は地域環境教育会議によって準備された環境教育政府間会議がトビリシ（グルジアの首都）で開催され、環境教育が国家単位の実践課題となった。これを受けて、各国での研究や取組みが進んでいった。

　同時に、思想や理論の面では、エコロジーやジェンダー、非人間中心主義などの視点から環境に関する考察が進み、環境の問題はそれだけで独立し、あるいは完結しているわけではなく、政治的、社会的背景や経済活動などと密接に関連していることが指摘された。そして、1986年、チェルノブイリの原子力発電所の事故の衝撃もあり、技術発展や開発などを是とする現代の産業主義の価値観が揺さぶられ、問い直されるようになった。

　そのような思想の展開を経て、環境教育は、環境保護などを志向するものから、開発や貧困も考慮に入れた「持続可能性のための教育」へと方向を変えつつある。1987年環境と開発に関する世界委員会（WCED）は、報告書『Our Common Future（邦題：地球の未来を守るために）』が公表された。この報告書の中心的な概念は「持続可能な開発」で、環境保全と貧困克服のための開発の両方が掲げられた。1992年、国連環境開発会議がリオデジャネイロで開催

され、「持続可能な開発のための人類の行動計画」として「アジェンダ21」が採択された。

2002年、ヨハネスブルグ・サミットでは、「アジェンダ21」の実施状況と持続可能な開発を進めるための指針が検討され、貧困の削減と環境保全との関係が重要な課題としてクローズアップされた。これをフォローアップする形で、日本は同年、国連総会に、持続可能な開発のためには人づくり、教育が重要であるとする「国連持続可能な開発のための教育の10年」に関する決議案を提出し、採択された。

持続可能性という視点は、環境だけではなく、資源・エネルギー問題、人口・食糧問題、開発・貧困の問題、平和・暴力の問題、人権・ジェンダーの問題など、今日の世界に山積する問題を、別個の問題としてではなく、包括的にとらえる視座を提供している。これらの問題は相互不可分の関係にあり、最終的には重なりあう。これらの問題を扱う教育についても、環境教育、開発教育、人権教育、平和教育などそれぞれの歴史と蓄積を基盤にしながら、互いに補い合い、持続可能性な未来のために貢献することが求められている[12]。

(2) 日本における動向

日本における環境教育は、1970年代までの自然保護及び公害教育が源流であると言われている[13]。1960年代以前は、最終と標本づくりなどに重点を置いた自然についての知識を得る自然教育が主流であった。1960年代、開発と経済発展が進む中、自然破壊が深刻化していった。これに対して、自然との接触や生態観察を重視し自然保護を志向する「自然観察会」が、東京湾の干潟保護運動から始まり、日本各地で誕生した。しかし、全ての自然観察会が、自然破壊に対して自然を保護する運動に結びついたわけではなく、単なる楽しみや野外文化活動として広がっていった側面もある。このような動きは、自然保護の世論を盛り上げはしたが、開発の価値の検討やそれがもたらす問題に真正面から取り組むものに発展するというわけではなかった。

その一方で、高度経済成長期には、重化学工業化と地域開発が推進され、その結果、特定の地域で、人間の生存を脅かす事態が発生した。公害である。公

害に対する市民の抵抗運動を背景としながら、公害に抵抗する教育や学習が展開されるようになる。例えば、熊本県水俣では、中学校において、公害に向き合い、さらにそれを引き起こした社会的な背景などを学習させる授業実践が行われた。また、四日市ぜんそくの被害地である三重県四日市市では、公害そのものの科学的究明に取組むほか、公害に負けない子どもの体力づくりを実施した。あるいは、静岡県沼津・三島・清水では、石油コンビナート建設に反対する住民らが、専門的な知識を学習しながら、自前で環境調査を実施し、反対運動を展開し、最終的にはコンビナートの進出を阻止した。このような公害教育について、藤岡貞彦や福島達夫など教育学研究者により、理論化の試みが行われた[14]。

　公害教育は、住民や子どもの健康と命が危険に晒されているという危機意識のもと、自然環境や開発などを学習し、危険に対抗する運動であった。学習や教育を通じて、住民は、地域と開発の関係を理解し、環境の望ましい姿などの環境文化を選ぶ。そして、その実現のためにまた行動するという、行動と学習の往復が、公害に対抗する住民運動を成り立たせていたのである。このような運動と結びついた公害教育だけではなく、1971年には、公害についての学習が、学習指導要領に取り入れられ、公害に関する学習が全国で実施されるようになった。

　公害が工業地帯で発生したのに対して、1970年代半ば以降には、都市における環境汚染が問題とされるようになった。生活廃水による水質汚濁や排気ガスによる待機汚染、廃棄物の増大などである。これらを背景として、自然環境に触れ合い自然の保全を志向する自然保護教育と、環境破壊の問題に取組む公害教育とが合流した環境教育という用語が用いられるようになる。

　さらに、小学校での「生活科」の新設や中学校・高校への「総合的な学習の時間」の導入によって、環境に注目が集まった。「生活科」や「総合的な学習の時間」は、具体的な活動や体験を通して、総合的に学習することを目指している。環境は、体験という面からも、自然科学や社会科学など様々な分野横断的な題材を提供するという面からも、格好の素材を提供したのである。このため、環境に関する教育のカリキュラム開発が促進され、工夫を凝らした指導過程や新しい学習形態が開発され、実際の授業実践が蓄積されていった。なお、

環境教育に関する研究は、このような学校での授業実践についての紹介や分析などを中心として行われている[15]。

学校だけではなく、成人を対象とした環境教育も盛んである[16]。各地の様々な社会教育施設や自然保護協会など環境にかかわる財団、NGO などが環境教育講座を主催している。これらの講座では、環境についての理解や環境問題への気づきと取組みを目指すものから、自然の観察や触れ合いあるいは自然保護を主眼とするもの、さらには、これらの自然観察などの指導者を育てるものまで、幅広く様々な教育・学習活動が繰り広げられている。もちろん、これらの学習は、それぞれの形態や目的だけで終結するわけではない。知識の蓄積や鑑賞が、環境問題への取組みにつながり、逆に環境保全活動を行いながら環境問題についての学習を行うなど、多様な契機と発展の可能性を内包している。

さらに、環境問題への世界的な関心の高まりは、企業にも、社会的責任として、環境問題に取り組むことを要請している[17]。多くの企業では、CSR（企業の社会的責任）や地域貢献の方策の１つとして、環境教育や環境保全活動に取り組むようになっている。ただし、取組みの程度は、企業規模や業種などで異なる。具体的には、企業内教育において環境教育の研修会を開催したり、従業員のボランティアの組織などが行われるようになっている。それだけではなく、国際的な世論として環境問題への取組みが真剣さを増す中で、自然破壊や環境汚染の防止を企業活動・経営の中に反映することが、むしろ企業の信頼性を向上させ、取引の円滑化に寄与するようになってきている。今後、環境に対する知識と理解は、企業が成長、発展するために重要になっていくことが予想される。

法制面では、1993 年に「環境基本法」、2000 年に「循環型社会形成基本法」など、環境を社会形成の枠組みのなかに取り入れることを謳った法律が成立した。さらに、2003 年、「環境の保全のための意欲の増進及び環境教育の推進に関する法律」が施行され、2004 年には、この法律に基づく「基本的な方針」が閣議決定された。

以上のように、環境教育は、自然保護教育と公害教育を源流としながら、学校教育の一環として、学校現場での教師の創意工夫を原動力として発展してきた。また、成人教育や企業教育という学校以外の場においても、環境教育が活

発に行われ、社会的にも基本的な法整備が進んでいる。環境教育は、自然保護と環境破壊への抵抗などの経験を蓄積し、社会全体で取り組むべき課題として位置付けられているのである。

4　環境教育のリスク対応

（1）リスクマネジメントのプロセス

　環境分野において、リスク（環境リスク）は、「物質又は状況が一定の条件下で害を生じる可能性で、良くない出来事が起こる可能性（発生確率）とその出来事の重大さ（損失の大きさ）の二つの要素から構成されている」と定義されている。環境リスクの大きさは、この両者の積で表わされる。つまり、「環境リスク＝発生確率×損失の大きさ」である[18]。

　環境リスクの対応には、まず、環境リスクをリスクとして認知することが必要である。なぜなら、自然災害など、人間の選択や意志決定の余地がないものは、「危険」ではあっても、「リスク」ではない。また、環境リスクは、上述のように、定量的に表現されるが、実際に人が認知するリスクは、教育、文化、性別、年齢などに左右されるだけではなく、知識・理解や恐怖、状況のコントロールの可否、公平さなどにも影響を受けることが、社会心理学的な研究から指摘されている。例えば、そのリスクをもたらす状況や技術を理解できると感じることは、リスク認知のレベルを低下させたり、その状況に対して発言権が弱いと、リスクが高いと認識される傾向がある。このように、環境リスクは定量的だとしても、それをどのように認知するかには、多くの要因が影響しているのである。

　どのように認知されるかはともかく、認知されたリスクに対しては、無視するというような対応を含めて、どのようにそのリスクと向きあい、対応するかが課題となる。環境リスクを根絶することが難しいのであれば、どのリスクを回避し、どのリスクを、どの程度受容し、それをいかに管理するかを決定する必要がある。

このようなリスク管理は、次の6つのプロセスに分けられる[19]。
①問題の定義：　どのようなよくないできことが起き、あるいは起こるリスクがあるのか。何が原因か、被害を受けるのは誰かなど、リスクの形を決定する
②リスクの解析：どのような個人がリスクを受け、その影響や損害の大きさを測るなど、リスクを定量的に評価する。
③対策の立案：　入手し得る科学的、経済学的、技術的な情報に基づいて、対策を立てる。
④対策の選択：　複数の対策が立案された場合、様々な条件を考慮して、最も好ましいものを選択する。
⑤対策の実行：　対策を実行する。
⑥結果の評価：　対策を実行した後、一定の期間後に、その評価を行う。

（2）環境リスクに対する教育の役割

　環境リスクに対して、教育は、次の2つの点において重要な役割を果たす。
　まず、リスク認知である。環境問題は、現代の技術発展とともに問題として認識され、かつリスクとして把握されるようになった。環境破壊が問題として認識されるようになったのは、環境に対する人間の活動の影響が自覚されたためである。他方、環境リスクがリスクとして認知されるのは、自然環境に対する人間のコントロール、すなわち意思決定や判断の余地が生まれたからである。このコントロールの余地がなければ、それは、天災であり、人間はただ被害に耐え、あきらめるしかない。しかし、科学技術の発展は、環境破壊や自然災害の被害を予測し、予防あるいは軽減することを可能にした。ただし、このような選択には、経済的利害や価値の衝突が付随する。逆に言えば、ある経済的、社会的行動の選択には、それに伴う経済的な利害や価値に加えて、環境への影響から損害が発生する可能性が伴う。これらを予測し、比較して、いずれかの可能性を選択する。ここに、環境リスクが成立するのである。
　裏返せば、選択肢のない者にとっては、被害はあくまで「危険」であり、「リスク」ではない。公害によって被害を受けた住民にとって、その被害は

「リスク」とは言えないのである。例えば、公害発生初期は、住民にとって、その被害はその原因もわからず、突如として降りかかった災難であった。

このような環境が原因となってもたらされるかもしれない「危険」を、「リスク」に転換するために、教育や学習が重要である。すなわち、被害と原因の因果関係を明らかにし、その被害を防ぐための実行可能な方法を模索する。このとき、環境とリスクについて知らないという状態からリスクを理解している状態に到るためには、学習や教育が必要である。環境や「リスク」について学ぶ過程を経て、ただ発生するのを待つしかなかった「危険」は、コントロール可能な将来の損害の可能性である「リスク」に転換される。

そして、リスクをリスクとして認知することによって、利害関係者として、リスク管理の場に参入することが可能になる。時に対立する利害関係を持った利害関係者の間のコミュニケーションが、現代のリスク管理において重要である。このようなリスクコミュニケーションは、参加者の環境問題に関する知識と理解を更に深める。同時に、意思決定の関与することによって、その決定に責任を持ち、リスクを引きうけることが可能になる。

ここで環境リスクに特徴的であるのは、環境リスクが、個人化しきれない、一定規模の空間に広がるリスクであるということである。身近な地域の環境汚染から、地球規模の環境破壊まで、環境問題は、規模の大小はあるとしても、ある特定の空間を共有する人々が、その空間内の環境リスクを共有するのである。もちろん、リスクの共有と言っても、各人の健康状態や経済状態などの要因によって、リスクの深刻度は異なるかもしれない。しかし、そのような社会的、経済的文脈を背負った地域住民が、リスクコミュニケーションに参加することによって、環境にまつわる多面的な問題が顕わとなる。このような地域の実情を斟酌しながら、最終的にはある一定の決断がどこかの段階で下されることになる。このとき、その環境リスクが広がる空間を共有する者は、一定の環境文化を選択し、あるいは作り上げている。この過程自体が、各人にとって教育的な意味を持つ。同時に、この過程は、環境リスクをめぐって、地域というある広がりとまとまりをもった存在が、リスクを認知し、選択し、そして責任を引きうけるという過程でもある。

このような環境問題を共有する地域が成立するのは、環境がある空間的な幅

をもっているというだけではなく、問題がリスクという形で存在するためである。つまり、環境破壊やそれによる被害を問題とするのであれば、その被害者や加害者など、直接的な関係者は限定される。しかし、環境リスクは、その環境の及ぶ空間に居住し、活動する多くの人々に共有される。当事者にならないかもしれないが、なるかもしれないという不確実性があるからこそ、各人がそれをリスクとして感じ、当事者となるのである。ここに、地域としての教育が成り立つ1つの姿がある。

同時に、これは、普通の人々が持つ、その地域社会に固有な実践的・伝統的な知である「ローカルな知」の醸成にも結びつく。「ローカルな知」とは、「学校教育で伝達される知識や技術のように外部からもたらされる知識とは異なる」「人々の生きる状況に依存して意味を持ちうる知」であり、その土地の環境や生活、歴史の中で、その「場」に強く結び付けられている[20]。開発途上国での先進国の科学技術をベースにした開発政策の失敗から、「ローカルな知」が持続可能な開発のために重要であることが広く認識されているが、ここでは、経済発展と環境は表裏一体のものとしてとらえられている。従って、持続可能な経済活動と環境の関係を築くためにも、専門的、技術的な知識だけではなく、「ローカルな知」が重要であるということができる。そして、「ローカルな知」の形成には、実践や自覚、すなわち「調べる、考える、活用する」努力が必要なのであり、その意味において、環境に対する取組みにおける教育や学習は、「ローカルな知」の形成に重要な役割を果たしている[21]。

以上のように、環境問題への対応において、教育は、リスクの認知と意思決定の基盤を提供し、それを通じて、空間というまとまりを軸にした、地域教育の成立や「ローカルの知」の醸成に寄与しているのである。

5 おわりに

本稿では、教育において、リスクは個人化され、それに対応するという方向で教育のあり方が模索されている一方、環境問題において、教育は、環境リスクの認知やリスクコミュニケーションの基盤の形成という役割を果たし、環境

文化や「ローカルな知」の醸成に寄与していることを指摘した。

現在、教育とリスクの関係については、個人の生活や身体におけるリスクに対して、教育がどのような役割を果たすかといった、個人の持つリスクの処理という側面からしか検討が進められていない。しかし、今後の社会にとって、持続可能性が重要となるのであれば、個人化しきれないリスクと教育の関係を問うことが重要である。

〔註〕
1 橘木俊昭「高リスク社会としての現代」橘木俊昭編著『リスク社会を生きる』2004年、岩波書店、1～2頁。
2 ウーリッヒ・ベック／東廉監訳『危険社会』法政大学出版会、1998年。
3 大沢真理「逆機能に陥った日本型セーフティネット」橘木俊昭編著『リスク社会を生きる』2004年、岩波書店、54頁。
4 石戸教嗣『リスクとしての教育―システム論的接近』世界思想社、2007年、4頁。
5 藤岡裕美「構造改革特区における不登校対策の制度的特徴―分析枠組みとしての『財 - capabilities 過程』―」関西教育行政学会『教育行財政研究』第33号、2006年。
6 中西準子「環境リスクの考え方」橘木俊詔・長谷部恭男・今田高俊・益永茂樹『リスク学とは何か』岩波書店、2007年、176頁。
7 小松丈晃『リスク論のルーマン』勁草書房、2003年、26頁。
8 『OXFORD現代英英事典』Oxford Advanced Learner's Dictionary (Oxford University Press 2000))によると、
risk (noun)
  1 [C, U] ~ (of sth) | ~ (that…) | ~ (to sb/ sth) the possibility of sth bad happening at some time in the future; a situation that could be dangerous or have a bad result
  *Smoking can increase the risk of developing heart disease.
である。
9 山口節郎『現代社会のゆらぎとリスク』新曜社、2002年、182～184頁。

10　石戸教嗣、前掲書、2007年、3～6頁。

11　今田高俊「リスク社会への視点」今田高俊編著『リスク社会に生きる』岩波書店、2007年、9～10頁。

12　スー・グレイグ、グラハム・パイク、ディヴィッド・セルビー／阿部治監修、(財)世界自然保護基金ジャパン訳『環境教育入門―EARTHRIGHTS』1998年、明石書店、36～48頁。

13　御代川貴久夫・関啓子『環境教育を学ぶ人のために』世界思想社、2009年、1～8頁。

14　藤岡貞彦「環境権と教育権」『国民教育』1975年、23号や、福島達夫『地域開発闘争と教師』明示図書出版、1968年など。

15　各学校段階での環境教育の辞令紹介や分析、カリキュラム研究は数多くなされている。環境教育学会の学会誌の論文や大会報告でも、半数以上が学校における環境教育の実践に関するものである。

16　社会教育の分野でも環境教育に注目されている。『月刊社会教育』では、2007年1月号で、「環境教育の知恵と工夫」という特集を組み、また、社会教育・生涯学習研究においても、環境教育の辞令紹介や、学習の意義の検討が行われている。例えば、五十嵐牧子・角田巌「生涯学習としての環境教育における学習論」『人間科学研究』文教大学人間科学部第23号、2001年など。

17　坪井千香子「企業の環境教育の現状と課題」『グリーンエージ』No.427、2009年7月、11～14頁。

18　御代川貴久夫・関啓子、前掲書、2009年、113～114頁。

19　同上書、116～118頁。

20　前平泰志「〈ローカルな知〉の可能性」日本社会教育学会年俸編集委員会編『〈ローカルな知〉の可能性―もうひとつの生涯学習を求めて―』東洋館出版社、2008年、9～11頁。

21　小栗有子「持続可能な地域社会を創造する学びとローカルな知―みなまた地元学の成立と発展の意味を問う―」日本社会教育学会年俸編集委員会編『〈ローカルな知〉の可能性―もうひとつの生涯学習を求めて―』東洋館出版社、2008年、75～76頁。

「生活環境整備補助金」による学校整備

―― 北関東 N 市の事例 ――

湯田　拓史

はじめに

　本研究では、文部科学省以外の省庁から財政移転された資金をもとにして、市町村教育行政が学校施設を整備した事例を検証する。とくに生活に多大な影響を及ぼし、しばしば関係者間に緊張関係をもたらせる、軍用地としての航空自衛隊基地の周辺地域に交付される「生活環境整備補助金」[1]を対象とする。

　補助金について地方行財政研究では、補助金を交付することで国による市町村行政団体の財政支出の誘導がなされている現状と、それに対して市町村行政の独自権限の範囲を拡大する方途を探る検討がなされてきた[2]。

　教育行財政研究における補助金の先行研究では、義務教育費国庫負担金や学校施設整備に対する国庫補助金[3]の検証がなされてきた。これらの先行研究は、文部科学省を通じて市町村行政団体へ交付される財政移転を検討する研究であり、統治機構を国・都道府県・市町村の3つに区分したうえで、市町村教育行政団体に対する国や都道府県教育行政団体の権能の強さを指摘したものである[4]。つまり、これらの先行研究は文部科学省を通じた国・都道府県・市町村の関係構造における補助金の動きと意義についての検討であった。

　そこで本研究では、文部科学省を通さない、防衛省からの「生活環境整備補助金」の動きをみることで、市町村教育行政にとっての補助金の意義を検討する。防衛省からの補助金を対象とすること自体、特殊事例にあたるが、「生活環境整備補助金」の位置づけを検証することは、市町村教育行政が長期にわたって利用可能な教育費を集約してきた過程である「教育費の集約経路」[5]を検証

することが出来る。市町村の教育行政が文部科学省を通じない経路で教育費を集約した経路をさぐることで、国・市町村・市町村教育行政の行政団体間の関係性も把握出来よう。また、規制緩和と地方分権が進展するにあたって、教育と教育行政との関係が当該地の社会過程によって流動化することが予想される。本研究を進めることで、行政に関与する団体間の関係性を規定する「地域政治の焦点化」[6] の論点を抽出する契機となると考える。

そこで「生活環境整備補助金」の交付先である市町村の一つを対象として、市町村教育行政の側から、基地周辺整備費に含まれる補助金による学校整備の事業を検証する作業を通じて、市町村教育行政にとっての「生活環境整備補助金」の意義、さらには学校にとって軍用地が近隣にあることについての論点を抽出する。

本研究では対象地として、茨城県N市をとりあげる。なぜなら、N市内に防衛施設はないが、隣接する地方公共団体に航空自衛隊基地があるため、「生活環境整備補助金」の対象地域にN市は含まれ、義務教育施設の新造改築に際して補助金を交付されている行政団体だからである。さらに、市町村合併時に行政区画の広域化が政治問題となり、その問題が合併統廃合問題に関連するなど教育行政へも影響を与えていると考えるからである。N市での学校整備の事例を検証することで、市町村教育行政にとっての「生活環境整備補助金」の意義を検討し、今後の地域教育の展望を図る。

1　「防衛施設周辺の生活環境の整備等に関する法律」の概要

防衛施設庁（現：防衛省）による、防衛施設周辺の地方公共団体への「生活環境整備補助金」は、1965（昭和40）年以降始まった。根拠となる法律は、1966（昭和41）年の「防衛施設周辺の整備等に関する法律」、さらに1974（昭和49）年の「防衛施設周辺の生活環境の整備等に関する法律」である。

この法律の目的は、「自衛隊等の行為又は防衛施設の設置・運用により生ずる障害の防止等のため防衛施設周辺地域の生活環境等の整備について必要な措置を講じるとともに、自衛隊の特定の行為により生じる損失を補償することに

より、関係住民の生活の安定及び福祉の向上に寄与すること」である。さらに法律の内容として「自衛隊等の特定の行為により生ずる障害の防止等のため、特定の公共施設等について必要な工事を行い、又は学校、病院等の防音工事を行う地方公共団体その他の者に対し、国が補助する」[7]と述べられている。つまり騒音によって周辺地域が被った損失に対して、防衛施設庁が補償することを法律の主旨としている。

具体的には、WECPNL[8]をもって「音響の強度及び頻度」をはかり、その値に応じて基地周辺地域を図1のように、第1種区域・第2種区域・第3種区域の3種に分類、それぞれの区域に応じた施策がなされる。最も基地に近い第3種区域では緑地帯の整備がなされ、第2種区域では、土地の買入れや移転等の補償がなされる。第1種区域にあたる市町村の学校施設に対しては、防音工事に係る費用を助成することが規定されている。補助金交付対象市町村の指定および補助金額は、法令により規定されている。

「防衛施設周辺の整備等に関する法律」について当時の防衛施設庁関係者であった片淵康夫の論文[9]では、1953（昭和28）年から登場し急速に技術力が向上したジェット機が起こす騒音を、木造施設で防ぐのは限界があり、そこで鉄

第1種区域、第2種区域、第3種区域
　飛行場などの周辺で航空機の騒音に起因する障害の度合に応じて次のように定める。
　　第1種区域：75WECPNL以上の区域
　　第2種区域：第1種区域内で、90WECPNL以上の区域
　　第3種区域：第2種区域内で、95WECPNL以上の区域

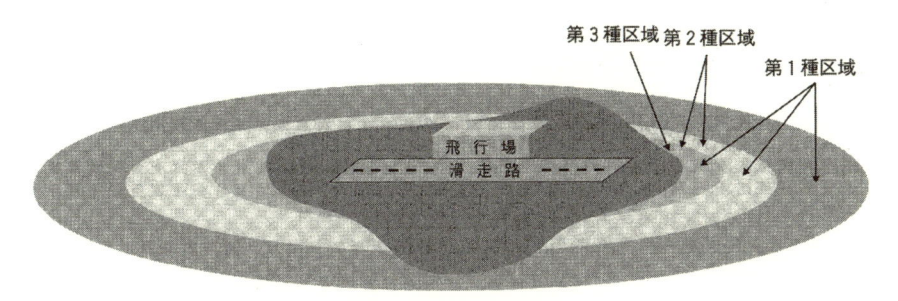

『平成19年版　防衛省白書』（2007年、451頁）より転載。

図1　基地周辺概略図

筋改築防音工事が必要となったが、工事費の財源を市町村の行政団体に対して国が保障する必要があり制定された法律であるとの説明が述べられている。だが、騒音障害を被る区域と障害のない区域との境界の設定方法、国と地方との関係性については言及されていない。

　以上の規定と先行研究から、対象とする補助金の性格は、国から市町村への騒音障害による損失に対する補償として位置付けられたことを指摘できる。

　防衛省予算に占める基地周辺整備費は、1999（平成11）年度で防衛省予算総額49,201億円のうち5,402億円、11％の割合であった。2003（平成15）年度で総額49,265億円のうち5,151億円、10.5％の割合、2008（平成20）年度で総額47,426億円のうち4,535億円、9.6％であった[10]。基地周辺整備費は、防衛省予算の全体の1割近くを占めているが、近年は漸減傾向にある。この減少傾向は、2002（平成14）年7月に開催された防衛施設庁長官の私的懇談会である「飛行場周辺における環境整備の在り方に関する懇談会」での「各防衛施設ごとに段階的に区域の見直しを図ることが適切な時機が到来している」との提言にもとづき、区域見直しが適宜実施されていることに起因する[11]。区域見直しがなされつつあるが、これまで交付対象となった市町村にどれだけの規模の補助金があったのかについて検証されてこなかった。それは手続き経路についても同様であった。

2　対象としての茨城県N市

　全国にある特定防衛施設のうち、飛行場の数は、19箇所である（在日米軍基地と海上自衛隊航空基地を含む）。そして特定防衛施設関連市町村の数は、43にのぼる[12]。この特定防衛施設関連市町村のひとつである、N市の概要は次の通りである。人口は40,035人（平成17年国勢調査）、人口密度は241人／km²、面積は166.33km²である。N市の自然地理的特性として、東西を湖に挟まれた台地であることが挙げられる。台地の急傾斜地は、土木技術が発展するまで整地しづらい土地であった。

　N市の財政状況は、次の通りである。1に近いほど良好であることを示す財政力指数は、0.44である。県市町村平均が0.71である。値が低いほど財政に

弾力性があることを示す経常収支比率は、93.2％、県市町村平均89.3％である。起債制限比率は、13.6％、県市町村平均10.5％である。給与水準を示すラスパイレス指数は97.3である[13]。このようにN市の財政状況は、決して余裕があるとはいえないものである。

さらに、N市の学事についてみると、学校数とクラス数は、2007（平成19）年度で、市立小学校が18校で129クラス。公立中学校が4校で、40クラスである。就学児童生徒数は、児童1974人、生徒1055人である。少子化により、2012（平成24）年度には児童1847人の109クラス、生徒926人の37クラスに就学児童生徒数が減少することが、2007（平成19）年の推計調査で示されている。

このN市は、平成の大合併期に誕生した市であり、3つの旧町村で成り立っている。このうち、現在N市を構成している旧：T町（以降、旧：T町と略記）が隣の町（現在は市）にある自衛隊航空基地の「生活環境整備補助金」の交付対象とされ、1966（昭和41）年から、旧：T町の町立中学校1校、町立小学校6校の学校整備の際に交付された。

3　学校整備の内容

補助金の内容

旧：T町で実際に施行された事業は、表1「事業一覧表」のとおりである[14]。

改築改造時には、主として校舎の防音措置が併行工事で施されていた。具体的には、防音サッシ、換気装置、エアコンの設置にかかる費用である。補助の割合は、表1「事業一覧表」が示すように事業費の実に事業所要費の9割を国庫が補助するものであったが、これは事業費の総計であり、このうち防音の併行工事の費用は100％の補助率である。

また、機能を維持するための事業として、「機能復旧」も行われた。これは主として、劣化した防音サッシの交換、換気装置やエアコンの交換である。こちらも主として9割の補助率であり、規模の小さな事業の場合は7割5分の補助率であった。

表1　事業一覧表

施設名	実施年度	事業	事業所要額計	内訳			事業所要費に占める国庫補助金の割合	地方債の割合	一般財源の割合
				国庫補助金	地方債	一般財源			
小学校①	昭和41	改築	¥42,080,000	¥37,871,000	¥2,600,000	¥1,609,000	90.0%	6.2%	3.8%
小学校②	42-43	改築	¥64,537,000	¥58,081,000	¥5,000,000	¥1,456,000	90.0%	7.7%	2.3%
小学校③	43-44	改築	¥107,127,000	¥96,186,000	¥8,600,000	¥2,341,000	89.8%	8.0%	2.2%
小学校④	44-46	改築改造	¥58,825,000	¥45,034,000	¥7,600,000	¥6,191,000	76.6%	12.9%	10.5%
小学校①	44	温度保持	¥3,805,000	¥3,359,000	¥0	¥446,000	88.3%	0.0%	11.7%
小学校⑤	44-45	改築	¥72,947,000	¥47,067,000	¥11,600,000	¥14,280,000	64.5%	15.9%	19.6%
小学校②	45	温度保持	¥3,870,000	¥3,475,000	¥0	¥395,000	89.8%	0.0%	10.2%
小学校③	45	除湿	¥18,304,000	¥16,230,000	¥1,500,000	¥574,000	88.7%	8.2%	3.1%
小学校⑥	45-46	改築	¥71,772,000	¥42,363,000	¥22,500,000	¥6,909,000	59.0%	31.3%	9.6%
小学校①	46	除湿	¥15,939,000	¥14,290,000	¥1,200,000	¥449,000	89.7%	7.5%	2.8%
小学校⑤	46	温度保持	¥4,796,000	¥3,508,000	¥1,000,000	¥288,000	73.1%	20.9%	6.0%
中学校	46-48	改造	¥96,332,000	¥91,659,000	¥0	¥4,673,000	95.1%	0.0%	4.9%
小学校③	47	温度保持	¥5,687,000	¥5,011,000	¥0	¥676,000	88.1%	0.0%	11.9%
小学校②	47	除湿	¥10,403,000	¥9,358,000	¥1,000,000	¥45,000	90.0%	9.6%	0.4%
小学校⑥	48	除湿および温度保持	¥20,001,000	¥18,535,000	¥3,800,000	¥1,356,000	92.7%		
小学校⑤	48	除湿	¥14,494,000	¥10,804,000			74.5%		
小学校④	49	除湿	¥1,059,595	¥707,365	¥0	¥352,230	66.8%	0.0%	33.2%
小学校④	49	除湿	¥30,395,521	¥25,128,846	¥3,800,000	¥1,466,673	82.7%	12.5%	4.8%
中学校	51	温度保持	¥24,226,160	¥23,106,107	¥0	¥1,120,053	95.4%	0.0%	4.6%
小学校③	57	機能復旧	¥55,905,214	¥40,411,295	¥0	¥15,077,017	72.3%	0.0%	27.0%
小学校①	58	機能復旧	¥32,523,810	¥23,674,000	¥0	¥8,176,810	72.8%	0.0%	25.1%
小学校②	59	機能復旧	¥32,473,521	¥23,191,000	¥0	¥9,282,521	71.4%	0.0%	28.6%
小学校③	平成3	機能復旧	¥62,294,535	¥51,627,000	¥0	¥10,667,535	82.9%	0.0%	17.1%
中学校	平成8	機能復旧	¥309,874,000	¥223,627,000	¥0	¥86,247,000	72.2%	0.0%	27.8%
小学校⑥	8	機能復旧	¥98,159,000	¥67,569,000	¥0	¥30,590,000	68.8%	0.0%	31.2%

註：旧T町役場建設課作成の『防音工事関係綴』より。1966（昭和41）年度から1996（平成8）年度までの「教育費」の事業を抜粋し算出した。

　さらに、機能の維持には、電気代の負担も含められており、「換気」「温度保持」「除湿」と「基本料金」にかかる費用が補助対象であった。表2「小学校①での内訳」は、小学校1校の機能維持にかかった費用を月別に示したものである。

　季節毎に費目が異なるが、これは温度調整の機能別に費目を区別させているからである。すなわち春と秋は熱交換のための「換気」、夏の「除湿」は冷房、冬

表2　小学校①での内訳

		4月	5月	6月	7月	8月	9月
基本料金		¥87,720	¥87,720	¥87,720	¥87,720	¥87,720	¥87,720
電力量料金	換気分	¥28,234	¥34,483	¥36,870	¥0	¥0	¥0
	温度保持分	¥0	¥0	¥0	¥0	¥0	¥0
	除湿分	¥0	¥0	¥0	¥62,212	¥47,817	¥53,433
電気料金総額		¥115,954	¥122,203	¥124,590	¥149,932	¥135,537	¥141,153
		10月	11月	12月	1月	2月	3月	計
基本料金		¥87,720	¥87,720	¥87,720	¥87,720	¥87,720	¥87,720	¥1,052,640
電力量料金	換気分	¥42,744	¥29,325	¥0	¥0	¥0	¥0	¥171,656
	温度保持分	¥0	¥0	¥28,083	¥38,405	¥40,378	¥38,860	¥145,726
	除湿分	¥0	¥0	¥0	¥0	¥0	¥0	¥163,462
電気料金総額		¥130,464	¥117,045	¥115,803	¥126,125	¥128,098	¥126,580	¥1,533,484

註：補助金予算は、実際の使用料から、基本料金75-80％、換気分と温度保持分は33－47％、除湿分は80％が補助対象となる数値である。
『昭和54年度　補助事業等実績報告書（防音事業関連維持費）』茨城県T町、昭和54年度分より。

の「温度保持」は暖房のことである。こうして、一年を通じて機能維持がなされていることと、毎月の使用料を明記して1年間の使用分をまとめて報告しているが指摘できる。市町村は、学校が使用した年間の電気使用量を防衛省（旧：防衛施設庁）へ報告し、その内3分の2が補助金として交付されていた[15]。

この様に、「生活環境整備補助金」における学校整備の内容は、学校舎の改造築費用の補助と機能維持に大別でき、とくに前者については、事業総計のうち9割もの補助率であり、後者については補助率が低めながら恒常的に補助がなされていることが指摘できる。

担当部署とその権能

学校建設に係る最終的な決裁権は市長にあるが、実際に事業に携わる部署をみると、1970年代と現在とで違いがある。1970年代の担当部署は建設課であった。だが、現在の担当部署は、教育委員会事務局の学校教育課となり、建設課は現場管理に「監督員」を1名配置するのみとなった。担当部署変更の

理由は、学校現場の事情を知る教育委員会事務局が工事に直接携わらないことで、学校現場の事情にそぐわない設計や設備が施工されてしまい、学校現場から学校運営上使いにくいとの意見が教育委員会事務局にあげられたからである[16]。そして、1993（平成 8）年度の旧 T 町の行政改革による機構再編で見直しを行い、管理を行う部局が直接施設整備を行うことが良いとの結論から分掌事務を改正し、それが N 市へも引き継がれた。現在では、N 市行政組織規則第 4 条（分掌事務）において、建設課建築グループの分掌事務として「（ア）公共施設の建築に関すること」があるが、併せて N 市教育委員会事務局組織規則第 4 条（分掌事務）において、学校教育課学校施設グループの分掌事務として「2　学校施設の整備計画に関すること」「5　学校施設関係補助金に関すること」「7　その他学校施設の整備に関すること」が設定された。この規定により防衛省の「生活環境整備補助金」であっても、文部科学省補助金であっても事務分掌をせずに、学校教育課が担当している。

　次に担当部の学校整備の権限についてみる。設備等は設計コンサルタントに依存する部分が大きいが、学校教育課は、詳細設計で内容を把握しており、学校の基本計画や運営方法などにより、全体的に設備と備品を選定して提案している。とはいえ、「生活環境整備補助金」は、空調設備や防音サッシなどの設置すべき設備が決まっているため、防音設備について学校教育課で選定する余地は殆どなく、防衛局のヒアリング等を経て決定している。一方で備品は、基本計画や運営方法、学校規模等で大枠が決まっているが、学校の要望で選定するので、最終的に学校教育課で決める場合がある[17]。

　このように制約は多いが、日々学校と接している部署が学校整備を担当することで、学校整備の際に学校の要望にそったよりよい施行を期待できるのである。

補助金の手続き経路

　防衛省（旧：防衛施設庁）からの「生活環境整備補助金」の手続き経路は、文部科学省を通じた補助金の手続き経路とは、大きく異なっていた。決定的な違いは、交付申請や報告書のやりとりは市町村と各地方の防衛局（旧：防衛施設局）でなされることである。現在 N 市を構成する旧：T 町の場合でいえば、

北関東防衛局(旧:東京防衛施設局)と市長(旧:T町長)との間でなされる[18]。補助金を要する事業を実施する際には、市町村の担当者が北関東防衛局(旧:東京防衛施設局)のヒアリングに赴き事業内容の説明を行うことになっている。前述のように、設備の選定については、担当者に殆ど工夫の余地はないが、空調設備を個別空調化することやサッシの仕様などは防衛省側と検討できる。とくに空調機に関しては、個別空調化することで維持費の削減や保守管理が容易になることから、整備予算が多少増えても認められる場合もある[19]。

さらに、事業によっては直接、旧:T町と周辺基地と取り決めを行うこともある。具体的事例として、旧:T町の小学校の校地候補地の整地を自衛隊が行った際の手続きをみる。この場合、まず旧:T町の首長は航空自衛隊中部航空方面隊司令官(空将)との間で事業規模と実施期間を明記した『土木工事の受託に関する協定書』を交わす。その際に、事業の作業量・範囲・規模・作業方法を記した「受託及び実施する工事の範囲」、さらに「作業隊の編成装備の基準」、「旧:T町から航空自衛隊中部航空方面隊に貸与する機材等の基準」、「費用見積書」等を確認しあう[20]。そして基地内で、航空自衛隊中部航空施設隊第1作業隊に「○○小学校敷地造成工事」の実施に関する命令書[21]がだされ、基地に配置されている整地用車両と人員が派遣される。この事例では、市町村が消耗品や隊員の交通費を支給した[22]。

いずれにせよ、国・都道府県・市町村の3つの区分をもって説明すると、「生活環境整備補助金」は、都道府県を経ずに、国と市町村が直接手続きを行うものであることが指摘できるのである。

4 市町村教育行政における意義

地域政治の焦点化

以上のように、文部科学省や都道府県が介在せずに「生活環境整備補助金」の手続きが行われるのであるが、このことは市町村行政にとって、政治的契機が作用しやすい局面をまねくと考える。

そもそも、旧：T町が補償対象の区域に認定された経緯は、厳密な境界基準にもとづくというよりも政治的契機によるものであった。市町村会の会長も歴任し、長年町長として防衛施設庁から補助金を引き出させた旧：T町の村議会議員の伝記によれば、騒音補償の対象地となるべく陳情に際しても同議員が便宜を図り要望を通しただけでなく、「昭和41年に制定された基地周辺整備法（防衛施設周辺の整備等に関する法律）によれば、85ホン以上の騒音に対しては、2級防音、90ホン以上には1級防音の補償が出る。しかし、旧：T町域では2級防音にも該当しない地域が多かった。ところが〇〇（注－著者による伏せ字）は、2級防音の規定数値を『△△先生（注－自民党の有力議員）に頼んで75ホンにまで引き下げた』という」と述べている[23]。同書では、法律が制定される前の1964（昭和39）年に、補助金を活用して中学校舎を新設したと述べていることからも、防衛施設庁とのつながりのある国会議員と市町村長との政治的関係が強く作用したと考えられる。

　また、前述のように「生活環境整備補助金」は、年々削減されている。今後この補助金をめぐって、より一層、周辺の複数の区域が絡みあい、市町村合併や学校統廃合の際に、政治問題と教育問題とが混在したかたちで表出する可能性が高いと考える。

　とはいえ、財政難に直面している市町村の教育行政にとって、防衛省からの補助金は、定期的に必要とする学校施設の改修費用を確保する際に、今後も確実に期待できる補助金であるといえる。なぜなら、たとえ中央政府が「小さな政府」を達成したとしても、防衛施設周辺の「生活環境整備補助金」がなくなることはないからである。地方分権を推し進めて、道州制を導入したとしても、防衛は国家が担う領域であるので、防衛の権能を国から道州へ移譲することはないのである。

　しかし、地方制度再編と少子化が、「生活環境整備補助金」を政治問題として焦点化させつつある。なぜなら、市町村合併と学校統廃合において、当該市町村行政団体だけでなく、隣接する市町村行政団体にとっても、考慮すべき事項として認識されるからである。N市の合併過程において、旧：T町では、住民投票で自衛隊基地のある自治体との合併を望む町民が多かったが、当時の町長（のちにN市長となる）が現在のN市を構成する他の町との合併を決定し

た。N市を構成する旧：T町以外の町には、それぞれ別の隣接町村との合併を望む住民がいた。合併したことにより、合併特例債を発行することができるだけでなく、合併したあとでの学校配置次第で、それまで補助金対象区域でなかった区域の住民にも間接的ながら影響が及ぶことが合併の誘因であったことは否定できない。また、N市が少子化による学校適正配置計画を設定するに際しても、この補助金の申請が問題となった。なぜなら、防衛省北関東防衛局に申請するにあたって厳密に事業規模、実施時期を設定しておかなければならないのであるが、学校統廃合でN市を構成する旧町間の住民の意見調整を遂行するにあたって、補助金の有無が旧町間の住民の合意を遅らせてしまう可能性があったからである。

この様に今後、「生活環境整備補助金」による学校整備は、周辺区域を巻き込みながら展開すると考える。ここで挙げた周辺区域とは、市町村の行政区域、小学校や中学校の通学区域、市町村合併による新しい区域、基地周辺の騒音に関する第1種区域を指しており、これらが複合的にからみあうのである。

軍用地と学校

そもそも、学校と軍用地は、ともに近代以降、国民国家にとって必要な施設であり、かつ両者ともに技術革新の影響を受けやすい施設である。前述の片淵論文に指摘するように1965（昭和40）年以降に法整備がなされた理由には、環境対策もあるが、もう一つの要因である軍事技術の向上による影響が大きいと考える。つまり、戦闘機のジェット化といった軍事技術の向上である。だが、これにより軍用地周辺環境への影響が強まったことに加えて、影響を及ぼす範囲が広くなりすぎたため、国家による対象区域の住民の強制移転ができず、騒音対策事業が増大せざるをえなくなった。

今回の対象でいえば、増大した騒音対策事業とは、防音サッシやエアコンなどの設置事業であり、技術が発展するまで整地が不可能であった台地の急傾斜を校地とする事業である。これらは、交通量の激しい道路に面した学校や自然地形的に限定された土地に学校を設置する際に役立つ技術である。ただし、前者は定期的な交換や電気料金などの維持費がかかり、後者は膨大な労働力や機

材を要する事業である。

とくに前者については、1級防音が85デシベル以上の音響を35デシベル以上軽減するものであり、2級防音が80デシベル以上の音響を30デシベル以上35デシベル未満減らすものである。これにより航空機が飛行する場合でも建物内は50デシベル程度に抑えられるようになっている[24]。

とはいえ、防音対策事業はコストがかかり過ぎるため、本来ならば市町村教育行政のみでは財政上、実施困難な事業である。だが前述の理由により、防衛省が財政移転をおこなっても実施し、かつ軍用地がある限り継続しなければならない事業になった。

特殊事例といえども、これまでにN市で蓄積された補助金による学校整備は、軍用地と学校との関連を技術発展の側面から検証する上でも欠かせぬ事例なのである。

おわりに

対象地では防衛省による「生活環境整備補助金」が、これからも地域固有の問題として、とくに市町村合併や学校統廃合の際に、争点のひとつとなり続けるであろう。市町村にとっては、手続において文部科学省と都道府県を通さない、直接に国（防衛省、旧防衛施設庁）との関係で完結する事業である。それはすなわち、防音などに代表される技術発展と学校とが関連しうる事業でもある。しかし、騒音障害対象区域においてのみ有効な事業であるため、防衛省から市町村への財政移転でしか実現できない、制限された事業である。

N市でこれまで蓄積された防衛省補助金による学校整備の事例を検証することは、軍用地と学校との関係を、損失と補償として把握するのではなく、機能充足として捉え直すことが出来る。つまり、悪条件を読み替えて地域住民の子弟に利益をもたらす教育条件を技術的に確保する市町村教育行政の施策の蓄積として把握することになると考える。

今後の課題は、引き続き文部科学省以外の学校整備の事例を検証して、文部科学省や都道府県との関係に収斂しない、国から市町村への財政移転による教

育行政施策の蓄積を体系化することである。

〔註〕
1　同様の名称として「明日香村における歴史的風土の保存及び生活環境の整備等に関する特別措置法」にもとづいた奈良県明日香村の施設に対する補助金がある。また、「原子力発電施設等立地地域の振興に関する特別措置法」による原子力発電所周辺地域に対する補助金もある。
2　青木栄一『教育行政の政府間関係』（多賀出版、2004年）では、国・都道府県・市町村の構造をもって三者間の権力関係が検証された。
3　神野直彦『地域再生の経済学』中央公論新社、2002年、100-104頁。
4　小川正人『戦後日本教育財政制度の研究』（九州大学出版会、1991年）や井深雄二『近代日本教育費政策史—義務教育費国庫負担政策の展開—』（勁草書房、2004年）。戦前と戦後の制度の連続性と非連続性についての評価が異なるが、両者によって文部省を通じて交付される国庫の動きが検証された。なお、学校施設整備の手続き過程や書類形式については、公立学校施設法令研究会編集『公立学校施設関係法令集　平成19年』（第一法規、2007年）や公立学校施設法令研究会編著『公立学校施設整備事務ハンドブック－平成19年－』（第一法規、2007年）で詳細に述べられている。ただし、「生活環境整備補助金」については、関連法令の掲載にとどまる。
5　湯田拓史「学校設置にみる『教育の公共性』—都市学区における教育秩序の形成過程—」『〈教育と社会〉研究』第18号、一橋大学〈教育と社会〉研究会、2008年、28－34頁。ただし本研究では、主体を市町村教育行政に限定する。
6　三上和夫「地域空間の政治焦点化と『教育と教育行政』」『法律時報増刊　教育基本法改正批判』日本評論社、2004年、60-63頁。
7　「法律の要旨」『防衛施設庁補助金等関係便覧』昭和51年版の付録、基地問題研究会、1976年。
8　WECPNL（Weighted Equivalent Continuous Perceived Noise Level）とは、「加重等価継続感覚騒音レベル」のことである。防衛省は「特に夜間の騒音を重視して、音響の強度のほかにその頻度、継続時間などの諸要素を加味して、人の生活に与える影響を評価する航空機騒音の単位」（『平成20年版　防衛白書』

392頁）であると説明している。

9　片淵康夫「防衛施設周辺における騒音対策について　－特損法から防衛施設周辺生活環境整備法まで」『音響技術』Vol.5 (3)、1976年、216 - 220頁。
10　防衛省編『平成20年版　日本の防衛　防衛白書』（ぎょうせい、2008年）の資料編データより算出した。
11　『防衛施設庁史』防衛施設庁、2007年、164-165頁。
12　在日米軍によるものの補助金は、「日本国に駐留するアメリカ合衆国軍隊等の行為による特別損失の補償に関する法律」（1953年）によって規定されており、自衛隊とは枠組みが異なるので本発表では割愛する。
13　N市の数値は、2006年度　総務省『市町村決算カード』より算出した。県の市町村平均は総務省『平成17年度　地方公共団体の主要財政指標一覧』より算出した。
14　複数年度にまたがる事業の場合、初年度に実施設計費用も加算させている場合がある。表作成にあたっては、実施設計費用を除外している。
15　旧T町役場建設課作成の『防音工事関係綴』
16　N市学校教育課担当者への問い合わせに対する「回答書」より。
17　N市学校教育課担当者への問い合わせに対する「回答書」より。
18　東京防衛施設局宛の各学校の防音事業の「申請書」と「報告書」より。
19　N市学校教育課担当者への問い合わせに対する回答書より。
20　添付書類として『土木工事の受託に関する協定書』に含まれる。
21　『○○県T町○○小学校敷地造成工事（受託工事）の実施に関する中部航空施設隊第1作業隊一般命令』中部航空施設隊第1作業隊長、1966年8月2日付。○は伏せ字である。
22　『自衛隊○小整地関係綴』より。○は伏せ字である。
23　『地方自治に生きる』○○○○伝刊行委員会、1998年。○は伏せ字である。
24　N市学校教育課担当者への問い合わせに対する「回答書」より。近年の事例として、2002・2003年度に中学校の校舎改築で2級防音併行工事が実施された。2005・2006年度に同じ中学校の講堂改築でも2級防音改築・併行工事が実施された。2006・2007年度には別の中学校で2級防音併行工事が実施された。

あ と が き

湯田　拓史
（神戸大学百年史編集室助教）

　本書は、三上和夫先生が神戸大学大学院人間環境学研究科をご退職されることを記念して企画されました。

　三上和夫先生のご研究は、教育の営みを社会次元から捉え直すことを特色としており、その研究姿勢は多くの研究者に得難き知的刺激を与えました。三上和夫先生の影響を受けた研究者と教え子が集って執筆いたしました本書は、執筆者各自の研究に三上先生から受けた影響を反映したら、地域教育とはどのように考えられるかを示したものです。

　おそらく読者のなかには、本書の内容が統一性をもっているのか、とお思いの方がいるかもしれません。たしかに、全体的な内容については、完全な統一性を確保したとはいえないかもしれません。それには、次の二つの理由があります。

　まず、本書は当初、理論と歴史と比較の３つの構成とする予定でした。ところが、編集の過程で執筆内容が多岐にわたることが判明しました。このことは、三上和夫先生が多くの分野を専攻する研究者に影響を与えていた証左です。そこで、編集者間で相談したうえで、理論・歴史・応用テーマの３つで構成することにしました。掲載順序は、この構成に基づいて設定しております。

　次に、執筆者へ伝えた執筆要項には、あえて「地域教育」とその「支持基盤」について述べていればよい、とだけ記載しました。なぜなら、執筆者に三上和夫先生から受けた影響を自分の研究に最大限に昇華してもらうためです。

　とはいえ、三上和夫先生の研究に触発されて執筆した論文という点で、本書

は統一性を確保しております。各論文が知的刺激に満ちた学術論文であり、研究の最前線に位置するものばかりですので、ぜひ多くの方に読んでいただきたいです。

　最後に、出版事情が厳しい折、本書の刊行をお引き受けくださっただけでなく、編集者からの無理なお願いに全て応えてくださった同時代社と担当者の高井隆氏に厚くお礼申し上げます。

　　2010年1月15日

編　者

三上　和夫	神戸大学大学院
湯田　拓史	神戸大学百年史編集室

執筆者

清原　正義	兵庫県立大学
高野　良一	法政大学
小松　茂久	早稲田大学
山下　晃一	神戸大学大学院
柏木　　敦	兵庫県立大学
平井貴美代	山梨大学
黄　　　敏	神戸大学大学院生
高野　和子	明治大学
于　　　涛	神戸大学大学院生
末冨　　芳	福岡教育大学
笹田　茂樹	富山大学
小早川倫美	広島大学大学院生
藤岡　裕美	兵庫県職員

地域教育の構想

2010年3月10日　初版第1刷発行

編著者　三上和夫・湯田拓史
発行者　髙井　　隆
発行所　㈱同時代社
　　　　〒101-0065　東京都千代田区西神田2-7-6 川合ビル
　　　　電話 03(3261)3149　FAX 03(3261)3237

制　作　い　り　す
装　幀　クリエイティブ・コンセプト
印　刷　モリモト印刷株式会社

ISBN978-4-88683-669-4